111 GRÜNDE, DAS BOGENSCHIESSEN ZU LIEBEN

Günter Kuhr

111 GRÜNDE, DAS BOGENSCHIESSEN ZU LIEBEN

Eine Liebeserklärung an die großartigste Sportart der Welt

SCHWARZKOPF & SCHWARZKOPF

INHALT

Dieses Buch widme ich meinen Eltern,
Ursula und Werner Kuhr.

VORWORT

HERZLICH WILLKOMMEN IN DER GROSSARTIGEN WELT DES BOGENSCHIESSENS!

Bogenschießen liegt voll im Trend. Immer mehr Menschen lassen sich von der Ästhetik des faszinierenden Sports begeistern und erleben in der Natur eine Entschleunigung vom Stress des Alltags. Kaum ein anderer Sport bietet ein so facettenreiches Angebot für Kinder, Erwachsene, Senioren und Menschen mit einem Handicap. Sie alle begegnen sich in einer großen Familie, die von Leidenschaft, Vergnügen und Ehrgeiz beflügelt ist. Das Buch lädt dich ein auf eine Reise, die von unseren Vorfahren bis in den Bogensport der Gegenwart reicht. Du erfährst, warum du besser schießen wirst als jeder Macho und welche Überraschungen die Natur für dich bereithält. Lies die Geschichten von einer Schwiegermutter, die nicht loslassen konnte, und von einer Lokalmatadorin, die im Zustand des Flow selbst Spitzensportler aus dem Rennen eines Wettkampfes warf. *111 Gründe, Bogenschießen zu lieben* verrät Geheimnisse, die für Einsteiger des Sports ebenso interessant sind wie für Bogenschützen im Lernprozess.

Im Oktober 2017 begann ich dieses Buch zu schreiben, nachdem mich der Verlag gefragt hatte, ob ich mit 111 Gründen eine Liebeserklärung an den großartigsten Sport der Welt schreiben würde. Ich war von der Idee begeistert, und so machte ich mich an die Arbeit. Die größte Herausforderung war für mich, einen Inhalt zu formulieren, der mit all seinen Details von zukünftigen Bogenschützen gut verstanden wird, und trotzdem auch die alten Hasen des Sports informiert und begeistert. Es gibt in diesem Buch Passagen, die insbesondere der Erläuterung und dem Verständnis dienen, damit auch Sporteinsteiger alle Inhalte verstehen. Angereichert ist das Buch mit Tipps, die ich ab Anfang 2017 während meiner Tätigkeit im Trainerteam der deutschen Jugend- und Juniorennationalmannschaft sammeln durfte. Als Leser wirst du neue Informationen und differenzierte Blickwinkel auf das Bogenschießen erhalten. Einige der Tipps sind in Anekdoten und Geschichten verpackt, die sich manchmal genauso und manchmal in ähnlicher Form zugetragen haben. Manchmal sind Namen und Orte zur Wahrung der Integrität von Menschen verändert, doch der Sinn der dargestellten Inhalte bleibt bei den Tatsachen.

Verraten darf ich an dieser Stelle schon, dass Bogenschützen freundliche Menschen sind. Sie duzen sich. Deshalb habe ich es mir in diesem Buch erlaubt, dich als Bogenschütze oder als zukünftiger Bogenschütze ebenfalls zu duzen. Häufig verwende ich in dem vorliegenden Buch die Bezeichnung »Bogenschütze« und meine das nicht geschlechterspezifisch. Immer dann, wenn es nicht besonders erwähnt ist, meine ich Frauen und Männer.

Ich wünsche dir nun viel Spaß beim Eintauchen in die großartigste Sportart der Welt! Doch Vorsicht! Bogenschießen kann süchtig machen. Schon der Genuss des Buches kann das unwiderrufliche Verlangen nach den fliegenden Pfeilen auslösen und festigen.

Günter Kuhr

Kapitel 1

EINE UNENDLICHE GESCHICHTE

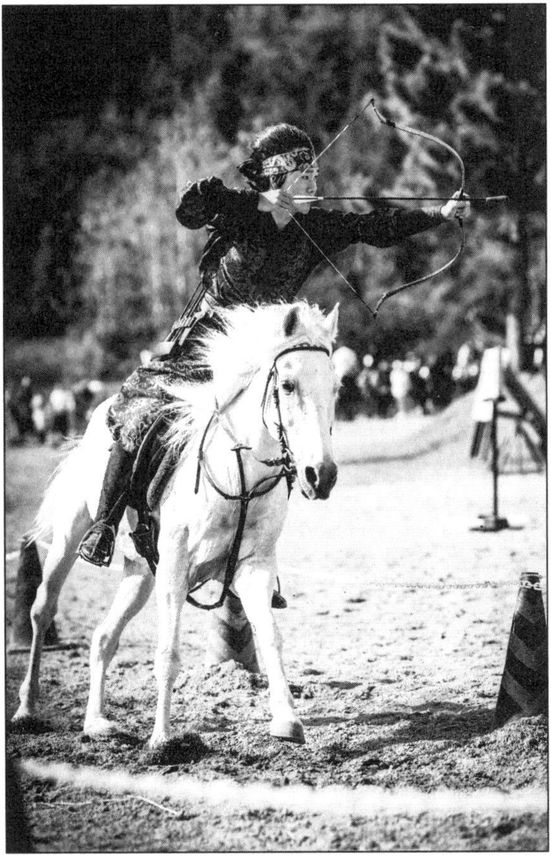

1. GRUND

Weil es das Kind in uns weckt!

Wer erinnert sich nicht an die eigenen Kindheitstage, an denen wir mit Pfeil und Bogen als Kiowa-Indianer oder Apachen über Wiesen tobten und Holzpfeile in die Luft schossen? Inspiriert von Indianerfilmen wurden wir aktiv, suchten einen biegsamen Ast, knoteten an dessen Enden eine Schnur und brachten den neuen Flitzebogen so auf Spannung. Dünne, gerade gewachsene Äste spitzten wir mit dem Taschenmesser auf der einen Seite an, ritzten in das andere Ende eine Kerbe, klemmten sie auf die Schnur des Bogens, um diese Bogensehne mit den Fingern auszuziehen und den ersten Pfeil über die Wiese zu schießen. Pfeile mit Saugnäpfen wurden mit Spucke befeuchtet und klatschten unter freudigem Kindergetöse gegen die Fensterscheiben der Wohnung. Nicht unerwähnt sollen die entsetzten Blicke der Eltern bleiben, die weniger freudig die beschmierten Glasscheiben betrachteten, die sie später reinigen sollten. Diese Kindheitserlebnisse stecken in uns, und wenn sich heute für erwachsene Frauen und gestandene Männer auf einem Mittelaltermarkt, einem Volksfest oder bei einem Schnuppertraining eines Bogensportvereins die Möglichkeit bietet, Pfeil und Bogen wieder in die Hand zu nehmen, so wirkt es wie ein Trigger, der das Kind in uns weckt. In der Gruppe mit Freunden ist schon nach dem ersten Schuss das Getöse aus Kindheitstagen wieder präsent, nur bei den Männern, die ihren Stimmbruch lange hinter sich haben, in tieferer Stimmlage. Jeder von uns bringt eine Vorstellung mit, wie er den Bogen auszieht, als sei es in uns angelegt. Leg doch dieses Buch für einen kurzen Moment zur Seite, steh auf, greif so, als hättest du den Bogen wieder in der Hand, zieh die Sehne aus, um dann den Pfeil zu lösen. … Erinnerst du dich, wie es in den Kindheitstagen war? Spürst du wieder die Emotionen von damals? Dann ist jetzt der richtige Zeitpunkt für dich gekommen, mit einem echten Pfeil und Bogen das fortzuführen, was du als Kind begonnen hattest.

2. GRUND

Weil Pfeil und Bogen eine uralte Geschichte in sich tragen

Überkommt dich manchmal die Fleisch-ess-Lust, wenn an den ersten warmen Tagen des Jahres die Grillzeit eingeläutet wird? Schlenderst du dann beim Metzger oder im Supermarkt entlang der Fleischtheke, um dir ein Potpourri aus mariniertem Rindfleisch, zartem Putenfilet oder mit Schafskäse gefüllte Involtini zusammenzustellen, während der Appetit das Wasser in deinem Munde zusammenlaufen lässt? Oder bist du schon Vegetarier? Wie auch immer. Unsere Vorfahren lebten als Jäger und Sammler fernab der Bequemlichkeiten heutiger Einkaufserlebnisse. Die Jagd nach Tieren sicherte ihre Existenz. Neben Fleisch als Nahrungsmittel verarbeiteten sie das Fell und Leder für Bekleidung, Schuhe, Decken und Zelte, Knochen und Horn für Werkzeuge, Kunst und Flöten, und schließlich die Sehnen für ihre Bögen, mit denen sie den Tieren einen kurzen Prozess bescherten.

Zur Aufhellung der Geschichte rund um das Bogenschießen machte Alfred Rust aus Hamburg bahnbrechende Entdeckungen, die ihn weltbekannt machen sollten. Der gelernte Elektrotechniker radelte 1930 mit dem Fahrrad von Hamburg über den Balkan, quer durch die Türkei in den Vorderen Orient, um in den syrischen Höhlen von Jabrud auf etwa 1.400 Metern Höhe, östlich der Gebirgskette des Antilibanon, bedeutende archäologische Fundstätten zu entdecken. So wurde er selbst zum Jäger und Sammler und spürte prähistorische Artefakte auf. Fast vor der eigenen Haustür allerdings, nämlich im Stellmoor in der Nähe von Hamburg, grub Rust eine Siedlung der ausgehenden Altsteinzeit aus. Die ehemaligen Bewohner hinterließen ihm Steingeräte, Stichel und retuschierten Klingen sowie einen Satz vollständiger Pfeile aus Kiefernholz mit gestielten Spitzen. Vor rund 12.000 Jahren waren die Siedlungsbewohner damit auf die Rentierjagd spezialisiert und sollen bei der Umstellung von der Pirsch- auf die Treibjagd umfangreiche Beute gemacht haben. Zahlreiche weitere archäologische Funde lassen allerdings vermuten, dass der Gebrauch von Pfeil und Bogen durch die Siedler des Stellmoors bei Hamburg vor rund 12.000 Jahren bereits ein alter Zopf war. Doch nur der Elektrotechniker aus Hamburg erbrachte bei seinen Ausgrabungen den zweifelsfreien Beleg für den Einsatz von Pfeil und Bogen vor 12.000 Jahren.

Die Zeiten unserer Vorfahren sollten sich bald ändern. Jäger und Sammler wurden in Süd- und Mitteleuropa zwischen 7.500 und 4.000 vor Chr. sesshaft und widmeten sich immer mehr dem Ackerbau und der Tierhaltung. Die gefährliche und beschwerliche Jagd verlor zunehmend an Bedeutung, wurde aber nicht ganz aufgegeben.

In den antiken Hochkulturen diente die Jagd der Nahrungsmittelbeschaffung sowie dem regulierenden Eingriff in die Natur, sie war aber auch ein Freizeitvergnügen. In der griechischen Mythologie war Artemis die Göttin der Jagd, des Waldes, des Mondes und Hüterin der Frauen und Kinder, quasi eine göttliche Sozialarbeiterin mit speziellen Aufgaben. Sie zählt zu den großen zwölf olympischen Göttern und ist damit eine der wichtigsten Gottheiten in der griechischen Mythologie. Sie entspricht der Göttin Diana aus der römischen Mythologie. Als lebensgroße Marmorstatue trägt sie einen mit Pfeilen prall gefüllten Köcher auf dem Rücken und steht heute im Pariser Louvre als *Diana von Versailles* in der eigens für die Statue errichteten Galerie des Caryatides.

Sei dir sicher, dass auch in deiner Familiengeschichte Vorfahren mit Pfeil und Bogen schossen. Mit dem Einsatz der Armbrust, ihrer höheren Reichweite, Durchschlagskraft und Präzision und den später entwickelten Gewehren wurde die Bogenjagd ungebräuchlich. Wir leben heute in der exklusiven Situation, dass wir den Bogen als reines Sportgerät einsetzen können, selbst Fleisch und die früher so lebensnotwendigen tierischen Nebenprodukte können wir durch alternative Nahrungsmittel, Materialien und Werkstoffe ersetzen. Das ist purer Luxus.

3. GRUND

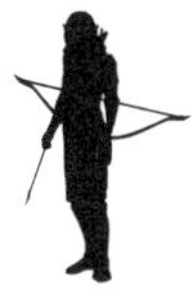

Weil der Bogen eine pazifistische Entwicklung nahm

Der Bogen hat wahrlich auch eine dunkle Geschichte hinter sich, denn er war über Jahrtausende auch als Kriegswaffe im Einsatz und zwar weltweit. Der englische König Eduard II. überspannte den Bogen im wahrsten Sinne des Wortes, als er 1314 per Dekret ein Fußballverbot für die Straßen von London verhängte. Argwöhnisch hatte der König im Vorfeld junge Männer beobachtet, die luftgefüllte Schweineblasen mit den Füßen und mit großer Leidenschaft durch die städtischen Gassen traten. Eduard II. sah das Fußballspielen als Vergeudung der kostbaren Zeit an und wünschte sich mit dem Dekret, die gleiche Leidenschaft für das Bogenschießen zu entfachen. Gute Schützen waren im Krieg ein strategischer Vorteil. Einer besonderen Jugendarbeit verschrieb sich später Edward IV. von England, als er 1442 verfügte, dass alle männliche Untertanen ab dem sechsten Lebensjahr am Sonntag nach dem Kirchgang das Bogenschießen üben sollten, freilich nicht zum Vergnügen, sondern zur Ausbildung künftiger Krieger. Diese aus heutiger Sicht skurril wirkenden Anekdoten sollen keineswegs die bittere Seite der Kriege verharmlosen. Und die ganze Geschichte ist derart komplex, dass sie Bände von Büchern füllt.

Doch ein Grund, den Bogen heute zu lieben, ist seine pazifistische Entwicklung, die er nahm. Er wird heute als Sportgerät eingesetzt und verbindet Menschen aller Nationen mit ihren individuellen Unterschieden zu einer großen, sympathischen Familie. Das Credo »Bogenschießen – Freunde treffen« darf also keineswegs falsch verstanden werden.

4. GRUND

Weil sich Robin Hood in unsere Herzen schlich

Im Sherwood Forest von Nottingham soll Robin Hood zu Zeiten des Mittelalters sein Unwesen getrieben haben. Ausgestattet mit Pfeil und Bogen und einer Portion List, war er als Beschützer von Armen und Frauen eine selbsternannte Instanz für die Gerechtigkeit. Robin Hood wird in den späteren Verfilmungen quasi als Vorkämpfer für die soziale Gerechtigkeit dargestellt, der mit List und dem Schalk im Nacken von den Wohlhabenden das nahm, was die Armen so bitter benötigten. Den habgierigen Reichen soll es nicht geschadet haben, nur mit dem Schrecken ließ er sie davonkommen. Im Kampf und im Bogenschießen war er ein wahrer Meister, spaltete einen Pfeil, indem er ihn an seinem Ende mit einem anderen Pfeil punktgenau traf. Ein tollkühner Held und Meisterdieb, dem man das Unrecht seines Handelns niemals vorwerfen konnte, weil er im Dienste der guten Sache zum Wegelagerer wurde und weil er viel zu ausgebufft war, sich einer Bestrafung auszusetzen. Wer kennt diesen Helden nicht? Er schleicht sich in die Herzen der Kinder, und jedes Jahr sehen wir ihn wieder, wenn er mit Pfeil und Bogen ausgestattet zum Karneval flaniert.

Die Geschichte des Robin Hood ist über Jahrhunderte überliefert, dürfte sich aber wohl so niemals zugetragen haben, denn zahlreiche Schreiber nahmen aus der Sage mal Details heraus und erfanden neue Zuschreibungen. Erstmals erwähnt wurde Robin Hood in England bereits im 13. Jahrhundert, und dieser Spitzname war zu dieser Zeit ein Synonym für Gesetzesbrecher. Es entstanden über die Jahrhunderte immer wieder neue Balladen und Erzählungen, aus denen die anfangs noch beschriebenen grausamen mittelalterlichen Praktiken des Robin Hood mehr und mehr entfernt wurden.

Die Geschichte, die über Jahrhunderte weitererzählt und umgeschrieben wurde, bot schließlich auch den Stoff für unzählige Verfilmungen. 2010 schaffte es die Sage bis zum Festival de Cannes in der Verfilmung von Ridley Scott, mit Russell Crowe als Robin Hood und Cate Blanchett als Maid Marian.

Für das Bogenschießen ist Robin Hood – auch durch die packende Verfilmung von Ridley Scott – so etwas wie eine Werbeikone, die keine Agentur hätte besser kreieren können, auch wenn die Geschichte unter juristischen Gesichtspunkten durchaus Verwerfliches in sich trägt und Psychologen bei genauerer Betrachtung der dargestellten Gewaltexzesse die erlittenen Traumata der Opfer durchaus skeptisch sehen dürften. Der legendäre »Robin Hood-Schuss« ist im modernen Bogensport übrigens heute noch der Fachbegriff für den gespaltenen Pfeil nach einem Aufschuss, wenngleich die modernen Sportpfeile nicht mehr aus Holz, sondern aus Kohlefasern und Aluminium hergestellt werden. Doch hinterließ der Räuber aus dem Sherwood Forest seine Spuren bis in die Gegenwart.

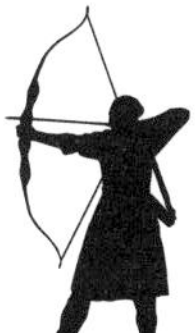

5. GRUND

Weil die Bögen der Gegenwart die Geschichte widerspiegeln

Ganz simpel betrachtet ist der Bogen eine Abschussvorrichtung für Pfeile. Über und unter dem Griff befinden sich die Bogenarme (auch Wurfarme genannt), die sich beim Auszug der Sehne nach hinten biegen. Nach dem Lösen der Sehne schnellen die Wurfarme in ihre Ausgangsstellung zurück und übertragen über die Sehne die Bewegungsenergie auf den Pfeil, der sich beim Anschlagen der Sehne löst und so seine Flugbahn in Richtung des Ziels bahnt. Diese einfache, aber jahrtausendalte Konstruktionsgeschichte spiegelt sich in allen Bögen der Gegenwart wider.

Der *Primitivbogen* wird aus vorindustriellen natürlichen Materialien, wie Holz und beispielsweise einem Griffband aus Leder, hergestellt. Selbst die Bogensehne wird aus Flachs, Leinen, Tiersehnen, Leder oder Haut angefertigt. Der Primitivbogen wird aus einem Holzstück gefertigt und besitzt keine spezielle Auflage für den Pfeil. Der Pfeil wird beim Schießen auf das Grundgelenk des Zeigefingers gelegt. Das Holz des Bogens stammt in der Regel von Esche, Eibe, Robinie oder Ahorn. Diese Hölzer haben sich wegen ihrer Härte und den Biegeeigenschaften über Jahrhunderte im Bogenbau bewährt. Der Primitivbogen ist eine Bogenklasse des traditionellen Bogensports. Wenn in dir noch immer der Jäger und Sammler schlummert, solltest du zum Primitivbogen greifen, denn damit tauchst du tief in die Menschheitsgeschichte ein und wirst einen Platz unter Gleichgesinnten des traditionellen Bogenschießens finden.

Der *Langbogen* besitzt ein mindestens ebenso historisches Antlitz. Anders als beim Primitivbogen verwenden Bogenbauer hier mehrere Holzstreifen, die übereinandergeklebt werden. Langbögen können mit einem Schussfenster über dem Griff ausgestattet sein. Diese Ausformung über dem Griff verfügt über eine Fläche, die als Pfeilauflage genutzt wird. Der Mary-Rose-Typus ist ein aus Eibenholz gefertigter englischer Langbogen mit D-förmigen Bogenarmen. Die in der Historie später entwickelten viktorianischen (englischen) Langbögen sind durch einen linsenförmigen Querschnitt gekennzeichnet. Amerikanische Langbögen verfügen über flache Bogenarme, die eckig ausgeformt sind. Bei modernen Varianten wird heute von den Bogenbauern auch Fiberglas oder Carbon mit Holz kombiniert, um die Abschussenergie zu erhöhen. Auf den Spuren von Robin Hood liegst du mit diesem Bogen goldrichtig.

Mit dem *Yumi* tauchst du in eine der ältesten japanischen Kampfkünste ein, das Kyūdō. Markant ist die asymmetrische Form des Yumi mit dem kurzen unteren und dem auffällig längeren oberen Wurfarm. Dieser Bogen mit seiner japanischen Tradition wurde schon im 3. Jahrhundert verwendet und war gefürchtet wegen seiner Durchschlagskraft und der hohen Reichweite. In der Kultur verkörpert der Bogen Disziplin und Reinheit. Neben seinem Gebrauch als Kriegs- und Jagdwaffe wurden zeremonielle Formen des Bogenschießens bereits im 8. Jahrhundert vorgeführt. Der Bogen wird in einer traditionellen Handwerkskunst gefertigt, die in ihrer Güte und Komplexität dem Instrumentenbau gleichkommt. Bambus ist der Kern des Yumi. Auf diesen Kern werden vorn und hinten Streifen aus Bambus verklebt, bei einigen der Bögen auch Holz an seinen Seiten. Während die historischen Kriegsbögen mit Kirschholzlack versiegelt und schwarz eingefärbt waren, tragen die unversiegelten Yumi im heutigen Kyūdō die Farbe des Bambus. Der Yumi reagiert äußerst empfindlich auf Luftfeuchtigkeit und kann sich schon bei einer fehlerhaften Bewegungstechnik verziehen. Daher trainieren Einsteiger des Kyūdō heute mit robusten Carbon- und Fiberglasbögen, die zudem deutlich preiswerter in der Anschaffung sind. Die asiatische Kultur und die meditative Wirkung des Bogenschießens bilden beim heutigen Kyūdō eine Kunst, die deine Wahrnehmung und den Blick für Wahrheit, Güte und Schönheit schärft.

Der *Reiterbogen* wurde von den berittenen Kriegern der Hunnen, Mongolen und den zentralasiatischen Völkern, aber auch durch Magyaren aus dem heutigen Ungarn, Awaren, Skythen, Tataren Petschengen und durch unzählige weitere Völker verwendet. Auch die Comanchen, ein Indianerstamm Nordamerikas, beherrschten das Bogenschießen vom Rücken der Pferde. Für die Herstellung eines echten Reiterbogens, für das Trocknen des Holzes einschließlich der Ruheperioden der laminierten Schichten, benötigen die Bogenbauer bis zu zwei Jahre. Markant ist die geschwungene Form der Bogenarme, die bei aufgespannter Sehne an ihren Enden eine Kurve nach vorne bilden, den sogenannten Recurve. Reiterbögen sind verhältnismäßig kurz, mit Ausnahme des Yumi, der mit seinem kurzen unteren Bogenarm von den japanischen Kriegern ebenfalls als Reiterbogen eingesetzt worden ist. Heute kannst du mit dem Reiterbogen die Leidenschaften des Reitens mit dem Bogenschießen verbinden. Doch unterschätze diese Disziplin nicht! Einen präzisen Schuss wirst du beim Reiten nur zu dem Zeitpunkt abgeben können, in dem sich alle Hufe des Pferdes vom Boden gelöst haben. Für die Abgabe des Schusses bleiben dann nur Bruchteile von Sekunden.

Der bei den Olympischen Spielen zugelassene *Recurvebogen* ist die moderne Antwort auf die historischen Bögen. Seine Bezeichnung trägt der Sportbogen wegen der beiden Wurfarme, die von der Sehne nach hinten gebogen, an ihren Enden jedoch eine Kurve nach vorn bilden. Dieses Konstruktionsmerkmal verleiht dem Bogen einen weichen Auszug sowie eine hohe Energieabgabe nach dem Lösen der Sehne. Die Wurfarme werden überwiegend aus Carbon hergestellt, besitzen in der Regel einen Holz- oder Hartschaumkern. Die Wurfarme werden beim Aufbau des Bogens in die Wurfarmtaschen des Mittelteils gesteckt, das in der Regel aus Aluminium oder Carbon gefertigt ist. Leichte und dünne Carbon- oder Aluminium-Carbon-Pfeile werden auf über 200 km/h beschleunigt, um bei den Olympischen Spielen über die Distanz von 70 Meter die goldene Mitte in der Größe eines Kuchentellers zu treffen. Technische Lösungen, wie ein an der Pfeilauflage des Mittelteils montierter Button, der wie ein Stoßdämpfer die erste Pfeilschwingung auffängt, eine justierbare Visiernadel für das Zielen und andere Detaillösungen unterstützen beim präzisen Treffen des Ziels. Stabilisatorenstangen am Mittelteil sorgen für eine optimierte Balance des Bogens und ein ruhiges Zielverhalten. Eine besondere Bedeutung für die gesamte Bewegungstechnik hat der Klicker, der dem Bogenschützen durch ein klickendes Geräusch die immer gleiche Auszuglänge signalisiert und – nach hinreichendem Training – ein konditioniertes Entspannen der Zugfinger auslöst. So erhält jeder Pfeil eine nahezu identische Abschussenergie. Auch wenn die technische Ausstattung der Sportbögen bei den Wettkämpfen streng reglementiert ist, übt der olympische Recurvebogen mit seinen technischen Details eine besondere Faszination bei leistungsorientierten Sportlern sowie bei Tüftlern und Bastlern aus, die ihr Sportgerät auf maximale Leistung und Präzision trimmen möchten.

Der *Blankbogen* ist ein Recurvebogen, der nur mit einem Minimum dieser technischen Detaillösungen ausgestattet wird. Es gibt zwar eine Pfeilauflage und den Button, jedoch keine Zielvorrichtung, keine Stabilisatoren und keine Auszugkontrolle. Als Blankbogenschütze kommst du zurück zu den Basics des Bogenschießens.

Der *Jagdrecurve* ist ein traditionell anmutender Recurvebogen, der einteilig oder als »Takedown Bow« aus einem Mittelteil und den beiden Wurfarmen zusammengesetzt wird. Beliebt ist der Jagdrecurve beim traditionellen Bogenschießen. Er wird ohne Zielvorrichtung eingesetzt. Ebenso wie beim Blankbogen kommen keine Stabilisatoren zum Einsatz. Während Blankbogenschützen einen Zielvorgang über die Pfeilspitze durchführen, wird der Jagdrecurve – ebenso wie der Primitiv- und der Langbogen – intuitiv geschossen. Beim intuitiven Bogenschießen richtet der Bogenschütze den Bogen innerhalb seines Blickfeldes zum Ziel aus, das er nach einem umfangreichen Training auch treffen wird. Vergleichbar ist das intuitive Bogenschießen mit einem Basketballspieler, der aus jeder Spielfeldposition intuitiv den Ball in den Korb werfen kann. Kreative Bogenbauer fertigen mit traditioneller Handwerkskunst Jagdrecurvebögen, die einem Kunstobjekt gleichkommen. Damit die Bezeichnung des Bogens zu keinen Missverständnissen führt sei an dieser Stelle angemerkt, dass die Bogenjagd in Deutschland sowie in Österreich verboten ist. Der Bogen wird beim Schießen auf Zielscheiben oder im 3D-Bogensport verwendet, bei dem Tierattrappen aus Schaumstoff in Feld- und Waldparcours aufgestellt sind und den Bogenjäger in dir wecken.

Technisch hochgerüstet ist der *Compoundbogen*, der zu den präzisesten Trefferergebnissen führt, jedoch keine Zulassung für die Olympischen Spiele hat. Während alle anderen Bögen mit den Fingern ausgezogen und gelöst werden, setzen Compounder ein sogenanntes »Release« ein. Hier wird die Sehne eingehakt und mechanisch gelöst. An den Wurfarmenden befinden sich Umlenkrollen, durch die eine Kombination aus Kabeln und Sehne geführt wird. Nach einem anfangs hohen Zugwiderstand reduziert sich im Endauszug das Zuggewicht um bis zu 80 % und kann für einen präzisen Zielvorgang mit relativ wenig Kraft gehalten werden. Hohe Zuggewichte sorgen für maximale Pfeilgeschwindigkeiten. Nur mit einer speziellen Bogenpresse können beim Compoundbogen die Sehne und die Kabel ausgewechselt werden. Technische Lösungen wie eine Wasserwaage für die exakte Ausrichtung des Bogens machen dieses Sportgerät zum Liebhaberobjekt von Technikfreaks, die diesen Bogen wegen seiner markanten Umlenkrollen auch scherzend »Fahrrad« nennen.

Die Bögen tragen eine uralte Menschheitsgeschichte in die Gegenwart. Den Liebhabern eröffnen sie ein facettenreiches Angebot, das vom traditionellen Bogenschießen bis hin zum modernen Wettkampfsport nach dem Vorbild der Olympischen Spiele reicht. Doch alle Bogenschützen der Gegenwart genießen ein außergewöhnliches Erlebnis: die Entfaltung einer meditativen Wirkung des Bogenschießens durch die Konzentration auf das Hier und Jetzt. Der Alltagsstress verfliegt mit dem ersten Pfeil, der deinen Bogen verlässt.

6. GRUND

Weil Bogenschießen zu den Kernsportarten der Olympischen Spiele zählt

Vielleicht warst du einer der 7,5 Millionen Zuschauer in Deutschland, die im Jahre 2016 live im Fernsehen das Goldfinale im Bogenschießen mit Lisa Unruh bei den Olympischen Spielen in Rio de Janeiro gebannt verfolgt haben. Die sympathische Polizistin der

Bundespolizei gewann schließlich die Silbermedaille. Sie verrichtet ihren Dienst als Mitglied einer Sportfördergruppe überwiegend auf dem Bogensportplatz. Denn ohne das tägliche Training lässt sich bei den Olympischen Spielen keine Medaille gewinnen, schon gar nicht in einer der schwierigsten Sportdisziplinen wie dem Bogenschießen.

Doch schon weit vor der Sportkarriere von Lisa Unruh, nämlich im Jahre 1900, flogen Pfeile bei Olympischen Spielen. 1904 durften erstmals Frauen an den Spielen teilnehmen, und zwar nur in einer Sportdisziplin, dem Bogenschießen – ein frühzeitiges Aufflammen der Frauenemanzipation im Sport! Vorläufig letztmalig betraten Bogenschützen die Olympiasportstätten in den Jahren 1908 und 1920. Dann folgte eine Pause. Erst 1972 kehrte das Bogenschießen zurück und wurde von nun an zu einem festen Bestandteil des olympischen Programms. Nach den Spielen in London 2012 erklärte das Internationale Olympische Komitee das Bogenschießen zu einer der Kernsportarten der Spiele. Dieser Status wurde nach den Spielen von Rio des Janeiro 2017 noch einmal bestätigt.

Das heutige Wettkampfprogramm hat es in sich. Zunächst müssen sich die Nationen auf Quotenplatzturnieren eine Startberechtigung für die Olympischen Spiele erkämpfen, denn die Teilnehmerzahl ist begrenzt. Zugelassen sind ausschließlich Recurvebögen. Die Wettkampfdistanz liegt für Frauen und Männer bei 70 Meter. Das Ziel ist eine 10er-Ringscheibe im Durchmesser von 122 Zentimeter. Die Top-Sportler platzieren den überwiegenden Anteil ihrer Pfeile in der 10, die nur noch einen Durchmesser von 12,2 Zentimeter hat.

Am ersten Wettkampftag schießen 64 Damen und 64 Herren in der Qualifikationsrunde 72 Wertungspfeile. Die Ergebnisse bestimmen die Zusammensetzung für die in den nächsten Tagen folgenden Duelle, in denen jeweils zwei Sportler gegeneinander antreten. Der Erstplatzierte trifft im Duell auf den Letztplatzierten der Qualifikationsrunde, der Zweitplatzierte auf den Vorletztplatzierten, und so weiter.

Das Matchduell starten die beiden Teilnehmer mit dem ersten Satz und jeweils drei Wertungspfeilen. Der Teilnehmer mit der höchsten Ringzahl erhält zwei Satzpunkte. Bei Ringgleichheit erhalten beide Teilnehmer einen Satzpunkt. Das Match endet, sobald einer der Teilnehmer sechs Satzpunkte erreicht hat. Ist nach dem fünften Satz keine Entscheidung gefallen, kommt ein Stechpfeil zum Einsatz. Der Bogenschütze, der den Pfeil am dichtesten zur Scheibenmitte platziert, gewinnt das Duell. Der Abstand des Pfeils zur Scheibenmitte wird notfalls vom Kampfrichter millimetergenau vermessen. Der Verlierer eines Duells ist bereits aus dem Rennen um die olympischen Medaillen der Einzelwertung. Die jeweiligen Duellsieger erreichen die zweite Runde. Dieses K.-o.-System führt den Bogenschützen im besten Falle bis in das Goldfinale der Spiele.

Weitere Medaillen werden im Mannschaftsschießen vergeben. Eine Mannschaft besteht bei den Damen und Herren jeweils aus drei Sportlerinnen und Sportlern einer Nation. Beim Eintritt in die Duelle schießt jedes Mannschaftsmitglied zwei Pfeile, sodass am Ende eines Satzes insgesamt sechs Pfeile einer Mannschaft in der Scheibe stecken sollten – Pech, wenn es weniger Pfeile geworden sind. Auch hier gibt es zwei Satzpunkte für die höchste Ringzahl und jeweils einen Punkt bei Ringgleichheit. Diese Matches enden allerdings schon, sobald eine Mannschaft mindestens fünf Satzpunkte erreicht hat. Drei Stechpfeile pro Team kommen zum Einsatz, sollte nach dem vierten Satz kein Matchsieger feststehen. Auch diese Duelle führen bis in das Goldfinale.

Für die Olympischen Sommerspiele 2020 in Tokio kündigte das Internationale Olympische Komitee einen neue Wettkampfform im Bogenschießen an. Dabei stellen die Nationen jeweils eine Frau und einen Mann für das Mixed-Team, das gegen die Mixed-Teams der anderen Nationen antritt. Die Anzahl der teilnehmenden Bogenschützen bei den Olympischen Spielen wird dadurch nicht angehoben. Doch es warten zwei zusätzliche Goldmedaillen auf die Bogenschützen und eine höhere Medienpräsenz für diese ästhetische Präzisionssportart.

KAPITEL 2

DISZIPLINEN DES BOGENSCHIESSENS

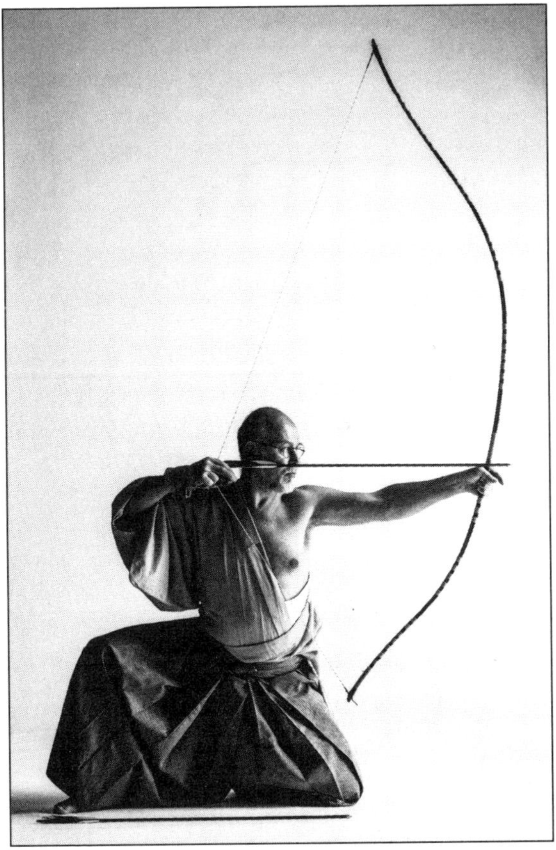

7. GRUND

Weil du deinen Wortschatz erweiterst

Wenn dich beispielsweise ein Bogenschütze auf deinen niedrigen Tiller hinweist, hat das rein gar nichts mit deinem Intelligenzquotienten zu tun, und es ist auch nicht erforderlich, dass du zu einem verbalen Gegenschlag ausholst. Und wenn du gefragt wirst, ob du den Checker gesehen hast, solltest du keinesfalls mit dem Finger auf den extrovertierten Trainer des Vereins zeigen. Die folgenden Fachbegriffe schärfen dein Verständnis und verhindern unangenehme Missverständnisse am Bogensportplatz.

- **Alle ins Gold** – Wünschen sich die Bogenschützen zum Wettkampfbeginn. Wünschst du stattdessen den »goldenen Schuss«, könnte das Irritationen auslösen.
- **Alle ins Kill** – Beim jagdlichen Bogenschießen tragen die Schaumstofftiere keine der farbenfrohen Ziele in den Pfoten. Die markierte Zone des Kills ist für Schaumstoffindividuen tödlich und bringt dir beim Treffen hohe Punktzahlen.
- **Alle Pfeile zu mir** – Die letzten Worte eines Trainers.
- **Armschutz** – Diesen Schutz trägt der Bogenschütze am Bogenarm. Er verhindert das schmerzvolle Anschlagen der Sehne.
- **Button** – Wirkt wie ein kleiner Stoßdämpfer bei modernen Recurvebogen. Der Button wird im Bereich der Pfeilauflage in das Mittelteil geschraubt. Der eingelegte Pfeil liegt am Buttonstift an.
- **Bogenfenster** – Fensterreiniger sind nicht erforderlich, denn es handelt sich um einen Ausschnitt im Mittelteil über dem Griff. Das Bogenfenster gewährleistet, dass der eingelegte Pfeil nahe der Bogenmitte liegt.
- **Bogenlatein** – Ungezwungenes Fachsimpeln von Nerds in Bogensportforen des Internets.
- **Cams** – Es handelt sich um die Umlenkrollen an den Wurfarmenden der Compoundbögen.

- **Checker** – Mit diesem Messinstrument wird der Abstand der Sehne zum Mittelteil vermessen, sowie die Markierungspunkte für die Pfeilaufnahme an der Sehne (Nockpunkte), aber auch der Tiller (nachfolgend beschrieben) kann damit vermessen werden.
- **Das sind doch keine 70 Meter!** – Kreatives Argument eines Bogenschützen nach den ersten Wettkampfpfeilen, die das Ziel verfehlt haben.
- **Das Problem befindet sich hinter der Sehne** – Ergebnis einer differenzierten Ursachenanalyse bei schlechten Schießergebnissen.
- **Fahrkarte** – Beim Bogenschießen bekommst du Fahrkarten kostenlos und darfst dich noch nicht mal freuen, weil es sich hier um einen Fehltreffer handelt. Die Fahrkarte wird auf dem Ergebniszettel als »M« notiert.
- **Fingerschlinge** – An der Bogenhand oder deren Fingern wird die Schlinge befestigt, um das Mittelteil gelegt und fängt den Bogen nach dem Lösen der Sehne auf.
- **Galgen** – Das ist kein Instrument zum Ausschluss von renitenten Vereinsmitgliedern. Der Sehnengalgen ist ein Spezialwerkzeug zur Herstellung von Sehnen.
- **Kabel** – Kabel und Sehne sind bei Compoundbögen durch die Cams (Umlenkrollen) geführt und miteinander verbunden.
- **Klicker** – Ein Blech oder Stahlstift dient bei modernen Recurvebögen als Auszugkontrolle. Der Klicker ist am Mittelteil oder am Visier des Bogens befestigt. Beim Einlegen des Pfeils liegt der untere, bewegliche Teil des Klickers auf dem Schaft. Sobald der Bogenschütze den Pfeil voll ausgezogen hat, fällt der Klicker von der Pfeilspitze und schlägt klickend auf das Mittelteil oder einen Klickervorbau und signalisiert dem Bogenschützen so den Zeitpunkt für das Lösen der Sehne.
- **Köcher** – In dieser Pfeiltasche werden die Pfeile getragen.
- **Kommaherganzschnell** – Ein Bogenschütze benötigt die Hilfe des Trainers.

- **Mittelteil** – Komponente des Bogens mit der Griffschale, einer montierten Pfeilauflage und der Wurfarmaufnahme.
- **Nocke** – Die Nocke befindet sich am Pfeilende und enthält eine Einkerbung für das Einsetzen des Pfeils auf die Sehne.
- **Nockpunkte** – Nockpunkte an der Sehne markieren den Punkt für das »Einnocken« des Pfeils. So liegt der Pfeil immer im gleichen Winkel im Bogen.
- **Passe** – Eine Serie von drei oder sechs Pfeilen, die geschossen und anschließend an der Zielscheibe gezogen werden, um danach die nächste Passe zu schießen.
- **Pfeil** – Das Flugobjekt der Bogenschützen besteht aus Pfeilspitze, Pfeilschaft, Federn und Nocke.
- **Pfeilschaft** – Der Schaft des Pfeils ist aus Aluminium, Carbon, Alu-Carbon oder im traditionellen Bogensport auch aus Holz hergestellt.
- **Peep** – Bei Compoundbögen wird das Peep in die Sehne gewickelt und liegt im Vollauszug des Bogens auf Höhe des Zielauges. Das Loch im Peep wird für das Zielen genutzt.
- **Pfeilauflage** – Die Pfeilauflage ist am Mittelteil des Bogens befestigt.
- **Release** – Das mechanische Lösen der Sehne erfolgt beim Compoundbogen mit dem Release, das der Schütze in der Zughand hält.
- **Scheibe** – Das ist die gebräuchliche Kurzbezeichnung der Zielscheibe, die in der Regel aus gepresstem Stroh oder Schaumstoff hergestellt ist.
- **Schießtechnik** – Bewegungsablauf des Bogenschützen. Weil Einsteiger bei diesem Begriff häufig eine Assoziation zum »Schießequipment« herstellen, wird zum besseren Verständnis in diesem Buch der Begriff »Bewegungstechnik« verwendet.
- **Scope** – Am Visier des Compoundbogens montierte Linse mit Zielpunkt und Wasserwaage für den Zielvorgang.
- **Sehne** – Früher noch aus den anatomischen Sehnen der Tiere

gefertigt, werden heute die Sehnen aus einzelnen Strängen synthetischer Garne gewickelt.

- **Spinne** – Nutzen selbst Bogenschützen mit einer Spinnenphobie. Diese auch als V-Bar bezeichnete Komponente wird zur Aufnahme von Front- und Seitenstabilisatoren am Mittelteil montiert.
- **Stabilisatoren** – Stangen mit Gewichten an deren Enden werden an das Mittelteil geschraubt. Die Bögen können mit Stabilisatoren ruhiger gehalten werden und sind besser ausbalanciert.
- **Streifschutz** – Dieser Schutz wird auf der Bogenarmseite im Bereich der Brust getragen. Er hält die Bekleidung eng am Körper.
- **Tab** – Fingerschutz mit zwei Lederlappen, der beim Auszug der Sehne an den Zugfingern getragen wird. Traditionelle Bogenschützen verwenden auch einen Schießhandschuh, so wie es auf dem Coverfoto dieses Buches zu sehen ist.
- **Tuning** – Das Einstellen von Bögen und Pfeilen wird als Tuning bezeichnet.
- **Pfeilspitze** – Die Metallspitze der Pfeile hat mit dem Eigengewicht eine Bedeutung für den optimalen Schwerpunkt des Pfeils sowie für das Biegeverhalten des Schaftes. Das Flugverhalten des Pfeils wird mit dem Spitzengewicht optimiert.
- **Pounds** – Gewichtseinheit zur Angabe des Zuggewichts von Bögen (auch Pfund oder Lbs.). Ein Pound entspricht 0,45359237 kg.
- **Tiller** – Der Tiller beschreibt eine Differenz in Millimetern, die sich bei den Messungen, ausgehend von der Sehne zu den Wurfarmen an den unteren und oberen Wurfarmaufnahmen des Mittelteils, ergibt. Mit einem korrekten Tiller entwickelt dein Bogen die optimale Energie.
- **Tips** – Die ausgeformten Wurfarmenden, in die die Sehne eingehakt wird.
- **Spine** – Dieser Wert gibt Auskunft über das Biegeverhalten des Pfeilschafts und verrät, ob der Schaft zum Zuggewicht des Bogens passt.

- **Wurfarme** – Der obere und untere Wurfarm sind am Mittelteil befestigt und werden beim Auszug der Sehne nach hinten gebogen. Beim Vorschnellen übertragen sie die Energie über die Sehne auf den Pfeil.
- **Visier** – Zielvorrichtung an modernen Sportbögen mit einer Visiernadel.
- **Wenn ich nicht wäre, wäre mein Bogen schon längst Weltmeister!** – Kritische Selbsteinschätzung zahlreicher Bogenschützen.
- **X** – Das X ist auf der Zielscheibe innerhalb des 10er Rings markiert, bringt auf dem Ergebniszettel keinen Ring mehr, aber bei Punktgleichheit siegt der Bogenschütze mit den meisten Treffern im X. Diese Regel gilt aber nur in der Freiluftsaison.

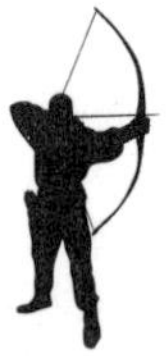

8. GRUND

Weil das Bogenschießen der Gegenwart abwechslungsreich ist

Enthusiastische Einsteiger dürfen sich über eine unglaubliche Vielfältigkeit des Bogenschießens mit den einzelnen Disziplinen freuen. Nach dem Erlernen der Technikgrundlagen, die sich im Wesentlichen auf alle Bogendisziplinen übertragen lassen (eine Ausnahme stellt hier das japanische Kyūdō dar), kannst du schon als Bogensporteinsteiger mit der Erprobung der einzelnen Disziplinen beginnen. Häufig haben sich Vereine auf einzelne Disziplinen spezialisiert, oder sie bündeln Interessensgruppen innerhalb von Sparten, die sportlich motiviert, historisch fasziniert, jagdlich besessen, gesundheitlich orientiert oder mental ihre Ziele abstecken. Dank Google und Yahoo findest du die Vereine deiner Region im Internet und kannst die jeweilige Ausrichtung checken. Nach einer Anmeldung zum Probetraining erhältst du die Möglichkeit, die

Menschen in den Vereinen, die Trainingsplätze und Parcours und den Spaßfaktor der jeweiligen Disziplinen kennenzulernen. Selbst erfahrene Bogensportler, die seit vielen Jahren an ihrer Disziplin haften, zeigen Begeisterung beim Disziplinwechsel und dem Eintauchen in eine verwandte und dennoch manchmal ganz andere Welt des Bogenschießens, ausgeübt von Menschen mit differenzierten Leidenschaften, Charakteren und Zielstellungen.

9. GRUND

Weil der Wettkampfsport den Jagdinstinkt in dir weckt

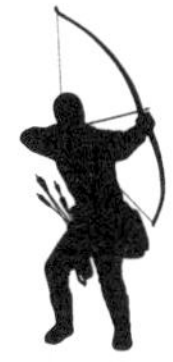

Seit Menschengedenken stellen wir uns dem Kräftemessen. Wohl jeder unterlag schon dem Reiz, seine Fähigkeiten im Wettbewerb unter Beweis zu stellen. Dabei geht es nicht zwangsläufig um einen Konkurrenzgedanken, sondern vielmehr auch darum, die eigenen Fähigkeiten auszuloten, weiterzuentwickeln und im Wettkampf gegen sich selbst neue persönliche Bestleistungen aufzustellen. Gerade das Zielen und Treffen bieten hier einen besonderen Reiz. Eine triviale Form zeigt sich schon bei dem emotionalen Kick, den wir erleben, wenn wir einen Papierknäuel mit treffsicherem Geschick im Mülleimer versenken. In der Schule haben wir Basketbälle immer und immer wieder aus unterschiedlichsten Positionen in den Korb geworfen und dabei auch ein wenig ausgelotet, wie es mit unserer Treffsicherheit im Verhältnis der Mitschüler bestellt war.

Im Dong Hyun verfügt über eine außerordentliche Treffsicherheit. Er zählt zu den besten Bogenschützen in der olympischen Disziplin des Bogenschießens. Wegen einer Sehschwäche kann der Südkoreaner das 70 Meter entfernte Ziel nur schemenhaft wahrnehmen. Dennoch entwickelte er im langjährigen Training eine enorme Fähigkeit zur präzisen Zielerfassung, die in der Terminologie von Sportpsychologen als »optische Diskriminationsfähigkeit« eine schlichte Versachlichung erfährt. Im Jahre 2012 trat Im Dong Hyun auf Londons altehrwürdigem Lord's Cricket Ground bei den Olympischen Spielen an. Dort sorgte er für eine Sensation, als er in der Qualifikationsrunde mit 699 von 720 möglichen Ringen einen neuen Weltrekord aufstellte. Die Medien feierten ihn weltweit und überspitzten seine Sehschwäche sensationslüsternd, indem sie ihn für blind erklärten. Wie dem auch sei, mit jedem seiner 72 Wertungspfeile erreichte Im Dong Hyun einen Schnitt von 9,71 Ringen. Ab diesem Moment wurde der Südkoreaner selbst zum Gejagten, und es dauerte exakt einen Olympiazyklus, bis sein Landsmann Kim Woojin bei den Olympischen Spielen in Rio de Janeiro einen Wertungsring draufsetzte und die neue Messlatte auf 700 Ringe hochsetzen konnte. Pech folgte für beide Bogenschützen jeweils in den Einzelduellen. Kim Woojin überstand nicht einmal die erste Runde der Duellfolge, die ihn eigentlich bis in das Goldfinale führen sollte. Letztlich verfehlten beide Sportler die olympischen Medaillen in der Einzelwertung. Doch sie zählen zweifellos zur Crème de la Crème des olympischen Bogensports. Im Dong Hyun sicherte sich bis heute zwei olympische Gold- und eine Bronzemedaille. Kim Woojin gewann noch in Rio de Janeiro mit dem dreiköpfigen Herrenteam das olympische Mannschaftsgold.

Die fünffarbigen Ringscheiben bilden auch das Ziel für die Bogenschützen mit dem nichtolympischen Compoundbogen. Von der Vereinsmeisterschaft bis hin zur Weltmeisterschaft treten die Sportler an, um im Kräftemessen die Sieger ihrer Bogenklasse zu ermitteln. Blankbogenschützen schießen bis zur deutschen Meisterschaft auf diese Scheiben. Mit jedem neuen Sportjahr wird eine neue Jagdsaison auf persönliche Bestleistungen, nationale und internationale Rekorde und die heiß begehrten Plätze der Siegerpodeste eingeläutet.

10. GRUND

Weil Felder und Wälder Überraschungen bereithalten

Eine andere Spielwiese betreten Feldbogenschützen. Wenn der Morgentau noch an den Gräsern haftet, Füchse sich den Schlaf aus den Augen reiben und sich letzte Nebelschwaden aus den Wäldern verflüchtigen, stehen einige der Anhänger dieser Disziplin schon im Feldparcours. Auf den Scheiben sind Papierauflagen mit sechs markierten Wertungsringen angebracht, deren Mitte gelb hinterlegt ist und die Ringzahlen sechs und fünf abdeckt. Alle weiteren Ringe sind nach außen hin schwarz hinterlegt. Im unwegsamen Gelände von Wiesen, Wäldern und Steinbrüchen sind die Scheiben platziert und über ausgedehnte Wanderungen erreichbar. Einige der Parcoursbetreiber, Vereine und Wettkampfveranstalter sind wahre Meister in der kreativen Ausgestaltung dieser Parcours. Sie nutzen die atemberaubenden Kulissen der Natur für traumhafte Erlebniswelten. Zielscheiben werden mal am Ufer eines majestätisch ruhenden Weihers platziert, zwischen den Reihen von symmetrisch angepflanzten Nadelbäumen, inmitten einer sonnendurchfluteten Lichtung oder vor der Kulisse einer mittelalterlichen Burg. Zielscheiben vor den Wänden von Steinbrüchen treiben den Adrenalinspiegel hoch, weil jeder Fehltreffer mit dem Zerbersten des Pfeils einhergeht. Unzählige Kilometer wandern die Feldbogenschützen über Stock und Stein, durch grasgrüne Täler und über Berge mit rutschigen Hängen. Sie balancieren über Baumstämme, stehen beim Abschuss auf Felsvorsprüngen oder auf einem hölzernen Hochsitz und treffen ihre Ziele hoch oben am Berg und ebenso tief in einer Waldsenke. Holzpflöcke im Boden markieren den Abschusspunkt für die Bogenschützen, deren Ziele bis zu 60 Meter entfernt aufgestellt sind. Lediglich bei einem Teil der Zielscheiben sind die Entfernungen bekannt. Feldbogenschützen entwickeln sich zu Experten im Schätzen von unbekannten Entfernungen. Im Feldparcours tummeln sich Bogenschützen aller Bogenklassen. Der Feldbogensport bildet besonders die koordinativen Fähigkeiten aus, von denen selbst olympische Bogenschützen in ihrer Kerndisziplin profitieren.

Artverwandt und mindestens ebenso beliebt ist das Bogenschießen im 3D-Parcours. Dreidimensionale Tierattrappen aus Schaumstoff warten in den Wäldern und den angrenzenden Wiesen auf die Treffer in ihrer »Kill-Zone«. Die ängstlich dreinblickenden Rehkitze, bulligen Büffel und winzigen Erdmännchen aus Schaumstoff schreckten in der Vergangenheit die Tierschützer auf. Sie argumentierten, dass gerade Kinder und Jugendliche durch dieses Jagdspiel an das lebensverachtende Töten echter Tiere herangeführt würden. Dieser Sinneswandel vom Erlegen eines Schaumstofftiers zum seelenbesetzten Tier aus Fleisch und Blut konnte bei den Kindern allerdings nie beobachtet werden. Stattdessen argumentieren gerade die Bogensportvereine, dass die Kinder durch die Auseinandersetzung mit der Thematik eine besondere Sensibilität für die Achtung von Tieren entwickeln.

Zurück in den Parcours – du schnappst dir also deinen Bogen und wanderst fröhlich pfeifend durch die heimischen Wälder, schlägst dich hier und da durch das Unterholz, rutschst hoffentlich nicht aus, wenn der Waldboden vom Regen durchtränkt ist. Stopp! Plötzlich lugt ein Nashorn um die moosbewachsene Rinde einer deutschen Eiche direkt in deine Richtung. Bewegt es sich, dann renn um dein Leben! Bleibt es starr mit eingefrorenem Blick und du befindest dich ohne Zweifel in einem 3D-Parcours, suchst du in aller Ruhe den Pflock für die Abschussposition. Jetzt noch einmal tief durchatmen, und dann lass die Pfeile fliegen. Für einen Treffer im markierten Innenkill werden 11 Punkte vergeben, der zweite Innenring ergibt 10 Punkte, für einen Treffer im sogenannte 3. Kill verbuchst du acht Punkte und für einen sonstigen Körpertreffer immerhin noch fünf Punkte. Treffer im Horn, Huf und Geweih gehen punktlos aus.

Gerade traditionelle Bogenschützen lieben den 3D-Parcours, der mit seiner Ausrichtung der alten Bogenjagd sehr nahekommt. Auch moderne Recurvebögen und die technisch hochgezüchteten Compundbögen sind hier präsent. Die Ausflüge mit den ausgedehnten Wanderungen im 3D- und Feldparcours machen das Bogenschießen zu einem echten Naturerlebnis.

11. GRUND

Weil sich die Laufsucht mit Bogenschießen kombinieren lässt

Marco Kreische aus Potsdam absolviert seinen Masterstudiengang in Biochemie und Molekularbiologie. Wenn sich nebenbei die Zeit ergibt, spannt er die Sehne auf seinen Recurvebogen, schnürt die Laufschuhe fest, und dann geht's ab zum Bogenlaufen. Der Student trainiert für sein Wettkampfprogramm, das insgesamt fünf Laufrunden mit jeweils 850 Meter umfasst, im Sprintwettbewerb drei Runden mit jeweils 400 Meter. Mit dem Bogen in der Hand läuft er die erste Runde, geht kurz vor dem Erreichen des Schießstandes mit dem Tempo runter, um den Puls für das Schießen zu senken. Bei den Wettkämpfen in Deutschland und den Niederlanden warten in 20 Meter Entfernung drei Ziele mit einem Durchmesser von 20 Zentimeter auf ihn. Anders in Russland und Frankreich – hier stehen vier Ziele in 18 Meter Entfernung mit einem Durchmesser von nur 16 Zentimeter am Schießstand. Marco legt einen Pfeil ein, nimmt sich eine Sekunde, um das Ziel zu fokussieren, spannt dann den Bogen, bis die Zughand unter dem Kieferknochen den Ankerpunkt gefunden hat, und zieht den Pfeil innerhalb von zwei Sekunden durch den Klicker. Längere Zeiten für das Zielen gönnt er sich nicht, weil sein Herz noch rast und der Atem während des Zielvorgangs angehalten wird. Es folgt der Schuss und anschließend der Wechsel zum zweiten Ziel. Trifft er alle Ziele der Station, geht es in Windeseile in die nächste Runde der Laufstrecke. Verpatzt er hingegen einen Schuss, muss er in die Strafrunde, und die kostet Zeit. Allzu häufig läuft Marco die Strafrunden nicht. Seit seinen Europacupsiegen 2016 und 2017 zählt er zu den meistgejagten Bogenläufern Europas.

Zuschauer mögen den Sport, bei dem alle Bogenläufer im Massenstart in die Laufrunden sprinten. So hat das Publikum jederzeit vor Augen, wer der Gejagte und wer die Jäger sind. Bei einer Deutschen Meisterschaft dieser noch recht jungen Disziplin nehmen rund 100 Bogenläufer teil, an den internationalen Wettkämpfen insgesamt etwa 300 Sportler. Die Gemeinschaft der Bogenläufer ist noch übersichtlich und familiär. Mann und Frau kennen sich.

Marco Kreische betreibt den Laufsport seit seiner Schulzeit. Als er sich mit 16 Jahren einem Bogensportverein anschloss, erfuhr er vom Bogenlaufen und besuchte erste Wettkämpfe. Von diesem Moment an verlangte er mehr von den Endorphinausschüttungen, die jeden Bogenläufer glücklich machen. Doch Vorsicht, Bogenlaufen kann süchtig machen!

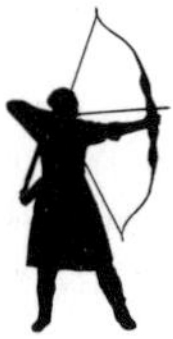

12. GRUND

Weil du im Kyūdō deine Persönlichkeit kennenlernst

Mit Achtsamkeit betreten die Bogenschützen des Kyūdō ihren Trainingsort, eingehüllt in eine traditionell japanische Bekleidung. Die Trainingsstätten des Kyūdō sind im Geiste des Feng-Shui wie Kunstwerke arrangiert und sollen so zur Harmonisierung des Menschen mit seiner Umgebung beitragen. Kyūdō beschreibt den Weg einer endlosen Handlung, der wie ein Bogen auf den Handlungsprozess ausgerichtet ist, nicht auf das Ergebnis. Beim japanischen Bogenschießen lernst du, das Ziel über die Ausrichtung deines Körpers zu treffen. Das Zielen mit dem Auge nimmt eine nur untergeordnete Rolle ein. Um deinen Körper und Geist zu sensibilisieren, steht ein langer Trainingsprozess vor dir, bei dem du zunächst mit einem Gummiband deine Bewegungen zu einer Choreografie verschmelzen lässt. Die Zugkraft des Bogens wird auf beide Körperhälften verteilt, und du lernst, deine Atmung, komplexe Bewegungen, Körperspannung und Körperhaltung aufeinander abzustimmen. Erst später wirst du deine ersten Pfeile auf eine zwei Meter entfernte Strohrolle schießen. Die Ritualisierung von Bewegungen stärkt deine Konzentration und Achtsamkeit. Wenn deine Erwartungen an den Erfolg zu hoch sind und du zu schnell zu viel erreichen willst, wird der Fluss der Bewegungen unterbrochen. Lässt der Erfolg auf sich warten, trainierst du immer weiter und wirst auf diese Weise fortwährend deiner Geduld und Einsicht gegenüberstehen. Nicht weniger als zehn Jahre bleibst du ein Anfänger des Kyūdō.

»Die Herausforderungen und der Lernprozess hören für mich niemals auf, und darin liegt der besondere Reiz des Kyūdō«, sagt ausgerechnet Feliks Hoff aus Hamburg, der in der Hierarchie der japanischen Bogenschützen weit oben steht. Befähigt mit dem zweithöchsten Lehrertitel »Kyoshi« folgt er Einladungen aus Russland, Südafrika und anderen Ländern der Welt. Im täglichen Training übt Feliks Hoff immer wieder die Qualität seiner Bewegungen, beherrscht auch die alten Schlachtfelddistanzen des Kyūdō auf 28 und 60 Meter. Beim Kyūdō hat er seine innere Balance gefunden.

Die meditative Wirkung des japanischen Bogenschießens hilft dir, Situationen zu meistern. Du wirst deiner selbst gewahr. Kyūdō zeigt wie ein Spiegelbild deine innere Ordnung und konfrontiert dich mit deiner Persönlichkeit.

13. GRUND

Weil das traditionelle Bogenschießen facettenreich ist

Täglich treffen sich IT-Spezialisten mit Fahrzeugbauern, Bankangestellte mit Historikern, Ingenieure mit Polizisten, Kernphysiker mit Schreinern, um im Bogenparcours der komplexen und oftmals stressbehafteten Arbeitswelt für einige Stunden zu entfliehen. Nadelstreifenanzüge, Uniformen und Arbeitsanzüge tauschen sie zum Feierabend gegen eine robuste Outdoor-Bekleidung ein. Viele traditionelle Bogenschützen nutzen die Freizeit zur Entschleunigung, um in der Natur – fernab unserer hoch technisierten Welt – auf die Basics zurückzukommen. Im Sinne der Philosophie »Life is simple« verzichten sie auf das Highend-Equipment des modernen Bogensports und greifen zu traditionellen Langbögen, Jagdrecurvebögen oder zum Primitivbogen. Bogenschützen, die sich auf den Pfaden historischer Vorbilder bewegen, dulden beim eigenen Equipment ausschließlich Werkstoffe, die schon vor Jahrhunderten im Pfeil- und Bogenbau eingesetzt wurden. Das traditionelle Bogenschießen hat sich darüber hinaus zu einer Lifestyle-Sportart entwickelt, in der Authentizität zumindest mitschwingt. Weil Holzpfeile zerbrechlich sind, werden inzwischen auch moderne Corbonpfeile eingesetzt, die beim spezialisierten Fachhändler im täuschend echten Holzdekor und mit original Truthahnfedern ausgestattet über den Ladentresen gehen. Die Gemeinschaft der traditionellen Bogenschützen teilt sich die Trainingsplätze mit Sportlern, die hochmoderne Compounds und Recurvebögen schießen. In dem facettenreichen Angebot der Disziplinen wird jeder integriert. Klassenkämpfe gibt es dann bei den Wettkämpfen, wo die einzelnen Bogenarten jeweils eigenständige Startklassen bilden.

14. GRUND

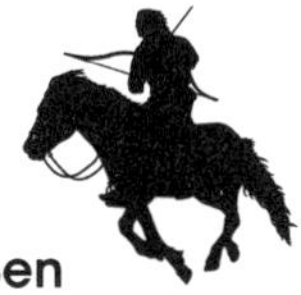

Weil du beim berittenen Bogenschießen vom Adrenalin beflügelt wirst

Eine besondere Form des traditionellen Bogenschießens wird vom Rücken der Pferde ausgetragen. Kathi Mücke aus Bielefeld zählt zu den deutschen Bogenreiterinnen. Die Systemadministratorin für Skype- und Mailserver lernte das Bogenschießen im Jahre 2003 auf einem Mittelaltermarkt kennen. Mit Pfeilen und Bögen historischer Vorbilder trainierte sie fortan und stellte sich dem Kräftemessen mit anderen Bogenschützen auf zahlreichen 3D-Wettkämpfen des traditionellen Bogensports. Es folgte 2007 ein Kurs im berittenen Bogenschießen, bei dem sie sich von dieser Disziplin anfixen ließ. Als sie sich ein Jahr später die zehnjährige Tinker-Stute »Maya« kaufte, erfüllte sie sich ihren alten Kindheitstraum vom eigenen Pferd und dem Reiten. »*Wenn du das berittene Bogenschießen erlenen möchtest, musst du Eigeninitiative entwickeln*«, sagt Kathi Mücke. Sie nahm sich viel Zeit für das Studieren von Fachbüchern, nahm Reit- und Bogenschießstunden und lernte viel aus ihren Fehlern. Etwa ein Jahr dauerte es allein, bis sich Kathi und ihr Pferd Maya aneinander gewöhnt hatten, gegenseitiges Vertrauen aufbauen konnten und so zu einem eingespielten Team wurden. 2010 folgte der erste Wettkampf in der Eifel. Dort stand die IT-Expertin mit ihrem Pferd, dem Bogen und ihren Pfeilen an der 90 Meter langen Wettkampfbahn. Sie ritt dem 45 Meter entfernten Ziel entgegen und nutzte im Galopp die Flugphase des Pferdes, um schließlich das etwa neun Meter entfernte Ziel mit den Pfeilen zu beschießen, und zwar zunächst schräg nach vorn, dann seitlich und zum Ende noch mit einem letzten Pfeil schräg nach hinten. Bei diesen Ritten werden die Pfeile vom Bogenschützen blitzschnell und ohne hinzuschauen auf die Sehne genockt und nach dem Auszug des Bogens abgeschossen. Bei anderen Wettkampfformen gibt es fünf Ziele, die entlang einer 150-Meter-Bahn aufgestellt sind. Beim Teamwettkampf Mogu wird ein Ball (früher war es der Kadaver einer Ziege) über ein Feld gezogen, der von den Teams verfolgt und beschossen wird. Um das berittene Bogenschießen zu perfektionieren, schießt Kathi Mücke rund 80 Prozent ihrer Pfeile vom Boden aus. Fernsehabende nutzt sie, um das rasche Einlegen der Pfeile immer und immer wieder zu trainieren. Sie beherrscht es nun schon seit Jahren mit geschlossenen Augen. Genährt wird die Leidenschaft des berittenen Bogenschießens vom Adrenalin, der Geschwindigkeit sowie von der Symbiose zweier Individuen, des Pferdes und des Reiters. Nur wenn das Vertrauen zwischen den beiden Seelen gewachsen ist, läuft das Pferd auch ohne Zügel und hält trotzdem Geschwindigkeit und Richtung. Heute gibt Kathi Einsteigerkurse im berittenen Bogenschießen und weiß sehr genau, was Bogenreiter benötigen: ein Pferd, einen Reiterbogen mit Pfeilen, einen Trainingsplatz und vor allem viel Geduld. Das berittene Bogenschießen ist eine Königsdisziplin. Es verbindet in einer einzigartigen Weise die Liebe zu Pferden mit den Leidenschaften des Reitens und des Bogenschießens.

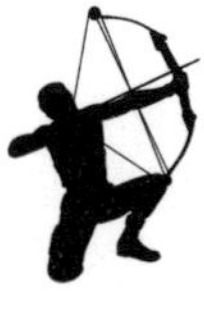

15. GRUND

Weil die Disziplinen spezielle Spielformen bereithalten

Nur besonders versierte Bogenschützen werden ein bewegliches Ziel treffen. Im grünen Münsterland bietet ein Hotelier für seine Gäste eine Spezialität auf diesem Gebiet an. Beim Bogen-Trap werden runde Schaumstoffscheiben von einer Wurfmaschine in luftige Höhen katapultiert und müssen in Sekundenschnelle vom Bogenschützen erfasst werden, wenn die abgeschossenen Pfeile auch nur den Hauch einer Chance für einen Treffer auf dem runden Teller bekommen sollen. Entfernungen und Flugbahn der Ziele können nur blitzschnell und intuitiv eingeschätzt werden. Frustrierte Spitzensportler sah ich vor einigen Jahren im kroatischen Poreč, als sie während der Wettkampfpause eines World Cups das Bogen-Trap ausprobierten. Ohne das Visier ihrer Hightech-Bögen waren sie förmlich aufgeschmissen und trafen die fliegenden Scheiben nur mit viel Glück. Ausnahmen bildeten die Bogenschützen, die gelegentlich auch das intuitive Bogenschießen ohne Visier trainierten.

Traditionelle Bogensportler treffen sich regelmäßig zu einem besonderen Vergnügen, das Abwechslung vom sportlichen Alltag verspricht und auf die mittelalterliche Tradition englischer Bogenschützen zurückzuführen ist. Diese wurden nämlich beim Clout-Schießen auf eine Entfernung von 180 Yard trainiert, um die Infanterie der Reiterschaft zum kriegerischen Durchbruch zu verhelfen. Die Entfernung von 180 Yard entspricht übrigens knapp 165 Metern. Frauen schießen heute über eine Distanz von 120 oder 140 Yard, und damit sollten ihre Pfeilspitzen bei knapp 110 oder 128 Meter im Boden versenkt sein. Ein kreisförmiges, rundes Ziel auf dem Boden markiert die Trefferzone, die mit Wertungspunkten versehen ist.

Den Spaßfaktor sprechen verschiedene Wettkampforganisatoren an, die besondere Erlebnisformen anbieten und Sportler an ihre Grenzen führen. Einem Marathon kommen die 24-Stunden-Turniere gleich, bei denen Teams rund um die Uhr ihre Pfeile schießen, um schließlich nach 24 Stunden die Ergebnisse auszuwerten. Eine Spielform ist das Nachtschießen. Dabei werden nur die Scheiben ausgeleuchtet, und die Sportler lassen ihre Pfeile durch die Dunkelheit fliegen. Bei Variationen des Nachtschießens werden Luftballons als Zielpunkte eingesetzt, die bei einem Treffer die nächtliche Ruhe förmlich zum Platzen und Sportler zum lautstarken Jubeln bringen.

Die Vielfalt, die das Bogenschießen heute bietet, ist schier grenzenlos. Durch das Ausprobieren der Disziplinen und Variationen öffnen sich für dich die Türen dieser Vielfalt, und so wirst du Erfahrungen sammeln, um für dich die Disziplin zu finden, die deine Interessen und Leidenschaften widerspiegelt.

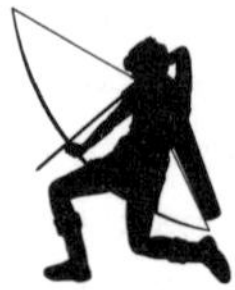

16. GRUND

Weil Leseratten im Vorteil sind

Der Erfahrungsaustausch unter den Bogenschützen ist wirklich Gold wert. Manchmal gibt es unterschiedliche Auffassungen zu bestimmten Themen, und nicht immer sind alle Informationen ein Gewinn für dich. Doch durch die Auseinandersetzung mit den verschiedenen Standpunkten wirst du angeregt, Tipps auszuprobieren, deine eigenen Erfahrungen zu sammeln, und damit dein Fachwissen ausbauen. Unterstützung liefert dir ein reichhaltiges Angebot von Fachzeitschriften, die zum Teil auf spezielle Bogenarten und Disziplinen zugeschnitten sind. Hier findest du eine Auswahl.

Bei dem Fachmagazin *Traditionell Bogenschießen* ist der Name Programm. Professionell aufgearbeitet warten abwechslungsreiche Themen rund um das historisch angehauchte Bogenschießen auf dich. Informationen zum Equipment, zum Training, historische Aufarbeitungen, berittenes Bogenschießen, Interviews und Urlaubstipps sind nur einige der Themen. Das Magazin erscheint quartalsweise und wird vom Verlag Angelika Hörnig herausgegeben. Du findest das Magazin in Bahnhofsbuchhandlungen und bekommst es auch im Abo. Weitere Infos zum Magazin und zu Fachbüchern findest du im Internet unter www.bogenschiessen.de.

Faszination Bogen ist ein relativ junges Fachmagazin für alle Bogenarten, das mit abwechslungsreichen Fachbeiträgen und einem modernen Layout die Faszination des Bogenschießens weckt. Der Schwerpunkt liegt im Freizeit- und Wettkampfsport. Das Magazin ist dein Begleiter für das Training und die Materialabstimmung. Abgerundet werden die Informationen mit Tipps für den nächsten Urlaub, Interviews, medizinischen und sportpsychologischen Fachbeiträgen und mehr. Besuche die Buchhandlungen in Bahnhöfen und Flughäfen, um dir das jeweils aktuelle Exemplar zu sichern. Natürlich gibt es die *Faszination Bogen* auch im Abo unter www.uzw.de.

Der österreichische Verlag Vorderegger & Partner gibt zwei spezialisierte Magazine heraus, die du im Abo erhältst. Dazu zählt die Zeitschrift *3D-Bogensport* mit Fachinformationen zum jagdlichen Bogenschießen auf die Schaumstofftiere. Speziell an Compoundbogenschützen wendet sich der Verlag mit dem *Compound Magazin*. Alle Infos zum Verlag und zum Abo gibt es im Internet unter www.bogensport.cc.

Das *Bogensport Magazin* wird vom Kuhn Verlag in Villingen-Schwenningen herausgegeben. Das Magazin ist schon seit Jahren auf dem Markt und legt den Schwerpunkt auf den wettkampforientierten Bogensport. Doch auch hier findest du ein abgerundetes Informationspaket rund um das Bogenschießen. Besuche die Bahnhofsbuchhandlung für die aktuelle Ausgabe oder bestelle das Magazin im Abo. Informationen gibt es unter www.bogensport.de.

Welche der Fachzeitschriften deine Interessen im besonderen Maße anspricht, erfährst du schon nach dem ersten Blick in die Magazine. Der Weg zur Bahnhofsbuchhandlung lohnt sich dafür. Richtige Leseratten nutzen die Informationen von mehreren Magazinen, und die Preise der jeweiligen Ausgaben lassen das ohne Weiteres zu.

KAPITEL 3

BOGENSCHIESSEN ERLERNEN

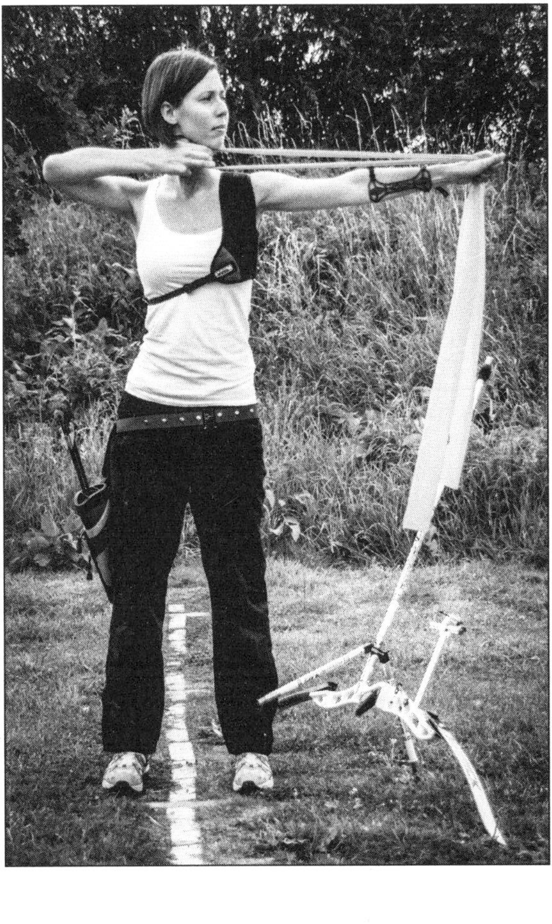

17. GRUND

Weil Bogenschießen eine Kunst ist

Bogenschießen kannst du mit dem Spielen eines Musikinstruments vergleichen. Jeder kann einer Geige einen Ton entlocken, aber noch längst kein Violinenkonzert geben. Bis du schließlich mit Melodien ein kleines Publikum entzücken wirst, werden Jahre intensiven Übens vergehen. Ähnlich verhält es sich beim Bogenschießen. Einen ersten Pfeil zu schießen und damit direkt die Faszination des Bogenschießens zu erleben ist ganz einfach möglich. Bis zum sicheren Treffen der Pfeile auf weite Distanzen bedarf es ebenso Jahre eines intensiven Trainings.

Vor einigen Jahren traf ich die hochbegabte südkoreanische Bogenschützin Kim Soo-Nyung, die mit insgesamt sechs olympischen Medaillen und zahlreichen Weltmeistertiteln vom Bogensportweltverband WORLD ARCHERY zur Athletin des 20. Jahrhunderts geehrt wurde. Sie verriet mir, dass sie als neunjährige Schülerin an das Bogenschießen herangeführt wurde. Als sie schließlich in Seoul ihre erste olympische Goldmedaille gewann, hatte sie bereits sieben Jahre und zehn Monate fast täglich trainiert.

»Moment mal«, wirst du vielleicht einwenden wollen, »es gibt doch diese Visiernadel, die einfach nur auf das Ziel gerichtet werden muss, und die Stabilisatoren, die den Bogen ruhig im Ziel halten!« Doch selbst technisch ausgefeilte Sportbögen schießen nicht von allein. Ähnlich wie ein Musiker mit den Fingern die Saiten einer Gitarre gefühlvoll spielt, so wird auch nur der Bogenschütze sein Ziel präzise treffen, der mit ebenso viel Gefühl die Sehne des Sportbogens beim Lösen durch die entspannten Finger gleiten lässt. Es kommt auf feinste Nuancen der Muskelkontraktionen an, die die Geschwindigkeit der Zughand beim Lösen der Sehne beeinflussen. Die Energie des Bogens wirkt auf den Oberkörper. Bei einer nicht optimalen Technikausführung ziehen Querkräfte die Arme sowie den Bogen im Moment des Lösens in unterschiedlichste Richtungen. Nur wer lernt, sein Bewegungsgefühl wahrzunehmen, und darüber seine Bewegungen immer und immer wieder reproduzieren kann, wird schließlich das Bogenschießen in höchster Vollendung ausführen.

Ein Bogen schlägt sich nun zurück zu den Musikern. Sie machen gerade als Sporteinsteiger schnelle Fortschritte im Bogenschießen, weil sie Bewegungen gefühlvoll und nuanciert umsetzen können und ausgeprägte koordinative Fähigkeiten mit in das Training bringen. Lernen kann das Bogenschießens freilich jeder. Doch es bedarf Fleiß, Geduld und einer Portion Ehrgeiz zur Vollendung dieser Kunst.

18. GRUND

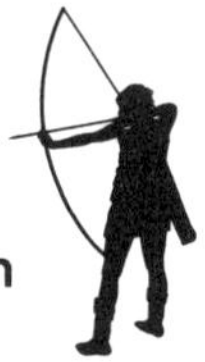

Weil du eine Bekanntschaft mit deinem dominanten Auge machst

Mach dich nun bereit für ein Experiment und lerne dabei dein dominantes Auge kennen. Es entscheidet darüber, ob du mit deinem Bogen auf eine Kurzdistanz von zehn Metern eine Scheibe überhaupt treffen wirst. Bevor du dir also einen Bogen zulegst, solltest du eine Bekanntschaft mit deinem dominanten Auge gemacht haben.

Gestatte mir, dass ich die genaueren Umstände zunächst kompliziert gestalte. Es gib Rechtshandbögen, die immer in der linken Hand gehalten werden. Und es gibt Linkshandbögen, die immer mit der rechten Hand gehalten werden. Es gibt Rechtshänder, die mit der linken Hand einen Rechtshandbogen greifen, aber es gibt auch Rechtshänder, die mit der rechten Hand einen Linkshandbogen greifen. Die gleiche Verquerung gilt auch für Linkshänder. Ist so weit alles unklar? Das Rätsel, ob du nun einen Rechts- oder Linkshandbogen benötigst, kann nur dein dominantes Auge lösen.

Gemeinsam mit dir möchte ich nun dieses kompliziert erscheinende Rätsel Schritt für Schritt lösen. Rechtshänder entwickeln im Laufe ihres Lebens eine höhere Geschicklichkeit mit der rechten Hand. Diese Hand ist dominant und erledigt alle komplizierten Aufgaben des Lebens, die dir eine besondere Koordination und Fingerfertigkeit abverlangen. Bei Linkshändern übernimmt bekanntermaßen die linke Hand diese Aufgaben. Es handelt sich um eine Dominanz der Händigkeit. Auch bei den Augen gibt es eine solche Dominanz, die sich bei jedem Menschen unabhängig von der Dominanz der Händigkeit herausbildet. Bei Rechts- und Linkshändern kann also jeweils das rechte, aber auch das linke Auge dominant sein. Eine Klärung verschafft hier nur ein einfacher Test, den du selbst ganz einfach ausführen kannst. Folge einfach der Testbeschreibung. Ich verspreche dir, es tut nicht weh!

Zunächst suchst du dir einen Gegenstand in deiner Umgebung, der bei dem Test dein Zielpunkt sein wird. Je weiter der Zielpunkt von dir entfernt ist, desto deutlicher wird der Aha-Effekt des Tests. Eine Blumenvase auf der Fensterbank oder ein Baumstamm, den du durch das Fenster sehen kannst, sind ideale Zielpunkte. Wichtig ist nun, dass du zum Testbeginn beide Augen geöffnet hältst! Fokussiere den Zielpunkt. Strecke nun deinen Arm aus, strecke jetzt auch den Daumen aus, richte ihn nach oben und positioniere den Daumen direkt auf dem Zielpunkt. Deine beiden Augen bleiben zunächst geöffnet und fokussieren weiterhin den Zielpunkt. Der Daumen auf dem Zielpunkt erscheint unscharf, und du wirst ihn für einige Sekunden doppelt sehen. Akzeptiere das, halte den Zielpunkt fokussiert, bis der Daumen deutlich vor dem Zielpunkt zu erkennen ist. *Schließe nun das linke Auge* oder verdecke es mit der anderen Hand. Es ergeben sich folgende Effekte und Testergebnisse:

Verbleibt der Daumen auf dem Zielpunkt, ist dein rechtes Auge dominant!

Springt der Daumen seitlich raus, ist dein linkes Auge dominant!

Machen wir einen Kontrolltest. Öffne wieder beide Augen, positioniere am ausgestreckten Arm den Daumen auf dem Zielpunkt und *schließe oder verdecke nun das rechte Auge.*

Springt der Daumen jetzt nach rechts neben den Zielpunkt, ist dein rechtes Auge dominant!

Verbleibt der Daumen auf dem Zielpunkt, ist dein linkes Auge dominant!

Du hast den Test absolviert? Herzlichen Glückwunsch zur ersten Bekanntschaft mit deinem dominanten Auge! Du kannst nun tief durchatmen, dich wieder entspannt zurücklehnen und lesen, was dir dein dominantes Auge im Hinblick auf die Rechts- und Linkshandbögen verrät.

Zeigte der Test, dass dein rechtes Auge dominant ist, ziehst du mit der rechten Hand die Sehne eines Rechtshandbogens aus. Ist dein linkes Auge dominant, ziehst du mit der linken Hand die Sehne eines Linkshandbogens aus. Weltweit entscheiden im Bogensport die dominanten Augen der Menschen über die Verwendung von Rechts- und Linkshandbögen. Die Bögen sind also auf die Augendominanz ausgerichtet, nicht auf die Dominanz der Händigkeit. Nachdem dieses Rätsel gelöst ist, kannst du beim Bogenschießen mit dem richtigen Bogen beide Augen geöffnet halten und mit einer entspannten Gesichtsmuskulatur deine Pfeile zielsicher in die gelbe Scheibenmitte schießen.

19. GRUND

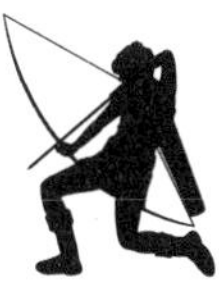

Weil du besser schießen wirst als jeder Macho

Machos sind dafür bekannt, dass sie ihre Männlichkeit stets unter Beweis stellen müssen, und – das sei an dieser Stelle angemerkt – es gibt vereinzelt auch weibliche Machos. Jeder kennt sie, häufig sind sie anstrengend, manchmal liebenswert, gelegentlich bitterernst, aber es gibt sie auch in einer amüsanten Variation. Weil die Population dieser testosterondirigierten Spezies im Bogensport deutlich unterrepräsentiert ist, sind die wenigen Exemplare besonders wertvoll. Sie übernehmen unfreiwillig eine wichtige Aufgabe auf dem Trainingsplatz. Machos zeigen den Einsteigern eindrucksvoll, welche Kardinalsfehler langfristig zu wirklich schlechten Trefferergebnissen führen, und sie zeigen auch, wie jeder Einzelne seine eigenen Trainingsfortschritte bereits im Keim ersticken kann. Beim Bogenschießen sind Machos besonders leicht zu erkennen:

Mit stolzgeschwellter Brust präsentieren sie am Trainingsplatz ihren ersten Bogen, der mit einem Zuggewicht jenseits aller Empfehlungen der Trainer und Händler ausgestattet ist. Zwar verfügen sie über die Kraft zum Ausziehen des Bogens, doch im weiteren Training verhindern die hohen Pfundzahlen des Bogens den Wechsel von grob- zu feingesteuerten Bewegungen.

Kurz darauf statten Machos ihren Bogen mit schwergewichtigen Stabilisatoren aus, um zumindest mit ihrem Material den Eindruck eines echten Profis zu erwecken. Doch selbst muskelbepackte Exemplaren gelingt es nicht, die Schulter auf der Bogenarmseite in einer niedrigen, stabilen Position zu halten, weil sie die dafür erforderliche spezielle Kraft noch nicht entwickeln konnten. Arnold Schwarzenegger übte sich schon vor Jahrzehnten im Bogenschießen und demonstriert auf alten Schwarzweißfotos, wie sich eine muskelumpackte Bogenschulter in eine instabile Position aufbäumen kann.

Die Strategie »Kraft statt Bewegungstechnik« verrät einen Macho vom ersten bis zum letzten Schuss eines jeden Trainingstages, selbst nach jahrelangem Training.

Weil die Empfehlungen von erfahrenen Trainern gerne in den Wind geschlagen werden, bestellen Machos gerne schon ihre erste Ausrüstung bequem im Internet, wo sie freilich exakt nach ihren Wünschen beliefert werden. Sie erhalten dann Pfeile, die auf das Zuggewicht ihres Bogens zu weich oder zu hart reagieren und bei jedem Schuss gegen das Mittelteil des Bogens schlagen, anschließend im Zickzackkurs in Richtung Zielscheibe taumeln und dort mit viel Glück irgendwo einschlagen, falls sie sich nicht direkt ihren Weg unter die Grasnarbe bahnen.

Du aber solltest folgende Punkte unbedingt beachten:

- Starte mit einem leichten Bogen mit niedrigstem Zuggewicht, weil du damit schnell eine stabile Bewegungstechnik erlernen kannst.
- Dein Trainer wird dir zum richtigen Zeitpunkt einen Hinweis zum Einsatz der ersten Stabilisatoren geben.
- Besuche für deine erste Ausrüstung einen spezialisierten Fachhändler im Ladenlokal. Mit den Empfehlungen deines Trainers und mit den Erfahrungen des Fachhändlers erhältst du hier eine technisch funktionierende Komposition aus Bogen und Pfeilen.

Übrigens, ein Macho-Schnelltest ist im Bogensport unkompliziert durchgeführt. Lege einen Pfeil in den Bogen ein und ziehe den Bogen aus, bis du im Vollauszug bist. Ein Trainer beobachtet dich und deinen Pfeil, denn mindestens 30 Sekunden solltest du bei stabiler Technik im Vollauszug stehen können, ohne dass sich die Pfeilspitze nach vorn bewegt. Bleibst du unter 30 Sekunden, könntest du ein Macho sein. Zumindest aber solltest du das Zuggewicht deines Bogens reduzieren.

20. GRUND

Weil man keinen eigenen Sportbogen kaufen muss

Bei den Bogensporthändlern gibt es Kunden, die auf eine Beratung verzichten, weil sie Cracks sind und sehr genau wissen, welches Material sie benötigen. Und es gibt Kunden, wie Marko S. Er hat sein erstes Probetraining im Verein absolviert und betritt nun den Verkaufsraum des regionalen Bogensporthändlers. Die Wartezeit versüßt sich Marko mit der Inaugenscheinnahme der zeitgenössischen Bogenbaukunst. Fasziniert von den Technologien des modernen Bogenbaus, nimmt er ein erstes Mittelteil der Premiumklasse in die Hand und gleitet mit den Fingern über die präzise verarbeiteten Carbonlagen, die ihn auch optisch begeistern. Dann wechselt Marko zu einem CNC-gefrästen Mittelteil aus hochfestem Flugzeugaluminium. Sein Vereinstrainer hatte ihm zwar zum Ende des Probetrainings zu einem Einsteigerbogen geraten, doch Marko sieht sich in einer anderen Liga. Seine Philosophie *»nicht kleckern, sondern klotzen«* durchwaltet sein ganzes Leben, was ihm im Beruf als Anlagenberater einen finanziellen Spielraum beschert, der als exklusiv bezeichnet werden darf. Marko vermittelt nämlich seinen Kunden risikoreiche Aktienpakete, dubiose Anleihen und überflüssige Versicherungen, was kürzlich dazu führte, dass ihm selbst Kollegen vorwarfen, ein schwarzes Schaf der Branche zu sein. Sein Konzern sieht das differenzierter und stattet Marko mit einem guten Gehalt sowie fürstlichen Verkaufsprovisionen aus. Warum also mit einem einfachen Einsteigerbogen liebäugeln, wenn Markos finanzielle Möglichkeiten einen Sportbogen der Premiumklasse zulassen? Er lässt es halt gerne krachen, was er später noch eindrucksvoll unter Beweis stellen wird. Markos Konsumfreude pulsiert bereits, als Kunden den Händlertresen räumen, um mit einfachen Holzbögen den Laden zu verlassen. Ein hämisches Grinsen kann Marko sich nicht verkneifen. Freundlich wird er vom Händler begrüßt: *»Wie kann ich Ihnen helfen?«* Marko verkündet, dass er nach dem bereits erfolgreichen Einsteigerkurs vom Virus des Bogenschießens voll erfasst wurde und nun seinen ersten Bogen kaufen möchte. Der Händler empfiehlt ihm daraufhin einen Einsteigerbogen und zeigt Marko verschiedene Modelle mit leichten Aluminium- und Holzmittelteilen. Marko allerdings lässt sich wenig begeistern und schlägt alle Tipps des Händlers in den Wind. Er entscheidet sich für das hochwertige Carbonmittelteil mit passenden Wurfarmen aus der Highend-Schmiede eines südkoreanischen Bogenbauers. Aus den Erfahrungen mit beratungsresistenten Kunden kommt der Händler Markos Wunsch schließlich nach, setzt die Wurfarme in das Mittelteil und spannt eine Sehne auf. Er überreicht Marko den Bogen mit dem Hinweis: *»Ziehen Sie den Bogen aus und führen Sie die Sehne danach langsam wieder zurück, ohne die Sehne zu lösen!«* Etwas irritiert schaut der Händler, als Marko gleich mit vier Fingern in die Sehne einhakt, um diese nun beinahe bis hinter das Ohr auszuziehen, während sich zeitgleich seine überforderte Bogenschulter wie von der Schwerkraft befreit immer weiter in Richtung der Deckenvertäfelung bewegt. Zum Entsetzen des Händlers reißt Marko die Finger der Zughand auf und lässt die Sehne ungebremst in den Bogen krachen. In selten gesehener Synchronität bewegen sich jetzt alle Köpfe und Augen der anwesenden Verkäufer und Kunden in Markos Richtung, während dieser nach einem lautstarken Lachen durch den Laden brüllt: *»Der Bogen hat aber Wums!«* Achtung! Löse die Sehne eines Bogens niemals, wenn kein Pfeil eingelegt ist. Der Bogen benötigt den eingelegten Pfeil, weil er mit seiner Masse die Geschwindigkeit der Sehne beim Vorschnellen bremst. Compoundbögen zerlegen sich mit ihren hohen Zuggewichten schon beim ersten »Leerschuss«, Recurvebögen mögen diesen ungebremsten Gewaltakt ebenfalls nicht sonderlich. Markos selbstbewusster Auftritt erhält einen krassen Dämpfer, als ihm der Händler den Bogen aus der Hand reißt, woraufhin Marko etwas verunsichert anmerkt, dass er sich schon ein höheres Zuggewicht wünschen würde. Der Händler nutzt nun eine halbe Minute zur Regulierung seiner köchelnden Emotionen, begutachtet den Sportbogen, und weil zumindest optisch keine Schäden zu sehen sind, empfiehlt er dem beratungsresistenten Marko, exakt diesen Bogen zu kaufen. Marko ist nun von der richtigen Kaufentscheidung überzeugt, füllt die Händlerkasse auf und fährt mit seinem neuen Sportbogen nach Hause, den der Händler nach diesem Leerschuss keinen anderen Kunden guten Gewissens verkauft hätte.

Klüger ist es, sich im Verein einen Tipp für einen guten Bogenhändler einzuholen und dort die Empfehlungen ernst zu nehmen, denn die Bogenhändler verfügen über jahrelange Erfahrungen, beraten Kunden in der Regel fair und profitieren auf diese Weise langfristig von einer hohen Kundentreue. Einsteigerbögen gibt es bei fast allen Händlern im Mietprogramm. Sie werden passend auf die Bedürfnisse der Kunden zusammengestellt. Nach den ersten Trainingsmonaten können die Wurfarme getauscht werden, um so das Zuggewicht schrittweise an die entwickelten Fähigkeiten des Sportlers anzupassen. Nach einem Jahr hat der Sportler seine Erfahrungen gesammelt und kann sich bei Interesse sein erstes Mittelteil kaufen, das er weiterhin mit Mietwurfarmen kombiniert, bis er sein endgültiges Zuggewicht erreicht hat. Dann können auch Wurfarme gekauft werden. Häufig wird zumindest ein Teil der Mietgebühren angerechnet. Mietbögen kannst du allerdings auch über Jahre zu einem günstigen Händlerkurs schießen.

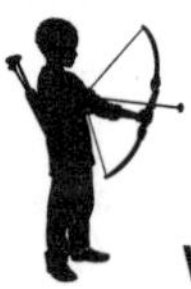

21. GRUND

Weil Bogenschießen ungefährlich ist

Bogenschießen ist wohl eine der ungefährlichsten Sportarten überhaupt. Die Sicherheitsregeln sind einfach und verhindern Risiken während des Trainings und Wettkampfs. Einsteiger werden gleich zu Beginn ihrer ersten Trainingsstunde mit den Regeln vertraut gemacht und im Umgang mit Pfeil und Bogen sensibilisiert. Geschossen wird erst, wenn alle Bogenschützen ihre Pfeile von den Scheiben geholt haben und sich wieder hinter der Schießlinie befinden. Beim Anheben und Ausziehen des Bogens wird dieser immer in Richtung des Ziels gehalten. Die Vereine sorgen mit weiträumigen Sicherheitsabständen dafür, dass Fehltreffer immer auf dem Trainingsplatz bleiben. Wer allzu leichtfertig Sicherheitsregeln missachtet, weil er sich daran nicht halten möchte oder sich aus anderen Gründen nicht daran halten kann, darf sich seine Ausrüstung nur noch als Dekorationsobjekt in das Wohnzimmer hängen. Beim Ziehen der Pfeile aus den Zielscheiben ist noch einmal Vorsicht geboten. Du solltest dich niemals unmittelbar vor die Scheibe stellen, während die Pfeile gezogen werden, denn die Pfeilenden könnten dann schon mal ins Auge gehen. Autsch!

Offene Beinbrüche, ausgekugelte Schultergelenke und gebrochene Nasen verbuchen in der Regel nur Bogenschützen, die sich nebenbei auch zum Fußballspielen verabreden oder etwa im Kampfsport aktiv sind. Bei Leistungssportlern, die hohe Zuggewichte ihrer Bögen bewältigen, treten hier und da schon mal Überlastungsprobleme an den Schultern auf. Bei Temperaturen von unter zehn Grad Celsius und ausgekühlter Muskulatur können Zerrungen auftreten. Dann bleibt noch das Risiko gesplitterter Carbonfasern, die sich beim Ziehen der Pfeile in die Finger bohren können und sich hier als feine Splitter unangenehm verteilen. Wer vorsorglich seine Carbonpfeile regelmäßig auf Beschädigungen prüft und einen Pfeilzieher aus Gummi einsetzt, bleibt davon verschont.

Kurzum, im Haushalt, wo sich bekanntermaßen die meisten Unfälle ereignen, lebst du erheblich gefährlicher als auf dem Bogensportplatz. Das ist doch ein Grund, das Haus zu verlassen und deine Freizeit am Trainingsgelände beim Bogenschießen zu verbringen.

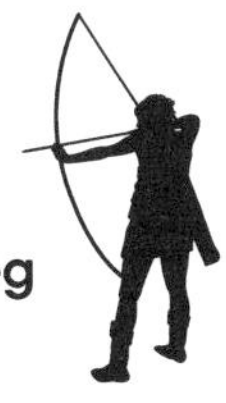

22. GRUND

Weil sich schon im Stand ein Weg zur inneren Balance bahnt

Manfred Meyer aus Delmenhorst ist Berufstrainer, verfügt über die höchste Trainerlizenz im Deutschen Olympischen Sportbund, und hat schon Tausenden von Kindern, Jugendlichen sowie Erwachsenen das Bogenschießen von der Pike auf vermittelt. Sein Kursangebot erfreut sich seit Jahren bei Einsteigern und langjährigen Bogenschützen großer Beliebtheit. Einsteiger lernen hier in den ersten Trainingsstunden, wie sie ihren Stand einnehmen. Die Füße stehen parallel und schulterbreit auseinander. Legt der Bogensportler einen Pfeil an seine Zehen, zeigt dessen Spitze direkt in Richtung der Zielscheibe. Die Beine stehen gerade im Gelenk, die Beinmuskulatur bleibt entspannt. Der stabilste Stand wird erreicht, wenn der Körperschwerpunkt leicht nach vorn geneigt wird, bis das Körpergewicht mit etwa 40 Prozent auf den Fersen und mit etwa 60 Prozent auf den Fußballen ruht. Diese Vorlage ist vom individuellen Körperbau abhängig, soll aber immer eine stabile und ausgewogene, zur Schwerkraft gesicherte Haltung erzeugen. Durch die optimale Balance reduzieren sich Körperschwankungen. Nun wird die Körperstabilität erhöht, indem das Becken nach vorn gekippt und das Brustbein gesenkt wird. So entsteht eine Muskelspannung in der Rumpfmuskulatur. Du stehst nun stabil, wie eine Eiche, die sich mit ihren Wurzeln fest in den Boden krallt.

Nachdem alle Kursteilnehmer auf dem Übungsplatz von Manfred Meyer ihren Stand eingenommen haben, folgt eine Aufgabe, die sich keinesfalls als Zuckerschlecken darstellt. *»Nehmt jetzt wahr, dass ihr hier seid!«*, fordert Manfred Meyer die Kursteilnehmer auf und lässt sie für einen Moment mit ihren Gedanken allein. Während die Kursteilnehmer damit beginnen, ihre neue Aufgabe gedanklich zu verarbeiten, schieben sich hier und da erste Augenbrauen hoch und lassen tiefe Furchen in die Stirn graben, die Zeugnis einer sich einstellenden Irritation ablegen. Worum geht es bei dieser Aufgabe? Wir alle sind es gewohnt, möglichst mehrere Aufgaben gleichzeitig zu erledigen, und werden selbst dabei noch unterbrochen, weil im Smartphone gerade eine E-Mail eingeht sowie zwei WhatsApp-Nachrichten auf Beantwortung warten. Wir glauben noch an das Märchen von der Multitaskingfähigkeit und wollen bei wachsenden und sich überlagernden Anforderungen Schritt halten. Tatsächlich sind wir lediglich in der Lage, eine automatisierte Handlung laufen zu lassen und parallel dazu eine zweite Aufgabe zu erledigen. Ich kann beispielsweise während des Fahrradfahrens zeitgleich eine Rechenaufgabe lösen. Balanciere ich hingegen ungeübt auf einer Slackline, versagen alle Rechenkünste, weil ich alle gedanklichen Ressourcen für den Balanceakt benötige. Manfred Meyers Aufgabe an die Kursteilnehmer zielt also darauf ab, den Fokus auf die Achtsamkeit und den Augenblick zu lenken, um die Gedankenkanäle für die Aufgaben des Bogenschießen freizuräumen. Dieser kurze Moment der Achtsamkeit wiederholt der Bogenschütze von Pfeil zu Pfeil. Deine Achtsamkeit, Konzentration und der richtige Fokus bahnen sich einen Königsweg, der dich auch mental in eine neue Balance versetzt, die du mit etwas Übung auf andere Aufgaben des Lebens übertragen kannst.

23. GRUND

Weil es Armschutze und Tabs gibt

Du hast nun schon gelernt, wie du mit beiden Beinen fest am Boden stehst. Doch es könnte dir passieren, dass du nach dem ersten Lösen der Sehne die Balance zugunsten von schmerzvollen Luftsprüngen aufgibst. Hier geht es nicht um echte Gefahren, sondern vielmehr um einen bitteren Prozess, den Bogenschützen durchlaufen, die keinen Armschutz einsetzen wollen. Es ist die Sehne, die nach dem Lösen eine Schwingungsamplitude nach vorn zeichnet und wie ein Peitschenschlag gegen dein Armgelenk oder den Unterarm prallen kann. Armschutze für Sporteinsteiger schützen den Ober- und Unterarm sowie das Armgelenk vor dem direkten Kontakt mit der Sehne.

Beim Bogenschießen demonstrieren Machos das triviale Prinzip »Lernen durch Schmerz« nur selten, dann allerdings wirkungsvoll. Für deinen eigenen Lernprozess solltest du den Moment am Trainingsplatz nicht verpassen, wenn sich wieder mal ein echter Prachtkerl im Gehabe seiner Männlichkeit verzettelt und durch den Verzicht des Armschutzes eine optische Abgrenzung zu Weicheiern sucht. Der Macho legt seinen Pfeil ein, zieht den Bogen aus und gibt die Sehne nach dem Zielen frei. Die Sehne bahnt sich jetzt ihren direkten Weg zum Unterarm und verwandelt hier mit dem Aufschlagen auf die Hautfläche eine knusprige Solarbräune zu einem blutunterlaufenen Bordeauxrot. Von nun an kannst du im Detail beobachten, wie sich großflächig am Unterarm eine Farbkomposition herausbildet, die nahezu alle Rottöne bis hin zu einem dunklen Blau abdeckt. Wenn du das Knirschen aufeinanderreibender Zähne nicht hören magst, solltest du dich allerdings einige Meter entfernen und auf die Detailbeobachtung verzichten. Und solltest du von deinem Standpunkt aus weder das Knirschen der Zähne noch das fast gänzlich unterdrückte Schluchzen vernommen haben, wirst du gewiss noch in einen besonderen Akt der Selbstinszenierung eingebunden. Denn nach dem Abklingen des ersten Schmerzes laufen Machos mit ihrem Bluterguss am Unterarm einmal quer über den Trainingsplatz, bis auch Bogenschützen am letzten Ende der Schießlinie von der Fähigkeit beeindruckt wurden, das natürliche Schmerzempfinden durch flotte Sprüche zu überlagern. Dann aber knicken selbst hartgesottene Machos ein und holen ihren Armschutz, der während dieser Aufführung in der Bogentasche eingelagert war. Der zweite Akt der Inszenierung folgt erst, wenn der Macho viel zu früh seinen langen Armschutz durch einen coolen Unterarmschutz eintauscht. Damit möchte er sich optisch auf die Stufe der Profis stellen, die über Jahre des Trainings gelernt haben, ihr Armgelenk des Bogenarms so weit herauszudrehen, bis es keine Angriffsfläche für die Sehne bildet. Bis zu diesem zweiten Akt können allerdings mehrere Trainingstage vergehen. Du aber bist gut beraten, schon beim ersten Schuss einen Armschutz einzusetzen, wie es seit Jahrhunderten beim Bogenschießen üblich ist.

Ein Tab ist ein Fingerschutz, der an der Zughand getragen wird. Im traditionellen Bogensport sind auch Schießhandschuhe üblich. Das richtige Einhaken der Sehne mit den Zugfingern verdeutlicht die Funktion des Fingerschutzes. Der Bogenschütze bildet mit den vorderen Gelenken des Zeige-, Mittel- und Ringfingers seiner Zughand einen Haken. Direkt in den vordersten Gelenken dieser drei Zugfinger platziert er die Sehne. Beim Auszug des Bogens gräbt sich die Sehne tief in den Haken der Finger ein. Das Lösen der Sehne wird lediglich durch ein Entspannen der Finger eingeleitet, keinesfalls durch ein aktives Öffnen. Dabei streift die Sehne über die Fingerkuppen. Damit dieser Prozess des Lösens schmerzfrei bleibt, tragen Bogenschützen an der Zughand einen Tab mit zwei übereinanderliegenden Lederlappen, die beim Auszug des Bogens zwischen der Bogensehne und den drei Zugfingern liegen. Ein glattes Oberleder reduziert den Widerstand und lässt die Sehne optimal aus den Fingern gleiten.

Einsteigerbögen können mit ihren niedrigen Zuggewichten durchaus auch ohne Tab geschossen werden, wenngleich der Fingerschutz ebenso wie der Armschutz zur Grundausstattung der Einsteiger zählt. Mit einem hochpfundigen Wettkampfbogen kannst du deine Schmerzempfindlichkeit unter Beweis stellen, indem du nur einen einzigen Pfeil ohne Fingerschutz schießt. Schon für den zweiten Pfeil wirst du nach einem Tab betteln.

24. GRUND

Weil du eine Bekanntschaft mit deiner Biomechanik machst

Ein Crashkurs soll dich nun mit dem komplexen Bewegungsablauf von Bogenschützen vertraut machen. Du nimmst deinen Stand wie beschrieben ein, nockst den Pfeil auf die Sehne, findest deine

Balance, kippst das Becken, setzt das Brustbein tiefer und spannst die Rumpfmuskulatur an, die wie ein Verspannungssystem deinen Oberkörper festzurrt und stabil hält. Nun hakst du die Sehne mit den Zugfingern ein, platzierst die Bogenhand im Griff und erzeugst durch ein leichtes Anziehen der Sehne eine Vorspannung. Deine Augen fokussieren das Ziel. Gleichzeitig hebst du jetzt die Bogen- und Zughand etwa bis auf Augenhöhe an, während die Bogen- und Zugschulter in einer niedrigen Position verbleiben. Im nächsten Schritt drückst du die Bogenschulter in Richtung des Ziels und drehst dabei die Schulterachse so weit ein, bis die Schulterblätter zunächst parallel zum Ziel ausgerichtet sind.

Beim Auszug des Bogens unter Einsatz der Rückenmuskulatur rotiert dein Schulterblatt auf der Zugarmseite in Richtung der Wirbelsäule. Wenn nun die Sehne an der Nasenspitze und der Kinnecke anliegt, platzierst du die Zughand unter dem Kieferknochen in ihrer Ankerposition. Wenn du bis hierher alles richtig gemacht hast, stehen das Handgelenk der Bogenhand, die Bogen- und die Zugschulter in einer Gelenklinie. Auf diese Gelenklinie wirst du einen Teil des Zuggewichts abstützen können, sodass die an der Haltearbeit beteiligte Muskulatur entlastet wird. Dieses biomechanische Technikmerkmal beherrschen gute Bogenschützen. Sie erreichen unter Ausnutzung von Gelenkwinkelstellungen auch nach Stunden des Trainings und Wettkampfes immer wieder diese stabile Halteposition.

Du lässt nun die Visiernadel von oben herab in die Scheibenmitte wandern. Um den Pfeil nun noch um die letzten zwei Millimeter durch den Klicker zu bewegen, erhöhst du die Rückenspannung auf der Zugarmseite und gleichzeitig den Druck der Bogenschulter nach vorn. Löst der Klicker aus, entspannen deine Zugfinger und geben die Bogensehne frei. Die Zughand bewegt sich durch die hohe Rückenspannung explosionsartig aus der Sehne heraus entlang der Kieferlinie nach hinten. Bogen- und Zugarm halten jetzt die Bewegungsrichtung.

Die wohl größte Herausforderung beim Bogenschießen ist es, über die Koordination von Druck und Zug immer wieder ein exaktes Kräftegleichgewicht herzustellen. Gerade die Biomechanik wirkt hier unterstützend und fördert die Bewegungskonstanz. Ist hingegen der Druck nach vorn zu niedrig, wirken Querkräfte, die den Bogenarm nach dem Lösen der Sehne seitlich herausspringen lassen. Ebenso kann bei einer zu geringen Rückenspannung das Kräftegleichgewicht außer Balance geraten. Die Zughand mag sich dann nicht so recht aus der Sehne lösen und nimmt in diesem Fall auch schon mal den entgegengesetzten Weg nach vorn, wodurch die Abschussenergie reduziert wird. In solchen Fällen wird der Pfeil die gelbe Scheibenmitte verfehlen. Na ja … zumindest meistens. Denn jeder Bogenschütze kennt diese Momente, in denen sich offenbar mehrere Technikfehler derart überlagern, dass sich die Querkräfte scheinbar wie von Geisteshand neutralisieren können und der Pfeil dann doch noch die Scheibenmitte trifft. Doch auf dieses Glück solltest du niemals vertrauen. Nur eine stabile und biomechanisch optimierte Bewegungstechnik garantiert dir langfristig konstante Pfeilgruppen in der gelben Scheibenmitte.

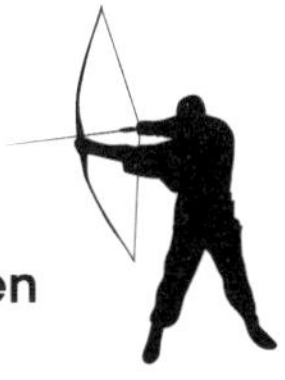

25. GRUND

Weil du auch mit geschlossenen Augen Bogenschießen kannst

Zugegeben, dieser Crashkurs umfasst nur einen kurzen Abriss der komplexen Bewegungstechnik im Bogenschießen. Ganze Fachbücher setzen sich damit auseinander und sezieren den dynamischen Bewegungsfluss in eine Abfolge aus verschiedenen Bewegungs- und Positionsphasen, an die jeweils eine sortierte Reihung von Technikelementen geheftet werden. Das Techniktraining begleitet dich ein Bogenschützenleben lang. Als Einsteiger erlernst du die Technikgrundlagen, als Fortgeschrittener optimierst du die Technik, und wenn du das Bogenschießen beherrschst, wirst du die Technik stabil halten und dafür hier und da die Details auch wieder optimieren. Die Bewegungstechnik ist ein Schlüssel zum Erfolg, der sich allerdings an einem gut bestückten Schlüsselbund befindet. Dazu zählen auch psychologische Schlüssel. Alle Schlüssel des Bundes öffnen dir ganz sicher die Türen des Weges, an dessen Ende der Erfolg förmlich auf dich wartet. Du musst den Weg nur selber gehen und alle Türen aufschließen. Und dafür benötigst du Geduld und im Idealfall auch einen guten Trainer.

Doch kommen wir zurück zum Kern der Sache. In deiner Bewegungstechnik festigen sich die Elemente, die du beim Bogenschießen regelmäßig umsetzt. Dein Bewegungsgedächtnis arbeitet als eine Instanz, die absolut neutral ist und dabei keinesfalls differenziert, ob die Technik optimal oder eher ungünstig ausgeführt wurde. Es speichert das ab, was du tust. Nur wenn mindestens zwei von drei Ausführungen optimal waren, kann sich die optimale Bewegung festigen. Achte also immer mal wieder darauf, was du so tust. Beim Bogenschießen – und auch sonst im Leben.

Die Athleten der deutschen Nationalmannschaft investieren über das gesamte Jahr verteilt rund 50 bis 65 Prozent der geschossenen Pfeile für das Techniktraining. Und das kann ganz schön abwechslungsreich sein. Häufig wird das Training der Bewegungstechnik auf einer Scheibe ohne Zielbild durchgeführt. So bist du weder vom Ziel noch von den Ergebnissen abgelenkt und kannst dich ganz auf die Bewegungsausführung konzentrieren. Eine Entfernung von fünf Metern reicht dafür aus. Neue oder optimierte Techniken müssen sehr häufig wiederholt werden, bis sie unbewusst und automatisiert ablaufen. Mit horizontalen und vertikalen Streifen als Zielbilder an der Scheibe können jeweils Höhen- und Seitenstreuungen eingegrenzt werden. Dabei nimmst du deine Bewegungsausführung wahr und korrigierst Techniken, die in der aktuellen Streifenanordnung die jeweiligen Streuungen verursachen. Eine Strategie für die optimale Bewegungstechnik ist, alle Bewegungen auf das Notwendigste zu reduzieren, weil sich jede zusätzliche und nicht erforderliche Bewegung fehlerhaft entwickeln kann. So wird beispielsweise der Kopf noch vor dem Anheben des Bogens zum Ziel ausgerichtet und fixiert. Selbst wenn sich der Pfeil längst im Flug befindet, steht der Kopf noch in der fixierten Position. Beim Training kann ein Federball auf den Kopf des Bogenschützen gestellt werden, der auch nach dem Lösen der Sehne nicht herunterfallen darf. Der dynamische Bewegungsfluss des Bogenschützen kann mit einem akustischen Taktgeber in einen immer wiederkehrenden Rhythmus gebracht werden. Eine Aufmerksamkeitsübung ist das Schießen mit geschlossenen Augen auf eine kurze Entfernung. Weil die visuellen Reize entfallen, kannst du dich gedanklich voll und ganz auf ein Technikelement konzentrieren. Deine Bewegungen wirst du mit geschlossenen Augen besser wahrnehmen und kontrollieren können.

Eine gute Nachricht ist, dass du dir mit einer optimalen Bewegungstechnik einen erfolgreichen Weg als Bogenschütze bahnst. Es lohnt sich also, Zeit und Geduld zu investieren.

26. GRUND

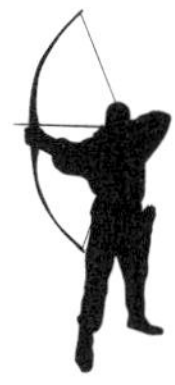

Weil ein wichtiges Hilfsmittel für das Training in deine Hosentasche passt

Dieses Hilfsmittel für das Training ist wirklich eine kleine Sensation. Du verbesserst damit deine Bewegungstechnik, du benutzt es für das Aufwärmen vor dem Schießtraining, und es hat sich den Ruf erworben, das kleinste Fitnessstudio der Welt zu sein, mit dem du die spezielle Kraft für das Bogenschießen aufbauen kannst. Und es passt mal locker in deine Hosentasche. Es geht hier um das Theraband aus einem elastischen Gummi. Dieses Hilfsmittel kannst du nahezu überall mit hinnehmen und so immer wieder Trainingseinheiten absolvieren. Die Gummibänder gibt es in jedem Sportgeschäft, und ihre Farben verraten dir den Zugwiderstand.

Gelbes Band – leichter Widerstand
Rotes Band – mittlerer Widerstand
Grünes Band – starker Widerstand
Blaues Band – extra starker Widerstand

Mit der Zughand bildest du den typischen Haken, als wolltest du die Sehne deines Bogens greifen, legst das Theraband in den Haken und lässt die gleich langen Enden zunächst nach unten baumeln. Dann greifst du mit der Bogenhand die unteren Enden des Therabandes, wickelst das Band mehrmals um die Bogenhand, bis sich die Zughand mit einem leichten Zugwiderstand auf Höhe des Bogenarmgelenks bringen lässt. Ab jetzt kannst du die gesamte Bewegungstechnik einschließlich des Lösens durchführen. Stellst du dich dabei vor einen Spiegel, kannst du deine Bewegungsqualität selbst bewerten. Gerade beim Erlernen von neuen Bewegungstechniken ist das gelbe Band mit dem geringen Zugwiderstand für Einsteiger ideal. Gelingt dir beim Training mit deinem Sportbogen eine Bewegungstechnik noch nicht so richtig, kannst du immer wieder zum Theraband greifen und die Technik mit dem reduzierten Zugwiderstand mehrmals ausführen, um sie dann besser auf das Schießen mit dem Sportbogen zu übertragen. Mit dem Theraband kannst du vor dem eigentlichen Schießtraining die spezielle Muskulatur aufwärmen, indem du die Bewegungstechnik des gesamten Schusses für einige Minuten durchläufst. So arbeitest du dich gleichzeitig auch in die Bewegungstechnik hinein. Zum Ende des Trainings nimmst du dir ein stärkeres Theraband, um damit ein Krafttraining durchzuführen. Viele Übungen für das Krafttraining mit dem Theraband findest du im Internet. Wie cool ist das denn?

27. GRUND

Weil Bogenschießen ein mentales Spiel ist

Paul und Elena haben fleißig trainiert und sind über die Trainingsergebnisse überaus glücklich. Sie freuen sich auf das gemeinsame Wochenende, an dem der erste Wettkampf des Frühlings lockt. Am Samstagmorgen ist es so weit. Die Sonne lacht vom Himmel und kündigt bestes Wetter an. Während Elena die Bogentaschen im Auto verstaut, schmiert Paul in der Küche noch schnell Brote für die Wettkampfpausen. Zeitig sitzen Paul und Elena im Auto und erreichen pünktlich das Wettkampffeld, wo sie in aller Ruhe ihre Bögen aufbauen. Paul stellt noch seinen Klappstuhl hinter die Schießlinie und packt seinen Proviant aus. Alle Vorbereitungen sind bestens gelaufen, und so lässt sich die leichte Anspannung vor dem Wettkampf gut ertragen. Paul und Elena wünschen sich vor den Probepfeilen *»alle ins Gold«*, und von nun an folgt eine grobe Sezierung von Pauls Leidensweg, Rüdigers außerordentliche Begabungen und der sonderbaren Glückssträhne von Elena.

Vor dem Wettkampf hatte Paul schon die Teilnehmerliste studiert und kennt die zu erwartenden Ergebnisse seiner Konkurrenz. Mit den Probepfeilen startet er gut in das Rennen. Für ihn läuft es von der ersten Minute an wie geschmiert, und er denkt kurz darüber nach, dass er heute, wenn alles so gut weiterläuft, seine erste Medaille gewinnen könnte. Sein Herz pocht regelrecht vor Freude. Der Kampfrichter kündigt den Beginn der Wertungspfeile an, und Pauls Unheil nimmt seinen Lauf. Beim ersten Wertungspfeil kommt Paul etwas unglücklich aus der Sehne. Innerhalb einer Schrecksekunde beobachtet Paul noch, wie sein Pfeil regelrecht zur Zielscheibe taumelt und dort weit links neben dem Zentrum einschlägt. Pauls verzweifeltes Kopfschütteln kündigt die sich anbahnende mentale Selbstkasteiung an. Nun kommt Rüdiger ins Spiel. Rüdiger möchte ich kurz vorstellen, denn er hat besondere

Begabungen. Er ist Pauls stetiger Begleiter, organisiert um ihn herum ein regelrechtes Chaos und meldet sich hier und da als innere Stimme zu Wort. Wenn Paul beispielsweise morgens mit seinem Auto zur Arbeitsstelle fährt und die Zeit wirklich drängt, ist es immer Rüdiger, der alle Ampeln auf Rot stellt. Doch damit nicht genug. Als innere Stimme schleicht er sich dann auch noch in Pauls Gedankenwelt ein und erinnert ihn daran, wie typisch es ist, dass alle Ampeln auf Rot stehen, wenn er es mal eilig hat. Um nun den Stresspegel hochzupeitschen, mahnt Rüdiger an, dass Paul niemals pünktlich am Arbeitsplatz sein wird, und wiederholt diese frohe Botschaft fortwährend wie ein Mantra. Mit dieser Strategie treibt er Paul regelmäßig an den Rand des Wahnsinns. Rüdiger beherrscht das Spiel des organisierten Chaos! Doch zurück zum Wettkampfplatz. Pauls Kopf hat sich nach dem Fehltreffer gesenkt, er starrt auf die Bodenplatten vor seinen Füßen, und nach einem tiefen Atemzug meldet sich Rüdiger als innere Stimme bei Paul: *»Jetzt geht das wieder los!«* Direkt anschließend greift Rüdiger tief in die Trickkiste. Er erinnert Paul daran, dass er diesen alten Fehler beim Lösen der Sehne jetzt nicht ständig wiederholen soll. Und mit diesem Appell schaufelt Rüdiger genau diesen alten Lösefehler aus den Tiefen des Unterbewusstseins aus, um ihn direkt in Pauls Arbeitsspeicher einzunisten. Paul hat den Lösefehler von nun an vor seinem inneren Auge und verreißt einen Pfeil nach dem anderen. Rüdiger nutzt die Gunst der Stunde, um jetzt die Klaviatur der Emotionen zu bedienen. Damit bekommt er Paul voll unter seine Kontrolle. Er lässt ihn emotional noch bis zum Ende des ersten Wettkampfdurchgangs köcheln. Doch dann verleitet er Paul zu einem öffentlich dargebotenen Opferritual. Die erste Opfergabe ist Pauls Fingerschutz, den er aus mehreren Metern Entfernung und mit vollem Körpereinsatz in seinen Klappstuhl pfeffert, worauf sich ein Klugscheißer zu Wort meldet, der die Szene beobachten konnte: *»Schaut mal, der Paul kann ja doch treffen!«* Nun ist der mentale Siedepunkt erreicht. Es folgt die zweite Opfergabe. Paul greift unter der Regie seiner kochenden Gefühlswelt nach dem langen Monostabilisator seines Sportbogens, schwingt den Bogen in einer halbkreisförmigen Bewegung in Richtung des Klappstuhls und landet hier den zweiten Treffer des Tages. Der Bogen kracht gegen den Stuhl, ein Wurfarm verfängt sich im Gestänge des Stuhls und verwindet sich so weit, bis die Sehne mit einem scheppernden Geräusch vom Bogen springt. Mit der sich nun entfaltenden Schwingung des Bogens ist der Monostabilisator überfordert und bricht unmittelbar über dem Schraubgewinde ab. Genau in diesem Moment meldet sich wieder der Klugscheißer und verpasst Paul noch einen letzten verbalen Dolchstoß: *»Na, da freut sich aber dein Bogenhändler!«* Rüdiger hat sich längst ausgeklinkt und lässt Paul mit seinen aufgewühlten Gefühlen im inszenierten Chaos zurück. Sein Wettkampf ist gelaufen.

Schauen wir nun, wie es bei Elena läuft. Elena hatte sich für den Wettkampf das Ziel gesetzt, mit einer guten Bewegungstechnik ein solides Ergebnis zu schießen, das erfahrungsgemäß eine Platzierung unter den Top-10 ergeben dürfte. Sie setzt sich nicht unter Druck und konzentriert sich auf ihren dynamischen Bewegungsfluss. Auch sie kommt gut durch die Probepfeile. Aber schon der zweite Wertungspfeil bricht aus, weil der nach vorn gerichtete Druck der Bogenschulter zu gering war. Elena greift nun auf eine Strategie zurück, die sie schon so oft eingesetzt und trainiert hatte. Diese Strategie empfahl ihr vor längerer Zeit ein Sportpsychologe im Rahmen eines Seminars (Paul hatte übrigens an dem Seminar nicht teilgenommen und begründete seinerzeit sein Desinteresse flapsig mit seiner Taktik *»Entweder du triffst, oder du triffst nicht!«* und fügte die rhetorische Frage hinzu *»Wozu also dieser Psychoquatsch?«*). Aber zurück zu Elena. Sie akzeptiert zunächst den schlechten Treffer, weil der bereits geschossene Pfeil nicht korrigierbar ist. Gedanklich analysiert sie kurz den Bewegungsablauf des letzten Schusses. Ihre innere Stimme sagt ihr die Lösung: *»Druck nach vorn!«* Und schon beim nächsten Pfeil kommt sie mit einem guten Treffer zurück im Rennen. Elena motiviert sich daraufhin:

»*Siehst du, du kannst das!*« Gedanklich bleibt sie bei ihrer Aufgabe, vergleicht im laufenden Wettkampf keine Ergebnisse. Sie arbeitet handlungsorientiert. Elena hat damit gute Erfahrungen gemacht und fühlt sich mit ihrer Strategie positiv bestätigt. Der Wettkampf macht ihr Spaß, und abgerechnet wird ohnehin immer erst nach dem letzten Wertungspfeil. Im Laufe des Wettkampfes kommen hier und da mal wieder kleine Patzer, Elena analysiert dann kurz die Ursache, um den gedanklichen Fokus auf die Lösung lenken zu können. Zum Ende des Wettkampfes erreicht sie punktgenau das Ergebnis ihrer Leistungskontrolle aus dem letzten Training. Das reicht für den zweiten Platz in der Gesamtwertung des Wettkampfes. Paul hat sich inzwischen wieder gefangen und freut sich über Elenas »Glückssträhne«, die ihr scheinbar immer wieder hilft, ganz weit vorne mitzumischen.

Doch tatsächlich ist es Elenas Strategie der Gedankenkontrolle, mit der die guten Bogenschützen arbeiten und so die Siegerpodeste erobern. Sie sind nach einem schlecht geschossenen Pfeil in der Lage, direkt zum guten Schuss zurückzukommen. Mit der Konzentration auf die Aufgabe lassen sich ablenkende und negative Gedanken eliminieren. Die positive Gedankenkontrolle funktioniert übrigens auch im Alltag. Wenn du künftig zur Arbeit fährst, schlägst du dir bei jeder grünen Ampel motivierend auf den Oberschenkel. Dann nämlich wird dir bewusst, wie viele Grünphasen deinen Weg begleiten.

Übrigens, das Koranische Institut für Sportwissenschaften veröffentlichte 2016 das Ergebnis einer Untersuchung zum Bogensport, wonach psychologische Fähigkeiten, zu der auch die Gedankenkontrolle zählt, mit 51,9 Prozent das Leistungsvermögen der untersuchten Bogenschützen bestimmten, Bewegungsfertigkeiten lediglich mit 32,8 Prozent, Fitness nur mit 7,8 Prozent und die Strategie nur noch mit 7,5 Prozent zu Buche schlugen. Bogenschießen ist also auch ein mentales Spiel!

28. GRUND

Weil du lernst, deinen Herzschlag zu kontrollieren

Als Pauls Herzschlag vor Freude pochte, war das kein gutes Zeichen für den Einstieg in einen Wettkampf. Sein emotionaler und körperlicher Aktivierungszustand war offenbar zu hoch. Während beispielsweise Kampfsportler im optimalen Fall mit einem relativ hohen Erregungspotenzial in den Wettkampf gehen, sollten die Emotionen und der Herzschlag von Bogenschützen lediglich etwas über dem Normalzustand liegen. Nehmen wir an, dein Normalzustand liegt auf einer Skala bei Null, oben in der Skala liegt die maximale Aktivierung bei plus 10 – hier bist du schon sehr aufgeregt, ganz unten auf der Skala liegt der Aktivierungszustand kurz vor dem Einschlafen bei minus 10. Als Bogenschütze solltest du dich bei etwa plus zwei auf der Skala bewegen. In diesem Zustand fühlst du eine leichte emotionale Anspannung, deine Konzentrations- und Reaktionsfähigkeit sind gestärkt, dein Pulsschlag ist jedoch relativ ruhig. Schon über die Gedankenkontrolle gelingt es dir, den Optimalzustand anzusteuern. Eine gute Strategie ist es, zunächst die Nervosität als stetigen Begleiter in Wettkampfsituationen zu akzeptieren. Letztlich profitierst du von der höheren Konzentrations- und Reaktionsfähigkeit. Und dass auch die Profis mit dem erhöhten Aktivierungszustand umgehen, zeigt das Beispiel von Kim Soo-Nyung. Die sechsfache Gewinnerin von olympischen Medaillen sagte mir: »*Ich war auf allen Wettkämpfen nervös. Selbst im Training, wenn wir zwei- oder dreimal wöchentlich eine Leistungskontrolle schossen, konnte ich die Nervosität nicht ablegen.*«

Bist du jedoch extrem aufgeregt, kannst du gezielt Techniken der Aktivierungsregulation einsetzen. Eine Möglichkeit sind Entspannungsübungen, wie das autogenes Training, das du auch bei allen anderen Prüfungen deines Lebens einsetzen kannst. Mit einem

Kopfhörer ziehst du dich für einige Minuten zurück und hörst Entspannungsmusik, möglicherweise mit einer Sprechbegleitung zum autogenen Training. Eine andere Technik ist die progressive Muskelentspannung. Doch diese Methoden sind nur geeignet, wenn du wirklich aufgeregt bist und das optimale Aktivierungsniveau ansteuern möchtest. Setzt du die Methoden ein, wenn du ohnehin schon ruhig bist, könnte es dir passieren, dass du vor dem Wettkampf in einen tiefen Schlaf fällst. Das könnte dir übrigens auch passieren, wenn du in der Mittagspause einen prall gefüllten Teller mit Nudelsalat und Bratwürstchen verschlingst.

Nun gibt es noch eine Besonderheit, die du unbedingt wissen solltest. Deine Atmung und dein Herzschlag sind miteinander gekoppelt. Atmest du schnell, wird auch dein Herz schneller schlagen. Und wenn dein Herz rast, wirst du auch schneller atmen. In diesen gekoppelten Prozess kannst du gezielt über die Atemtechnik eingreifen. Stehst du also mit rasendem Herzschlag vor einer Prüfung oder einem Wettkampf, reduzierst du den Herzschlag einfach, indem du bewusst langsame Atemzüge durchführst. Damit wird auch dein Puls sinken. Alle Entspannungstechniken müssen trainiert werden, damit sie im Ernstfall schnell eingesetzt werden und ihre Wirkung entfalten können. Und jeder muss freilich seine ideale Entspannungstechnik finden.

29. GRUND

Weil du zu jeder Zeit an jedem Ort trainieren kannst

Es könnte dir passieren, dass du im Supermarkt vor der Kasse in der Schlange stehst und ein vermeintlicher Tagträumer mit geschlossenen Augen immer wieder den Moment verpasst, wenn alle anderen ihren Einkaufswagen einen Meter weiter nach vorne schieben. Nur der Tagträumer vor dir bleibt stehen und bekommt von alldem nichts mit. Achtung! Möglicherweise handelt es sich um einen Bogenschützen, der sich mitten im ideomotorischen Training befindet. Wenn du ihn jetzt auf die Schulter tippst, wird er seinen Pfeil neben das gedankliche Ziel schießen. Klingt ganz schön absurd, oder? Doch diese Trainingsart wird in vielen Sportarten praktiziert. Sicher hast du im Fernsehen schon mal Bobfahrer beobachten können, wie sie vor dem eigentlichen Start ihre Bahn in Gedanken abfahren. Dabei bewegen sie in jeder gedanklichen Kurvenfahrt ein wenig den Körper, als wollten sie sich wirklich in die Bahn legen. Der englische Physiologe William Benjamin Carpenter stellte bereits 1873 fest, dass eine intensive gedankliche Bewegungsvorstellung eine Muskelanspannung auslöst. Dieser »Carpenter-Effekt« (auch ideomotorischer Effekt) wurde später durch Neurowissenschaftler mithilfe der Elektromyografie bestätigt. Im psychologischen Training nutzen Athleten unterschiedlichster Disziplinen heute diesen Effekt, um das Bewegungsprogramm der optimalen Technikausführung zu aktivieren und zu festigen. Das Ganze läuft dann wie folgt ab. Im Training mit Pfeil und Bogen wirst du über die Zeit ein Gefühl für die Bewegungen aufbauen. Irgendwann bist du in der Lage, dieses Bewegungsgefühl an jedem Ort und zu jeder Zeit abzurufen. Schließe einfach mal die Augen und durchlaufe gedanklich das Fahrradfahren. Du fühlst die Position auf dem Fahrrad, deine Hände am Lenker und die Bewegung der Beine beim Treten. Durch die gedankliche Vorstellung erhielt deine Muskulatur bereits kleine Bewegungsimpulse, die du nicht zwangsläufig wahrgenommen hast. Wenn du aber gedanklich eine Kurve fährst, könnte es sein, dass dein Oberkörper eine leichte Ausgleichbewegung macht. Die Vorstellung der Bewegung aktiviert dein Bewegungsprogramm. Für jede Bewegung, die du häufig ausführst, wird im Gedächtnis eine Bewegungsschleife angelegt. Je häufiger du diese Bewegung ausführst, desto präziser legt sich die Bewegungsschleife an. Auch die tatsächlich ausgeführte Bewegung verbessert sich, weil dein Gedächtnis künftig nur noch die bereits angelegte Bewegungsschleife abfährt. Bei dem ideomotorischen Training kannst du die Bewegungsschleife festigen, aber auch für die Bewegungsoptimierung überschreiben. Du kannst das ideomotorische Training abends im Bett, während einer Busfahrt oder wie eingangs beschrieben beim Warten an der Kaufhauskasse durchführen. Im Anschluss an eine feuchtfröhliche Kneipentour könnte es allerdings passieren, dass beim ideomotorischen Training die Bewegungsschleife alkoholbedingt unkoordinierte Bewegungen aufzeichnet. An allen anderen Orten und Zeitpunkten kannst du durch die reine Vorstellung deiner Gedanken die Bewegungstechnik ideomotorisch trainieren. Das ist fantastisch skurril!

30. GRUND

Weil du auf die weltbesten Trainer zurückgreifen kannst

Es gibt Bogenschützen, die schießen aus Spaß an der Freude gelegentlich mal ihre Pfeile, und es gibt Bogenschützen, die den Sport von der Pike auf richtig erlernen möchten. Schießt du über Jahre mit einer schlechten Bewegungstechnik, die sich schon gefestigt hat, wird es ein langer Weg, um die Fehler zu korrigieren. Mit einem guten Trainer wird dein Lernprozess übersichtlich und einfach. Deine Fortschritte spiegeln sich auf der Zielscheibe wider, und bei einem regelmäßigen Training geht es besonders im ersten Jahr steil voran. Du bist also gut beraten, einen Verein aufzusuchen, in dem sich ein engagierter Trainer um die Bogenschützen kümmert. Dann lohnt es sich sogar, einen etwas weiteren Anfahrtsweg zum Trainingsgelände in Kauf zu nehmen. Es gibt aber auch Berufstrainer, die in verschiedenen Regionen die Bogenschützen aus mehreren Vereinen zu Trainingskreisen zusammenziehen. Und es gibt Bogensportschulen, die mehrtägige Intensivkurse für Bogenschützen und

Bogensporteinsteiger anbieten. Der Besuch einer solchen Bogensportschule kann mit einem Urlaub verbunden werden. Die Seminare gibt es für alle Disziplinen des Bogensports.

Dann gibt es aber auch Trainerlegenden, wie Kisik Lee. Er war zunächst Trainer der südkoreanischen Nationalmannschaft, danach wurde er Head-Coach der Nationalmannschaft von Australien und seit einigen Jahren ist er der Cheftrainer der US-Nationalmannschaft. Dort, wo Kisik Lee die Zügel in der Hand hält, setzt für die Athleten ein Regen von olympischen Medaillen ein. Unter seiner Regie gewannen die Sportler bei Olympischen Spielen insgesamt sieben Goldmedaillen, sechs Silbermedaillen, vier Bronzemedaillen sowie einen ganzen Haufen von Medaillen bei den Weltmeisterschaften des Bogensports. Als Kisik Lee mit einem Autorenteam seine Vorstellung von einem optimalen Technikmodell im »KSL-Schießzyklus« zusammenfasste und innerhalb seines Buches *Total Archery* in mehreren Sprachen der Welt publizierte, revolutionierte er ein Stück weit den modernen Bogensport. Zahlreiche Nationen orientieren sich heute an diesem Technikmodell. Neben der Begleitung der US-Nationalmannschaft reist der Erfolgstrainer seit 2012 durch die Welt und gibt Seminare für Bogenschützen. Über seine Website kann sich jeder Trainer und Sportler zur Seminarteilnahme anmelden. Einsteiger würden allerdings in einem seiner Seminare schlichtweg überfordert, denn Kisik Lee setzt Erfahrungen voraus und vermittelt in einer einzigartigen Tiefe die Details des Bogenschießens.

Auch der Südkoreaner Kim Hyung Tak zählt zu den Trainerlegenden des Bogensports und erzielte mit seinen Sportlern zahlreiche olympische Medaillen. Im Landesinneren von Südkorea betreibt er seine Bogensportschule und bereist darüber hinaus Länder rund um den Globus. Jeder Bogenschütze kann sich zu den Seminarangeboten von Kim Hyung Tak anmelden.

Welche andere Sportart bietet dir die Möglichkeit, von dem Expertenwissen der erfolgreichsten Trainer zu profitieren?

31. GRUND

Weil Bogenschützen von einem französischen Stabhochspringer profitieren

Bei einem Probetraining in einem Verein lernst du die ersten Grundlagen des Bogenschießens. Im späteren Training verfeinerst du deine Bewegungstechnik. Im Internet findest du unzählige Videos von guten Bogenschützen, von denen du viel lernen kannst. Mit der Zeit festigt sich ein Bewegungsgefühl und eine Vorstellung davon, wie deine eigene Bewegungstechnik aussieht. Weil du deine eigene Technik beim Schießen nicht sehen kannst, bleibt es allerdings bei einer Vorstellung, die mit der Realität nicht zwangsläufig viel zu tun haben muss.

Nun kommt Joan Charmant ins Spiel. Der Franzose aus Bordeaux zählte in seiner Jugendzeit zu den besten Stabhochspringern Frankreichs und vertrat sein Land bei verschiedenen europäischen Wettkämpfen. Zur besseren Analyse der Bewegungstechnik im Training setzte sich der charmante Franzose an seinen Computer und schrieb eine Software, die heute unter der Bezeichnung KINOVEA kostenlos im Internet bereitsteht. Weil Stabhochspringer eine ebenso komplexe Bewegungstechnik erlernen müssen wie auch Bogenschützen, ist die Software von Joan Charmant mit dem speziellen Funktionsumfang für die Bewegungsanalyse ein ideales Hilfsmittel im Bogensporttraining. Alles, was du benötigst, ist ein Notebook mit der Software, eine Webcam mit einem Verlängerungskabel und ein geeignetes Stativ für die Webcam.

Die Software mit den Aufzeichnungen führen dir ein grundehrliches Ergebnis all deiner Trainingsbemühungen vor Augen. Sie zeigt ungeschönt deine Stärken und deine Schwächen und bildet mit den Analysefunktionen eine Grundlage für deine Trainingsinhalte der nächsten Wochen. Die erstmalige Verwendung der Software kann allerdings zu unerwünschten Reaktionen führen. Ein Repertoire von tiefer Enttäuschung bis hin zur Begeisterung kann nach der ersten Bewegungsanalyse zum Ausdruck kommen.

32. GRUND

Weil es Maik Szarszewski gibt

Beim Bogenschießen lernst du beeindruckende Persönlichkeiten kennen. Es ist einige Jahre her, als ich bei einem Training in Bayern erstmals Maik Szarszewski traf. Wir plauschten ein wenig über unseren Sport, und dabei erzählte mir Maik von seinem Weg als Bogenschütze. Früher suchte Maik Adrenalinschübe beim Drachenfliegen und Motorradfahren. Sein Leben sollte sich allerdings im Jahre 2008 schlagartig ändern, als er bei einer Testfahrt auf einer Motocrossstrecke einen schweren Unfall erlitt, der eine Querschnittslähmung nach sich zog. In den folgenden zwei Jahren wusste der Konstrukteur aus Ulm mit seiner freien Zeit nicht allzu viel anzufangen. Eine Bekannte motivierte Maik, ein Training im Biathlon zu besuchen. Ein neuer Sport war Maik willkommen, doch seine Faszination wurde vom Bogenschießen geweckt. »*Du fährst zu den Paralympischen Winterspielen, ich zu den Sommerspielen*«, schlug Maik seiner Bekannten vor. Als sich Maik dieses Ziel setzte, konnte er nicht ahnen, dass es bis zur Realisierung nur noch zwei Jahre dauern würde. Er suchte sich einen Bogensportverein, in dem er auch ohne fremde Hilfe trainieren konnte. Im bayerischen Vöhringen trainierten die Bogenschützen auf einem Ascheplatz, und weil Maik hier mit dem Rollstuhl selbstständig zu den Zielscheiben fahren konnte, um die Pfeile zu holen, startete er hier im Oktober 2010 sein Training. Einen Trainer gab es in diesem Verein allerdings nicht, und so tauschte Maik zunächst Erfahrungen mit anderen Bogensportlern aus. Dann begann er mit einem Studium der Fachliteratur, er sah sich im Internet immer wieder Videos von herausragenden Bogenschützen an, filmte sich selbst beim Bogenschießen und glich daraufhin seine Bewegungstechnik mit der der Spitzensportler ab. Seine Vorbilder im Hinblick auf die Bewegungstechnik fand er insbesondere bei den südkoreanischen Bogenschützen, die seit vielen Jahren den internationalen Spitzensport dominieren. Ehrgeizig arbeitete Maik fortan an der Entwicklung seiner Bewegungstechnik und wurde dabei selbst zu seinem besten Trainer. Im Sommer trainierte er jeden Tag, im Winter gönnte er sich zwei Tage für die Regeneration. Nach vier Monaten harten Trainings siegte Maik bei der bayerischen Hallenmeisterschaft und wurde daraufhin in die bayerische Landesauswahl der Bogenschützen berufen. Hier erhielt er eine Unterstützung durch seine neue Trainerin Inge Enzmann. Doch damit nicht genug, 2012 wurde sein Ehrgeiz mit der Aufnahme in die Nationalmannschaft des Deutschen Behindertensportverbandes belohnt. Sein Ziel, an den Paralympischen Spielen teilzunehmen, erfüllte sich noch im gleichen Jahr, und Maik stand als einer der Top-Athleten Deutschlands auf dem Wettkampfplatz in London. Seitdem tummelt sich Maik bei den internationalen Wettkämpfen und nahm 2016 wiedermal an Paralympischen Spielen teil, dieses Mal in Rio de Janeiro. Harry Mende ist heute Maiks Trainer. Weil im Behindertensport jährlich nur etwa zwei Trainingslager mit der Nationalmannschaft durchgeführt werden, setzt sich Maik immer wieder in sein Auto und fährt von Ulm bis in die Nähe von Flensburg, um sich mit Harry Mende zu treffen. Maiks Ehrgeiz, die Weltspitze zu erobern, ist ungebrochen, und die Zukunft wird zeigen, wohin sein Weg noch führen wird.

Dass jemand das Bogenschießen ohne Trainer erlernen und sich dann auch noch in so rascher Zeit zu einem Top-Athleten seiner Klasse entwickeln kann, hätte ich vor meiner Begegnung mit Maik für unmöglich gehalten. Viel zu komplex ist die Bewegungstechnik mit ihren koordinativen Ansprüchen. Maik Szarszewski hat mit seiner Trainingsstrategie und einem ungebrochenen Ehrgeiz alle Schranken des Machbaren überwunden.

33. GRUND

Weil dir das Bogenschießen etwas über deine Persönlichkeit verrät

Juliane und Nico kannten sich schon einige Jahre, als sie den Entschluss fassten, in den Bund der Ehe einzutreten. Julianes Freundinnen waren überzeugt, dass sie mit Nico einen echten Volltreffer gelandet hat. Sie planten im großzügigen Garten des für die Hochzeit reservieren Landgasthauses eine besondere Überraschung. Beim Bogenschießen sollten auch die geladenen Hochzeitsgäste die Möglichkeit erhalten, einen Volltreffer zu landen. Die Freundinnen buchten eine Bogensporttrainerin, die mit Zielscheiben und einem halben Dutzend Einsteigerbögen anreiste. Für ihren mobilen Bogenplatz suchte sich die Trainerin eine Rasenfläche, die idyllisch von einem alten Obstbaumbestand eingerahmt wurde. Die Gäste zeigten sich begeistert und tummelten sich beim Bogenschießen. Auch Nicos Mutter Roswita war Feuer und Flamme. Sie ließ sich das Anlegen des Arm- und Fingerschutzes erklären, nahm einen Bogen sowie einen Satz Pfeile entgegen und begab sich gemeinsam mit der Trainerin zur Schießlinie. Die großen Zielscheiben waren in einer treffsicheren Entfernung von fünf Metern aufgestellt und mit Luftballons bestückt. Nach einer kurzen Einweisung zog Roswita den Bogen aus, zielte, löste dann aber nicht die Sehne. Während auf den benachbarten Zielscheiben die ersten Luftballons zerknallten, deutete inzwischen Roswitas Muskelzittern eine zunehmende Verkrampfung an. Die Trainerin sagte ihr jetzt mehrmals, sie solle einfach die Fingerkuppen der Zughand entspannen. Roswita schaffte das aber nicht und setzte den Bogen ab, ohne den Pfeil geschossen zu haben. Auch beim zweiten Versuch offenbarte sich Roswitas Schwäche, die Finger zur Freigabe der Sehne öffnen zu können. Die Frage der Trainerin, ob sie Angst vor Verletzungen hätte, verneinte Nicos Mutter und ergänzte in lauter werdender Emotionalität: »*Ich kann einfach nicht loslassen!«* An den Zielscheiben wurde es plötzlich mucksmäuschenstill, und so konnte auch wirklich niemand Julianes reflexartig einsetzenden Lachanfall überhören. Aufmerksame Hochzeitsgäste beobachteten nun, wie Julianes Gesicht zunächst durch den Lachanfall errötete und in einem fließenden Übergang zunehmend von der emporkletternden Schamesröte dominiert wurde. Doch umso deutlicher zeigte Julianes Mimik den raschen Übergang ihres Gemütszustandes. Gerettet wurde die pikante Situation durch Dietmar, den Vater von Nico, der in diesem Moment die Menge mit einem Tablett »Zielwasser« aufmischte. Juliane behauptete später gegenüber Roswita, Dietmar habe ihren Lachimpuls ausgelöst, als er mit dem Tablett angelaufen kam. So verschwieg Juliane ganz bewusst das sich offenbarte Problem an dem schönsten Tag ihres Lebens.

Tatsächlich ist es so, dass Bogenschießen als Medium in der Therapie bei Menschen eingesetzt wird, die nicht loslassen können. Ängste spiegeln sich in unseren Handlungen wider, zum Beispiel bei der Wahl der Geschwindigkeit während des Autofahrens. Angst kann sich bei Bogenschützen mit dem olympischen Recurvebogen zeigen, wenn sie ihren Pfeil nur noch wenige Millimeter durch die Auszugskontrolle ziehen müssen, um ihn dann zu schießen. Genau in diesem Moment frieren sie förmlich ein und bekommen den Pfeil nicht weitergezogen. Eine innere Anspannung spiegelt sich in der Bewegungstechnik ebenso wider wie die Nervosität oder eine geringe Konzentrationsfähigkeit. Doch das Großartige ist, dass du dich beim Bogenschießen diesen menschlichen Schwächen stellen kannst und Lösungen finden wirst. Wer aus Angst vor einem Fehltreffer einfriert, lernt im Training, dass er künftig mit Mut und Konsequenz arbeitet. Die Konzentrationsfähigkeit wird mit jedem Schuss trainiert, und die innere Ruhe beim Bogenschießen lässt eine innere Anspannung und Nervosität verfliegen.

34. GRUND

Weil sich an der Zielscheibe ein Spiegelbild deiner Fähigkeiten aufbaut

Pfeile und Bögen erwecken manchmal den Eindruck, sie seien von wirklich rüpelhaften Charaktereigenschaften besetzt. Das wird deutlich, wenn du an der Schießlinie stehst und deinen Pfeil eigentlich so wie immer abschießt, doch der Pfeil schlägt in der Luft einen Haken und bricht förmlich aus. Wenn du Pech hast, siehst du den schlechten Treffer sofort, weil die Distanz zur Zielscheibe nur kurz ist. Schießt du aber auf 70 oder gar 90 Meter, siehst du die Treffer häufig nur dann, wenn der schwarze Carbonpfeil mitten in der gelben Mitte steckt. Manchmal schlägt der Pfeil aber so schräg ein, dass die Spitze in der rot hinterlegten Acht steckt, während sich das Pfeilende bis über das gelbe Zentrum des Ziels erstreckt und dir eine satte 10 vorgaukelt. Um derartige Täuschungsmanöver zu entlarven, setzen Bogenschützen Ferngläser ein oder Spektive, die auf einem Stativ montiert vor dem Bogenschützen auf der Schießlinie stehen. Im Wettkampf hat das durchaus Sinn, weil der Bogenschütze rasch seine Visiereinstellung korrigieren kann, wenn sich eine Pfeilgruppe neben der Scheibenmitte bildet. Wer jedoch kein Fernglas einsetzt, erlebt häufig die Überraschung seines Treffergebnisses erst unmittelbar an der Zielscheibe. Die Routiniers der Szene analysieren ihre Treffer, um Handlungsstrategien für die nächsten Pfeile zu entwickeln. Dann gibt es aber noch eine ganze Reihe von Bogenschützen, die ein schlechtes Trefferergebnis persönlich nehmen. Sportpsychologen beschreiben ein besonderes Phänomen, das sich als »Flucht in das Material« darstellt. Dann nämlich suchen die betroffenen Bogenschützen die Ursache zunächst beim Equipment, weil sie davon ausgehen, dass sie selbst wohl nicht die Ursache sein könnten. In wochenlanger Sisyphusarbeit werden dann andere Pfeilschäfte ausprobiert, Einstellungen am Bogen in zeitaufwendigen Testverfahren überprüft, um zum Ende der Arbeiten festzustellen, dass eigentlich nur die zu geringe Rückenspannung zu einem schlechten Lösen der Sehne geführt hatte. Letztlich bleibt festzustellen, dass gute Bogenschützen selbst mit schlecht abgestimmtem Material noch gute Ergebnisse liefern, solange kein echter Defekt vorliegt oder aber der Pfeil so schlecht zum Bogen passt, dass er beim Abschuss gegen das Mittelteil schlägt. Die Fähigkeit zur Materialabstimmung haben sich gute Bogenschützen zu eigen gemacht, oder sie haben einen Experten an der Hand, der diese Aufgabe für sie übernimmt, und zwar vor dem Wettkampf. Die Ursache für einen Fehltreffer kann auch in den mentalen Eigenschaften des Sportlers liegen. Nehmen wir an, deine Pfeile treffen auf der 70-Meter-Distanz in der Regel eine Fläche, die den gesamten blauen, roten und gelben Bereich der Zielscheibe einnimmt. Nun stehst du im Wettkampf und hast in einer Pfeilserie bereits vier Pfeile in der gelben Mitte stecken. Im Idealfall machst du dir keine weiteren Gedanken und schießt einfach weiter. Tückisch wird es, wenn du nun Gedankenspiele aktivierst, wenn du das Ergebnis hochrechnest oder dir einfach bewusst machst, dass du die folgenden Pfeile ebenso in die gelbe Mitte schießen könntest, um einen guten Eindruck bei deinen Sportfreunden zu hinterlassen. Genau diese Gedanken werden dich mit hoher Wahrscheinlichkeit aus dem Konzept bringen, sodass die folgenden Pfeile ihre gewohnte Streubreite favorisieren. Mentale Fähigkeiten sind besonders gut in einem Goldfinale einer Deutschen Meisterschaft zu beobachten. Wer es bis in das Goldfinale geschafft hat, ist in der Lage, jeden einzelnen Pfeil in der gelben Scheibenmitte zu platzieren. Ob sie das in dieser Situation tatsächlich realisieren können, bleibt fast ausschließlich eine Frage der mentalen Stärke. Selbst an einem windreichen Finaltag wird derjenige den Sieg einfahren, der seine Taktik im Umgang mit Wind am besten trainiert hat. Die Bewegungstechnik, die mentale Stärke, die taktischen Fähigkeiten und die Fähigkeit zur optimalen Materialabstimmung bestimmen dein

Ergebnis an der Zielscheibe. Die Platzierung deiner Pfeile auf der Zielscheibe ist nichts weiter als das Spiegelbild dieser Fähigkeiten. Niemand wird so ehrlich zu dir sein wie deine eigenen Pfeile!

35. GRUND

Weil du beim Bogenschießen deine Schwächen zu Stärken ausbaust

Das Wunderbare an uns Menschen ist, dass jeder von uns Stärken und Schwächen hat. Sie machen die Menschen so unterschiedlich und interessant. Häufig neigen wir allerdings dazu, unsere Stärken eher zu akzeptieren als unsere Schwächen. Doch für Schwächen gibt es Bewältigungsstrategien.

An einem Beispiel möchte ich das verdeutlichen. Sicher standest du schon mal in einem vollen Fahrstuhl. Eine unbekannte Person steht dir unmittelbar gegenüber. Es fehlt die sonst so gewohnte räumliche Distanz, die wir gegenüber unbekannten Personen suchen, und deswegen schwingt in solchen Situationen ein leichtes Unbehagen mit. Auf euren ersten Blickkontakt folgt ein freundliches Lächeln. Und ab diesem Moment beginnst du ganz unauffällig jede Ecke des Fahrstuhls mit deinen Augen abzufahren, bis sich an der Spiegeldecke des Fahrstuhls eure Blicke erneut treffen. Dir wird es jetzt langsam unangenehm, weil du keinesfalls den Eindruck erwecken möchtest, die Person heimlich anzustarren. Also richtest du deinen Blick blitzschnell in eine andere Richtung, während dein Gegenüber bereits mit einem leisen Pfeifen die Situation zu überspielen versucht. Beim Halt in der zweiten Etage steigen Personen aus, und nur die unbekannte Person verbleibt mit dir im Fahrstuhl. Zumindest ist es jetzt nicht mehr so eng. »*Die Stadt war heute aber voll*«, sagst du, um die Stille zu überbrücken. »*Ja, was will man sonst bei dem Wetter machen*«, antwortet die Person in Ermangelung tieferer Sinnhaftigkeit. Ihr lächelt euch wieder an, woraufhin eine neue Periode der Stille folgt, bis sich endlich die Fahrstuhltüren an der obersten Etage öffnen und sich eure Wege trennen. Du spürst eine Erleichterung. Eine vergleichbare Situation tritt bei Wettkämpfen auf, wenn sich ein Links- und ein Rechtshandschütze im geringen Abstand gegenüberstehen. Zählst du selbst zur Randgruppe der Linkshandschützen, kennst du die Situation schon aus dem Training und hast dich daran gewöhnt, deinem Gegenüber immer wieder tief in die Augen zu blicken. Weil Wettkämpfe über Stunden andauern, kann dich als Rechtshandschütze diese Situation richtig aus der Ruhe bringen, und du wirst Probleme haben, dich auf deinen Wettkampf zu konzentrieren. Der einfachste Weg zum Aufbau einer Bewältigungsstrategie besteht darin, das Problem zu erkennen und den Entschluss zu fassen, eine Lösung zu finden. Für das künftige Training suchst du dir ab sofort immer wieder einen Linkshandschützen, bis du die Situation so oft erlebt hast, dass du damit routiniert umgehen kannst.

Wenn du beispielsweise beim Schießen immer wieder deine Balance verlierst, steht zum Beginn nichts weiter als die Erkenntnis. Nun solltest du eine Strategie zur Lösung des Problems suchen. Im ersten Schritt kontrollierst du deinen Stand sowie den Körperschwerpunkt. Im zweiten Schritt schaust du dir deine Schuhe an. Zieht die Schuhsohle die Zehen so weit nach oben, dass sie keinen Kontakt zum Boden haben? Dann wechsele die Schuhe, denn die Zehen übernehmen mit ihrem Kontakt zum Boden eine stabilisierende Funktion bei auftretenden Körperschwankungen. Nach dieser Optimierung stellst du dich beim Schießen immer wieder mal auf eine weiche Schaumstoffunterlage. Dein Körper lernt beim Stand auf der weichen Unterlage, die Ausgleichsbewegungen zur Wiederherstellung der Balance selbstständig einzuleiten. Damit gelingt es dir, eine gute Balance herzustellen.

Es lohnt sich, nach jedem Trainingstag und nach jedem Wettkampf einige Minuten zu investieren, um über deine Stärken und

Schwächen des Tages nachzudenken. Mit der Bewusstmachung deiner Stärken wächst auch deine mentale Überlegenheit. Für deine Schwächen entwickelst du nach und nach Bewältigungsstrategien, die immer dem gleichen Schema folgen: Erkenne das Problem, suche nach einer Lösung und setze sie im Training um, bis du die Schwäche zu einer Stärke ausgebaut hast. Beim Bogenschießen stellen sich die Schwächen niemals als eine existenzielle Bedrohung dar. Und genau dadurch eröffnet sich in diesem Sport ein gutes Experimentierfeld für die Entwicklung von lösungsorientierten Bewältigungsstrategien.

36. GRUND

Weil es Sätze gibt, die Bogenschützen gerne überhören möchten

Bogenschützen entwickeln eine innige Beziehung zu ihrem Sportbogen. Sie spüren intensive Gefühle für die Verbindung ihrer Bogenhand mit der Griffschale, für das Auszugverhalten ihres Bogens und für das Geräusch, das beim Abschuss einsetzt, wenn die Sehne anschlägt. Bogenschützen legen ihren Bogen beim Schlafen nur deswegen nicht unter das Kopfkissen, weil die Wurfarme das Lämpchen vom Nachttisch stoßen würden. Gerade Kinder lieben ihren Bogen so sehr, dass sie zu Hause immer wieder die Bogentasche ausräumen, um auch außerhalb des Trainings ihre Zeit mit dem Bogen verbringen zu können. Das Equipment vermischt sich im Kinderzimmer mit den herumliegenden Spielsachen, und wenn die Kids dann am Trainingsplatz den Bogen aufbauen möchten, fehlt mal das Visier, mal die Sehne und manchmal auch ein Wurfarm. Doch auch erwachsene Bogenschützen zeigen ihre Liebe zum Sportgerät, wenn sie feine Carbonstreifen zuschneiden und an das Mittelteil kleben, oder wenn sie gar zum Nagellack greifen, um mit nuancierten Farbkompositionen ihren Bogen aufhübschen. Wenn du nun dein persönliches Geschmacksempfinden mit einer abwertenden Äußerung über die ästhetische Wahrnehmung des Bogenbesitzers stellst, könntest du den Bogenschützen auch direkt beleidigen. Wenn du also noch Freunde suchst, solltest du dich niemals abwertend über den Bogen eines anderen Bogenschützen äußern.

Das Vertrauen des Bogenschützens in seinen Bogen kannst du eliminieren, indem du ihn mit Glaubwürdigkeit und Überzeugungskraft auf Einstellungsfehler hinweist. Wenn du jetzt keine Lösung anbietest, rutschen die Schießergebnisse des Bogenschützens ebenso in den Keller wie dein Sympathiestatus.

Echte Feinde machst du dir im Wettkampf, wenn du deine Zeit nutzt, um andere Bogenschützen auf ihre Technikfehler aufmerksam zu machen. »*Ein gutes Lösen der Sehne sieht aber anders aus*« oder »*wenn man so schwankt, kann man ja nicht treffen*« sind Sätze, die als Paradebeispiele für eine gelungene Feindschaftspflege taugen. In der Tat beobachtete ich während einer Deutschen Meisterschaft einen Jugendlichen, der mit ähnlichen Sprüchen seine Konkurrenz ausschalten wollte. Dabei zeigte er sich so umtriebig, dass er offenbar wenig Konzentration auf sein eigenes Schießen lenken konnte, was mit einem unterdurchschnittlichen Ergebnis quittiert wurde. Später berichteten mir seine übermotivierten Eltern, dass sie ihrem Filius diese »psychologische Kriegsführung« empfohlen hatten. Tja, die Strategie ging weder kurzfristig auf und lässt auch bei der langfristigen Persönlichkeitsentwicklung eines jungen Menschen nicht viel Gutes erwarten.

Eine humorvoll gemeinte Anfeindung dürfen Bogenschützen immer wieder über sich ergehen lassen, die beim Auszug des Bogens oder während des Zielvorgangs von einem stärkeren Muskelzittern betroffen sind. Die Frage »*Na, stehst du wieder im Erdbeben?*« entwickelt sich für diese Bogenschützen zu einem nervtötenden Running Gag. Für die betroffenen Bogenschützen ist das Muskelzittern gar nicht das Problem, denn damit lassen sich ausgezeichnete

Ergebnisse schießen. Das eigentliche Problem besteht darin, dass sie keine Lösung finden werden, das Muskelzittern einzudämmen. Es ist einfach in der Muskulatur angelegt und tritt von Mensch zu Mensch in unterschiedlicher Intensität auf.

Die Krönung für unsportliches Verhalten wartet auf dich, wenn du während des Wettkampfes immer wieder den rasenden Informanten für Platzierungen und Ergebnisse spielst. Warte im Wettkampf ab, bis der erste Wertungsdurchgang beendet ist und die ersten Ergebnislisten mit den Zwischenständen ausgehängt werden. Schau nun, wer mit seinem Ergebnis die Spitzenposition einnimmt. Nun gehst du genau zu diesem Bogenschützen, klopfst ihm mit einem Lächeln auf die Schulter, um ihm mitzuteilen, dass er aktuell auf Platz 1 des Rankings steht, und ergänze gegebenenfalls noch, dass bis zum undankbaren vierten Platz nur wenige Punkte liegen. Handelt es sich bei dem Bogenschützen um einen Routinier, wird er die Information zur Kenntnis nehmen und cool bleiben. Bei allen anderen wirst du im zweiten Durchgang des Wettkampfes beobachten können, wie die Ergebnisse abstürzen und alle Chancen auf eine Medaille entgleiten. Dein Sympathiestatus stürzt allerdings ebenfalls ins Bodenlose.

Weil Bogenschützen grundsätzlich freundliche Menschen sind, verzichten sie in der Regel auf all diese Sätze.

37. GRUND

Weil du Pfeile besser mit der Bogenhand ziehst

Wenn du dich mit dem Schießen der Pfeile auseinandersetzt, solltest du dir auch mal Gedanken über das Ziehen der Pfeile an der Zielscheibe machen. Die Pfeile stecken manchmal extrem fest im Scheibenmaterial. Insbesondere Compoundschützen mit ihren hochpfundigen Bögen hassen die Scheiben aus Stramit, besonders nach einem ausgiebigen Regen. Stramitscheiben werden aus gepresstem Stroh hergestellt, das bei Nässe auch noch aufquillt und spätestens dann die Pfeile gar nicht mehr hergeben möchte. Recurveschützen lieben die von Compoundschützen immer wieder aufgeführte Liveperformance »*Vier Mann – ein Pfeil!*«. Dabei halten zwei der Compoundis die Stramitscheibe von hinten fest, während die anderen beiden an dem Pfeil reißen. Gerne stemmt zumindest einer der beiden Pfeilzieher auch noch seinen Fuß gegen die Stramitscheibe, um mit Unterstützung der maximalen Muskelkraft des Beines die Freigabe des Pfeils zu erzwingen. Im Wettkampf nutzen die Recurveschützen diese Momente der theatralischen Kraftdarbietung gerne für aufmunternde Zurufe oder ein entspanntes Schwätzchen, bei dem zumindest immer ein Auge auf dem Treiben der Compoundis haftet. Man will auf keinen Fall den Moment verpassen, wenn doch noch die gesamte Scheibe umfällt. Doch lieber mögen die Bogenschützen ihre Zielscheiben aus festem Schaumstoff, die nur leider wesentlich teurer in der Anschaffung sind. Doch kann hier jeder seine Pfeile ohne fremde Hilfe ziehen. Übrigens gibt es für besonders hartnäckige Fälle neben den Pfeilziehhilfen aus Gummi auch mechanische Spezialwerkzeuge, die den Schaft umklammern und über eine Hebelbewegung den Pfeil herausziehen. Das ist besonders sinnvoll, wenn der Pfeil im Holz des Scheibenständers versenkt worden ist.

Das Ziehen der Pfeile kann ein echtes Krafttraining sein. Und es steht auch im Zusammenhang mit muskulären Dysbalancen. Bleib ruhig, die sind nicht ansteckend! Bedenke aber, dass du den Bogen immer mit der Zugarmseite ausziehst und mit der Bogenarmseite nach vorn drückst. Um den damit einhergehenden einseitigen Muskelaufbau nicht noch zu verstärken und stattdessen einen Ausgleich herzustellen, ziehst du die Pfeile immer mit der Bogenhand. Durch dieses alternative Zugtraining mit der Bogenarmseite kannst du den beidseitigen Muskelaufbau fördern. Spitzensportler nutzen auch ein allgemeines Krafttraining im Fitnessraum, um diese Dysbalancen auszugleichen.

38. GRUND

Weil es fantastische Lehrbücher gibt

Beim Einstieg in das Bogenschießen kann es richtig lustig für dich werden. Du wärst ganz sicher nicht der Erste, der mit dem Bogen an der Schießlinie steht und die Pfeilauflage sucht, um den Pfeil aufzulegen. *In der vorherigen Passe war sie ja noch da,* denkst du dir und machst dich auf die Suche. Irgendwann fällt dir auf, dass die Pfeilauflage auf der anderen Bogenseite und dann auch noch unterhalb des Griffs liegt. »*Einmal den Bogen umdrehen*«, korrigiert der Trainer. Ahhhh, da ist die Auflage wieder an der richtigen Stelle! Gut gemacht. Im weiteren Ablauf der Bewegungsfolge fragst du dich: *Wann drehe ich den Bogenarm ein, damit das Armgelenk der Sehne nicht im Wege steht? Und positionierst man schon jetzt die Bogenschulter oder erst nach dem Anheben des Bogens?* Es ist wirklich hilfreich, die einzelnen Bewegungstechniken in eine geordnete Reihung zu setzen. Eine gute Systematik zum Erlernen des Bogenschießens fasste der deutsche Bundestrainer Oliver Haidn in seinem Positionsphasenmodell zusammen. Es enthält zunächst vier statische Positionsphasen mit optimalen Gelenkwinkelstellungen. An jede Positionsphase werden einzelne Bewegungstechniken angeheftet und in eine sinnvolle Reihe gesetzt. Dieses System macht das Bogenschießen übersichtlich und einfach. Das Positionsphasenmodell greift dir als Einsteiger unter die Arme und begleitet dich, bis du ein echter Crack geworden bist.

Ein echter Tipp für das Erlernen des Bogenschießens ist das Fachbuch *Aktiv und fit bleiben mit Bogenschießen*, in dem das Positionsphasenmodell vorgestellt wird, und zwar für Recurve-, Blankbogen- und Compoundschützen. Auch alle wichtigen Themen zum Material und zu den Disziplinen des Bogenschießens findest du in dem Werk. Besonders empfehlenswert ist das Buch, weil es die wichtigen Informationen kompakt zusammenfasst. Das Buch von

Oliver Haidn und einem Autorenteam erscheint im Spitta-Verlag und ist über jede Buchhandlung zu beziehen.

Das Fachbuch *Bogenschießen – Trainings- und bewegungswissenschaftliche Grundlagen* (2. Auflage) geht in die Tiefe und ist gerade für Sporteinsteiger zu komplex. Als Nachschlagewerk für spezielle Fragen kann das Buch empfohlen werden, und es ist ein besonderer Tipp für Trainer und fortgeschrittene Bogenschützen. Das Buch enthält umfangreiche Informationen über die Bewegungstechnik, das Material sowie über die Trainingsgestaltung. Inhaltlich zielt es auf die Gruppe der Recurvebogenschützen ab. Geschrieben wurde das Buch von Oliver Haidn, dem international renommierten Sportwissenschaftler Jürgen Weineck und Veronika Haidn-Tschalova. Erschienen ist es im Spitta Verlag.

Als englischsprachiges Buch ist *Archery* zu empfehlen, das von dem südkoreanischen Erfolgstrainer Kim Hyung Tak im Eigenverlag herausgegeben wird. Ausschließlich das Bogenschießen mit dem Recurvebogen wird hier thematisiert. Du beziehst es über den Bogensportfachhandel.

Natürlich kannst du dir vorstellen, dass es unzählige weitere Bücher auf dem Markt gibt. Eine Entdeckungsreise lohnt sich.

KAPITEL 4

SPORT UND GESUNDHEIT

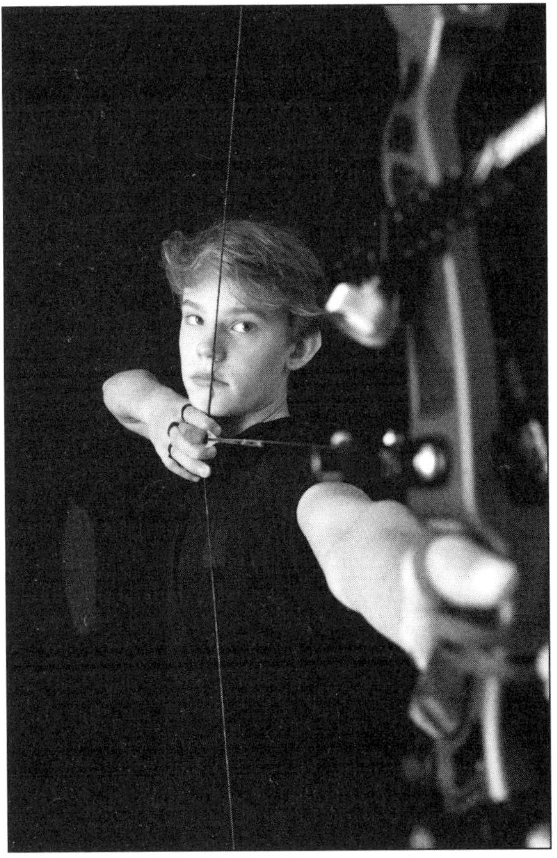

39. GRUND

Weil du Tonnen bewegst

Vor einigen Jahren lernte ich außerhalb des Bogensports einen muskelbepackten Kraftprotz kennen, der von dem dringenden Bedürfnis gesteuert war, mir ungefragt immer wieder mitzuteilen, dass das Bogenschießen kein Sport sei. Seiner Auffassung nach könne nun wirklich jeder einen Bogen ausziehen. »*Ja, ausziehen geht schon, wenn man viel Kraft hat*«, sagte ich ihm, »*... nur mit dem Treffen ist es so eine Sache.*« Das hatte der Muskelprotz nicht im Kalkül. Als er irgendwann selbst mal zum Bogen griff, durfte er mit einem hochpfundigen Wettkampfbogen starten, sozusagen als Konsequenz für seine selbstbewusst inszenierten Thesen der Unwissenheit. Leider verhinderte schon sein aufgeplusterter Bizeps des Zugarms, dass der Muskelprotz jemals eine biomechanisch optimierte Gelenkwinkelstellung einnehmen wird. Er outete sich unfreiwillig als Grobmotoriker und erwies sich im Bogenschießen als talentfrei, selbst als er später freiwillig mit einem Einsteigerbogen herumhantierte. Das folgende Beispiel könnte auch anderen Maulhelden bei der sachgemäßeren Einordnung des Bogenschießens helfen.

Maximilian Weckmüller ist seit Jahren Mitglied der deutschen Nationalmannschaft im Bogenschießen. Rund 550 Pfeile schießt er schon mal an einem Trainingstag. Sein Sportbogen hat ein Zuggewicht von fast 48 Pfund. Damit bewältigt Maximilian Weckmüller an einem Trainingstag mit 550 Pfeilen rund zwölf Tonnen Zugkraft. Das gelingt ihm nur durch sein allgemeines und spezielles Krafttraining, das er ganzjährig absolviert. Als Spitzensportler schießt Maximilian Weckmüller jeden dieser Pfeile mit einer präzise gesteuerten Motorik. Ganz nebenbei bewältigt er das mehrere Kilo schwere Eigengewicht des Sportbogens. Dass auch das Ziehen der Pfeile ein Kraftakt ist, wissen wir spätestens seit dem Ende des 3. Kapitels. Dieses Beispiel verdeutlicht, warum das Bogenschießen die physische Leistungsfähigkeit fordert und den Sportdisziplinen der Kraftausdauer zugeordnet wird.

40. GRUND

Weil es ein gerechter Sport ist

Bogenschießen ist wirklich ein gerechter Sport. Fünf Argumente sollen das verdeutlichen.

Das Wetter kann dir schon manchmal übel mitspielen. Beispielsweise kann der Wind deine Pfeile aus dem Zentrum der Scheibe herauswehen, und du solltest dafür eine Taktik erarbeiten. Auch die Sonne kann dir mächtig zusetzen, wenn sie beispielsweise morgens am Wettkampfplatz tief über den Zielscheiben steht und dich förmlich erleuchtet. Wenn du nun keine Sonnenbrille oder eine Mütze mit einem Blendschutz im Gepäck hast, wirst du womöglich nicht einmal zielen können. Wenn es regnet oder kalt ist, solltest du die passende Kleidung im Gepäck haben, die du möglichst schon im Training getestet hast. Gegen das Wetter kannst du dich also rüsten, nur solltest du niemals dem Wetter die Schuld geben, wenn das Schießen so gar nicht klappt. Natürlich können bei extremen Wetterlagen die Ergebnisse schon mal niedriger ausfallen. Doch Bogenschützen, die auch bei wechselnden Wetterlagen trainieren, werden im Wettkampf von diesen Erfahrungen profitieren. Im Schießergebnis spiegelt sich also auch die Fähigkeit zur Bewältigung von Wetterlagen wider. Notiere den ersten Gerechtigkeitspunkt, weil alle Bogenschützen im Wettkampf unter den gleichen Bedingungen schießen.

Es kann dir passieren, dass du zwei Bogenschützen auf einem Wettkampf beobachtest, die dich nachdenklich stimmen. Der eine schießt mit einer eleganten Bewegungstechnik, doch seine Ergebnisse sind eher dürftig. Ganz anders läuft es bei dem zweiten Bogenschützen, der die Pfeile förmlich in die gelbe Scheibenmitte reißt und in puncto Bewegungstechnik kein Musterbeispiel darstellt. Gäbe es eine B-Note für die kunstvolle Ausführung der Bewegungstechnik, würde der »Reißer« wohl als Verlierer aus dem Rennen gehen. Doch die B-Note mit ihrer subjektiven Bewertung gibt es im Bogensport nicht. Als Sieger wird der Bogenschütze hervorgehen, der die beste Ringzahl präsentiert. Dafür gibt es den zweiten Gerechtigkeitspunkt. Angemerkt sei aber, dass in der Regel die Schützen die höchste Ringzahl präsentieren, die über eine stabile Schießtechnik verfügen. Das macht die B-Note zudem überflüssig.

Nichts ist im Bogensport so ehrlich wie deine Pfeile. Sie zeigen dir schon im Flug, ob deine Bewegungstechnik sauber war. Das Einschlagszenario deiner Pfeile an der Scheibe spiegelt aber auch deine mentalen Fähigkeiten wider. Wenn das Equipment sauber aufeinander abgestimmt ist, sagen dir deine Pfeile, dass alles gut passt, weil sie dann die dichtesten Gruppen an der Scheibe bilden. Gelegentlich stellen sie dich vor ein Rätsel und können dich zum Verzweifeln bringen. Doch hast du die Lösung gefunden, sind es wieder die Pfeile, die es verkünden werden. Deine Pfeile werden dich niemals täuschen! Und weil wir Ehrlichkeit mögen, gibt es den dritten Punkt für die Gerechtigkeit.

Beim Bogenschießen lernst du schon mal Sportler kennen, die eine besondere Liebe zu Markenprodukten in formschönen Designs entwickeln und dafür satte Euros auf den Tresen des Händlers legen. Doch solltest du wissen, dass das eingesetzte Equipment nur sehr bedingt einen Einfluss auf das Schießergebnis hat. Beim Europäischen Junioren-Cup im kroatischen Poreč fielen mir Jugendliche aus der Ukraine auf, deren Heimatland noch immer unter den Folgen des Krieges leidet. Sie traten im Gegensatz zu ihrer Konkurrenz aus den anderen europäischen Nationen mit älteren Sportbögen an, die wohl schon häufiger den Besitzer gewechselt hatten. Visiere und Stabilisatoren trugen nicht die Logos der großen Markenhersteller – sie waren zum Teil von Fachkundigen aus der

Szene des ukrainischen Bogensports selbst hergestellt. Ganz sicher waren die Bögen und Pfeile dieser Jugendlichen gut aufeinander abgestimmt. Doch was diese Bogenschützen so überragend machte, war die Qualität ihrer Bewegungstechnik, die sie von guten Trainern in der Ukraine gelernt hatten. Damit punkteten sie auf dem internationalen Wettkampffeld. Dieser Gerechtigkeitspunkt enthält eine soziale Note, weil nicht die Ausstattung des Geldbeutels und das damit zu finanzierende Equipment, sondern überwiegend die Fähigkeiten des Bogenschützens über das Ergebnis bestimmen.

Und sollte sich dennoch mal im Wettkampf eine Ungerechtigkeit anbahnen, weil du deinen Pfeil schon in der 10 siehst, während der Schreiber eine 9 in den Ergebniszettel eintragen möchte, stehen dir die Kampfrichter jederzeit beiseite. Sie prüfen die genaue Trefferlage des Pfeils. Für die Neutralität der Kampfrichter gibt es einen besonders großen Gerechtigkeitspunkt.

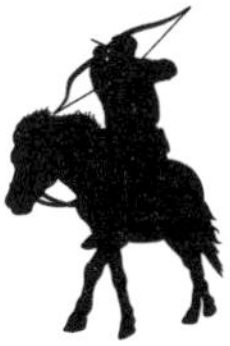

41. GRUND

Weil es den Flow gibt

Ein ganz besonderes Pech könnte dich allerdings ereilen, wenn dein schärfster Konkurrent einen Flow erlebt. Du selbst stehst dem machtlos gegenüber und kannst nur noch tatenlos zusehen, wie dieser Bogenschütze das Motto »Alle ins Gold« in die Vollendung treibt. Der Flow wird von Sportwissenschaftlern auch als YIPS bezeichnet und kommt bei allen Präzisionssportarten vor. Im Flow fließen die Bewegungen. Sie verschmelzen zum Optimum. Der Flow katapultiert den Sportler in eine andere Bewusstseinsebene, in der kein Zweifel existiert. Schon beim Anheben des Bogens dominiert die Gewissheit, dass sich der Pfeil seinen Weg in die goldene Scheibenmitte bahnen wird. Der Flow wird durch ein beglückendes Gefühl begleitet und trägt den Sportler förmlich zur Top-Leistung.

Bei diesem mentalen Zustand der absoluten Konzentration geht der Sportler restlos in seiner Tätigkeit auf. Dummerweise kannst du diesen Zustand nicht trainieren oder bewusst herbeiführen. Der Flow kündigt sich auch nicht an. Er kommt und geht nach seinem eigenen Befinden, und du kannst glücklich sein, wenn er dich während eines Wettkampfes begleitet. Die meisten Sportler erleben den Flow leider niemals.

Claudia Meckfessel aus Osnabrück erlebte den Flow bereits. Sie verwandelte die Publikumsränge der Deutschen Meisterschaft 2014 in Winsen an der Luhe in einen wahren Hexenkessel, als sie vom Flow förmlich durch das Finale getragen wurde. Der Grund für das entfachte Spektakel lag einfach in der Tatsache, dass Claudia Meckfessel als Lokalmatadorin antrat, um in den Finalrunden der Crème de la Crème des deutschen Bogensports die Stirn zu bieten. »*Was in diesen Wettkampf geschah, habe ich erst Tage später realisiert*«, sagt die Sportlerin heute. Claudia hatte zunächst mit 552 von 600 möglichen Ringen ein gutes Ergebnis in der Qualifikationsrunde geschossen und zog damit in das Achtelfinale ein.

Die Finalrunden sind Duelle, in denen zwei Sportler gegeneinander antreten. Nach einer Passe mit drei Wertungspfeilen erhält der Sportler zwei Satzpunkte, der die höhere Ringzahl erreicht hat. Bei Ringgleichheit erhält jeder Sportler einen Punkt. Als Sieger des Matches geht der Sportler hervor, der zuerst sechs Satzpunkte verbucht. Bei einem Unentschieden von 5:5 klärt ein Stechpfeil den Sieger des Duells. Man könnte aber auch sagen, dass der Sportler als Sieger hervorgeht, der in einem solchen Duell die besseren Nerven zeigt. Und im Flow stehen deine Karten mehr als günstig.

Im Achtelfinale standen acht Paarungen mit insgesamt 16 Bogenschützinnen auf der Schießlinie. Claudia Meckfessel war eine dieser Bogenschützinnen und konnte dieses erste Match mit 6:4 für sich entscheiden. Ihre Chancen sanken allerdings gegen null, als sie im Viertelfinale gegen eine Nationalkadersportlerin antreten sollte. Als nun die Lokalmatadorin der Spitzensportlerin Paroli bot, schlug sich das Publikum auf Claudias Seite und tobte nach jedem geschossenen Pfeil. Die Emotionen des Publikums waren keinesfalls gegen die sympathische Nationalkaderschützin gerichtet. Es war eher so, dass sich im sozialen Gefüge der Publikumsränge eine Empathie für die vermeintlich schwächere Bogenschützin aufbaute. Claudia war im Flow und warf die Top-Athletin gnadenlos aus dem Rennen. »*Wie in einer Trance lief alles förmlich von selbst. Nicht einmal das Publikum nahm ich wahr*«, sagt die Sportlerin aus Osnabrück, wenn sie sich an diesen Tag erinnert. Es folgten zwei weitere Duelle gegen Nationalkaderschützinnen. Claudia trumpfte immer wieder mit guten Passen auf und entwickelte sich zur Gefahr für ihre Kontrahentinnen. Trotzdem reichte es am Ende nur zum vierten Platz. Doch ohne Zweifel war Claudia Meckfessel an diesem Tag des Publikums Liebling.

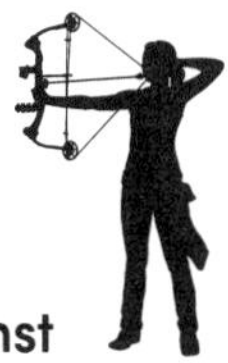

42. GRUND

Weil du nach den Sternen greifen kannst

Es gibt sie noch, die Sternturniere. Sie umfassen den ehemaligen Wettkampfmodus der Olympischen Spiele. Auf vier Distanzen werden jeweils 36 Wertungspfeile geschossen. Die Herren schießen 90 und 70 Meter auf eine Scheibe im Durchmesser von 122 Zentimeter, anschließend 50 und 30 Meter auf eine Scheibe im Durchmesser von 80 Zentimeter. Damen starten mit 70 Meter, gefolgt von 60, 50 und 30 Meter. Für Kinder, Jugendliche und Senioren gibt es auf den Sternturnieren altersgerechte Entfernungen. Seit der Wettkampfmodus vom Internationalen Olympischen Komitee auf die 70 Meterdistanz umgestellt wurde, gilt das Sternturnier mit seinen vier Distanzen als aussterbende Disziplin. Solltest du dich dafür entscheiden, noch an einem der Sternturniere teilzunehmen, solltest du einen kompletten Tag einplanen. Die beiden weiten Distanzen werden vormittags geschossen, nach der Mittagspause folgen die kurzen Distanzen. Abends gegen 19 Uhr startet die Ehrung der Sieger. Du wirst an diesem Tag rund zwei Kilometer zwischen der Schießlinie und den Scheiben hin- und herlaufen, um die Ergebnisse zu notieren und die Pfeile zu holen. Hinzu kommen die Wege zum Grill und den Kaffee- und Kuchenständen, deren Wegstrecke maßgeblich von deinem Appetit bestimmt wird. Für die Herren ist die 90-Meter-Distanz eine echte Herausforderung. Pfeile, die auf 70 Meter noch im roten Bereich der Scheibenauflage landen würden, streuen bis zur 90-Meter-Distanz mal locker in den blauen Bereich, der dir nur noch fünf oder sechs Ringe auf dem Ergebniszettel einbringt. Auf jeder Distanz kannst du maximal 360 Ringe und damit insgesamt 1.440 Ringe erzielen. Auch wenn du nicht zu den Siegern eines Sternturniers zählst, darfst du dich über einen »Bogenstern« freuen, falls du festgelegte Ergebnismarken überschreitest. Mit mindestens 1.000 Ringen erhältst du den ersten Bogenstern aus goldglänzendem Metall, der die farbenfrohe Zielscheibe des Bogensports als Emaille trägt. Der Stern wird gerne als Trophäe am Köcher getragen und deutet auf die Leistungsklasse des Bogenschützen hin, ähnlich wie ein Schwimm- oder Sportabzeichen. Dazu paart sich gerne auch der Bogenstern auf schwarzem Grund, den du mit 1.100 Ringen entgegennehmen darfst. Es folgen der 1.200er-Stern auf blauem Grund und der 1.300er-Stern auf rotem Grund. Nur die Hautevolee des Bogensports erreicht höhere Ergebnisse und darf den gelben Bogenstern tragen, der mit 1.350 Ringen an deinen Köcher wandert. Die Krönung erreichte mit dem olympischen Recurvebogen nur die südkoreanische Bogenschützin Park Sung-Hyun, die am 10. Oktober 2004 beim 85. National Sports Festival Archery Tournament 1.405 Ringe schoss und mit dem purpurfarbenen Bogenstern geehrt wurde. Zehn Jahre später erzielte ihr Landsmann Kim Woojin in der Herrenklasse immerhin 1.391 Ringe und verpasste den purpurfarbenen Stern um neun Ringe. Doch diese neun Ringe draufzusatteln ist gewiss keine Kleinigkeit.

Für Bogensportler, die mit den präziseren, aber nicht olympischen Compoundbögen schießen, gibt es Compoundsterne. Mit diesen Bögen knacken die Sportler deutlich höhere Ringzahlen. Die Kolumbianerin Sara Lopez holte sich im Jahre 2015 den purpurfarbenen Bogenstern mit 1.424 Ringen, im Jahre 2009 schoss Peter Elzinga aus den Niederlanden 1.419 Ringe. Sie halten damit die Weltbestmarken ihrer Klasse.

Lediglich einen halben Tag benötigst du für ein Scheibennadelturnier, das die Distanzen der olympischen Runde umfasst. Bei zwei Runden mit jeweils 36 Wertungspfeilen auf 70 Meter kannst du maximal 720 Ringe schießen. Mit dem präziseren Compound schießen die Bogenschützen jeweils 50 Meter. 500 Ringe bringen dir die weiße Scheibennadel an deinen Köcher. Es folgen die schwarze Scheibennadel mit 550 Ringen, die blaue Scheibennadel mit 600 Ringen und die rote Scheibennadel mit 650 Ringen. Nur Ausnahmesportler wie die Olympiazweite Lisa Unruh und ihr Freund Florian Kahllund konnten mit dem Recurvebogen die Hürde von 675 Ringen für die goldene Scheibennadel übertrumpfen. Mit der Scheibennadel in Purpur schmückt sich seit den Olympischen Spielen in Rio de Janeiro allein der Südkoreaner Kim Woojin, der die erforderlichen 700 Ringe exakt ablieferte und damit auch die neue Weltbestmarke festlegte.

Während die Sternabzeichen nur in der Freiluftsaison geschossen werden können, gibt es für die Scheibennadeln auch eine Wettkampfform auf den kurzen Hallendistanzen.

43. GRUND

Weil es Sporthallen gibt

»*Kalte Füße sind lästig, besonders die eigenen*«, vermerkte Wilhelm Busch. Schlimmer noch sind beim Bogenschießen allerdings die auskühlenden Muskelgruppen an den Schultern und Armen. Hilfe verspricht eine wärmende Oberbekleidung. Diese sollte dicht am Körper anliegen, damit die Sehne nach dem Lösen berührungsfrei nach vorne schwingen kann. Schränkt die Bekleidung die Bewegungsfreiheit ein, weil sie beispielsweise unter Spannung am Oberkörper sitzt, verliert der Bogenschütze sein fein nuanciertes Bewegungsgefühl. In beiden Fällen werden die Schießergebnisse heruntergesetzt. Bei Temperaturen von unter zehn Grad Celsius genügt eine Trainingsjacke nicht mehr, um die Muskulatur warm zu halten, und es droht eine Muskelzerrung.

Traditionelle Bogenschützen lieben die Natur und lassen sich von der Kälte nur selten abschrecken, ihren Waldparcours auch im Winter zu besuchen. Einen besonderen Spaß gönnen sich zahlreiche Vereine beim Neujahrsschießen, das mit viel Glück vom rieselnden Schnee begleitet wird. Zum Aufwärmen gibt es Glühwein und heißen Kakao am Lagerfeuer. Auch wenn die kalten Finger die Sehne nicht geordnet freigeben möchten und deshalb die Schießergebnisse außerhalb jeder Glanzleistung stehen, macht dieses Spektakel richtig viel Spaß. Wird ein solches Neujahrsschießen in deiner Region angeboten, solltest du dir das auf keinen Fall entgehen lassen. Zieh dir dafür aber eine warme Jacke an.

Wettkampfsportler allerdings ziehen sich für das Training jährlich ab dem Oktober in Sporthallen oder in vereinseigene Bogensporthallen zurück. Sie tun das nicht, weil sie etwa Weicheier sind, sondern aus einer ganzen Reihe von guten Gründen. Die Hallensaison bietet zahlreiche Wettkämpfe sowie eine eigenständige Meisterschaftsserie, die von der Vereins-, Kreis-, Bezirks- und Landes- bis hin zur Deutschen Meisterschaft reicht. Auf dem internationalen Parkett warten Europa- und Weltmeisterschaften sowie eine Indoor-World-Cup-Serie. Die typische Wettkampfentfernung liegt bei 18 Meter. Veranstalter, die auf eine besonders große Sporthalle zurückgreifen können, bieten auch Wettkämpfe auf die 25-Meter-Distanz an. Die Sporthallen werden mit Pfeilfangnetzen ausgestattet, die einen Pfeil, der das Ziel verfehlt, sanft auffangen.

Und hält der Winter dann doch einen sonnenreichen Tag mit angenehmen Temperaturen bereit, tummeln sich die Bogenschützen für eine Sondertrainingseinheit an den Bogensportplätzen.

Weil die Außensaison die bedeutendsten Wettkämpfe einschließlich der Olympischen Spiele bereithält, wird die Hallensaison besonders intensiv genutzt, um die Bewegungstechnik auszufeilen. Zum Frühjahr gehen die Bogenschützen dann mit ihrer optimierten Bewegungstechnik zurück zur Königsdisziplin, die mit Wind, Regen, Temperaturunterschieden und Sonnenblendungen besondere Herausforderungen bereithält.

44. GRUND

Weil sich die Fans der Bundesliga niemals prügeln

Stell dir mal vor, du fährst mit deinem achtjährigen Neffen zur Bundesliga und brauchst dir keine Gedanken darüber zu machen, dass der Filius womöglich eine unfreiwillige Lehrstunde über die schlimmsten Schimpfwörter erhält. Auch werden am Stadion keine Flaschen fliegen, und die Wahrscheinlichkeit, dass sich neben euch eine Prügelei ereignet, liegt bei null. Wenn du also ein friedliches und spannendes Bundesligafinale erleben willst, solltest du zum Bogenschießen fahren.

Jedes Jahr zum Winter startet die Ligasaison als Mannschaftswettbewerb in eine neue Runde. Steigen Vereine in das Liga-Schießen ein, starten sie zunächst in einer regionalen Liga und können sich mit einer Spitzenposition zum Ende der Ligasaison ihren Startplatz in der nächsthöheren Liga sichern. Die deutschen Top-Teams duellieren sich jährlich in der 1. Bundesliga. Jedes Team besteht aus mindestens drei Bogenschützen. Um einen Spielerwechsel vollziehen zu können, sind die Teams in der Regel stärker besetzt. Es gibt Damenteams, Herrenteams und Teams, in denen Damen und Herren gemeinsam antreten. Sie alle schießen in nur einer Klasse. Das Ziel der Teams sind 18 Meter entfernte Spots. Dabei handelt es sich um längliche Papierauflagen, auf denen jeweils drei Zielpunkte gedruckt sind. Abweichend von der üblichen Zehnerringscheibe enden die Ringe mit der blau hinterlegten Sechs. Treffer außerhalb des äußeren Rings werden als Fehltreffer gewertet. Jedes Team schießt auf eine Scheibe mit zwei dieser Papierauflagen.

Beim Liga-Schießen ist Tempo gefragt. Zum Beginn eines Satzes schießt der erste Bogenschütze des Teams wahlweise einen oder zwei Pfeile, verlässt danach zügig die Schießlinie und wird vom zweiten Schützen des Team abgelöst, der sofort den nächsten Pfeil nachlegt. Auf keinen Fall dürfen die Teams außerhalb des engen Zeitlimits geraten. Zum Ende eines Satzes haben die drei Teammitglieder jeweils zwei Pfeile geschossen, sodass sechs Pfeile des Teams in die Wertung gehen. Maximal 60 Ringe kann jedes Team in einem Satz erreichen, und bei den Top-Teams ist dieses Maximalergebnis keine Seltenheit. Im Duell gegen eine andere Vereinsmannschaft erhält das Team zwei Satzpunkte, das in dem Satz die höchste Ringzahl erreicht hat. Bei einem Unentschieden erhalten beide Mannschaften einen Punkt. Mit insgesamt sechs Punkten gewinnt ein Team das Match. Kraxeln die beiden Teams von einem Unentschieden in das nächste, endet das Duell spätestens nach fünf Sätzen mit einem 5:5. An einem Spieltag treten in den jeweiligen Ligen acht Mannschaften an. Zum Ende des Wettkampftages haben alle Teams gegeneinander duelliert. Eine Besonderheit gibt es in der 1. und 2. Bundesliga, denn diese Ligen teilen sich deutschlandweit in die Gruppen Nord und Süd auf. Beispielsweise verfügt die 1. Bundesliga Nord sowie die 1. Bundesliga Süd über jeweils acht Teams. Nach vier Spieltagen qualifizieren sich die jeweils vier besten Teams des Nordens sowie des Südens zum großen Bundesligafinale.

Eine spektakuläre Kulisse für das Finale der 1. Bundesliga bietet seit einigen Jahren die Sporthalle am Platz der Deutschen Einheit in

Wiesbaden. Fans reisen aus dem gesamten Bundesgebiet zum Teil in Bussen an und füllen die Zuschauerränge. Moderatoren heizen die Stimmung in der Halle an, während sich Deutschlands Top-Athleten keine Punkte schenken. Das Siegerteam des Bundesligafinales wird Deutscher Mannschaftsmeister der Hallensaison. Wer das Bogenschießen in höchster Perfektion erleben will, ist beim Bundesligafinale genau richtig. Und hier geht es gesittet zu, keine Fouls, keine Schläge und keine Beleidigungen wirst du auf dem Spielfeld oder den Tribünen erleben. So siehst du Spitzensport in Reinkultur, und ganz sicher bekommst du deinen achtjährigen Neffen ohne Blessuren zurück nach Hause. Und weil die Stars der Szene bodenständig sind, gibt's für deinen Neffen auch noch unkompliziert Autogramme.

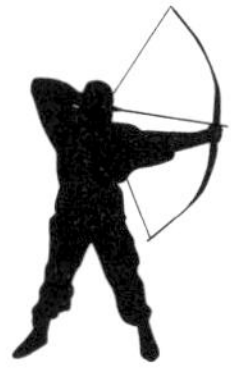

45. GRUND

Weil es neutrale Kampfrichter gibt

Die neutralen Kampfrichter sind eine echte Hilfe, und sie verhindern langatmige Diskussionen bei der Trefferauswertung an der Scheibe. Nehmen wir mal an, dein Pfeil schlug zwar im roten Bereich des Achterrings ein, doch berührt der Schaft ganz leicht die schwarze Begrenzungslinie zum gelben Neunerring. In diesem Fall gilt der Treffer als angerissen und wird bereits mit neun Ringen bewertet. Doch liegt nur der Hauch einer Differenz zwischen dem Schaft und der Begrenzungslinie, bleibt es bei acht Ringen auf dem Schießzettel. Werden sich die Bogenschützen bei der Trefferaufnahme nicht einig, wird der Kampfrichter zur Entscheidung herbeigerufen. Dieser arbeitet notfalls mit einem Vergrößerungsglas, um schließlich sein Urteil zu fällen, das für die Erfassung des Ergebnisses bindend ist.

Auf Wettkämpfen schießen bis zu vier Bogenschützen auf eine Scheibe. Zwei der Bogenschützen übernehmen pro Durchgang die

Aufgabe des Schreibers und notieren alle Treffer der Schützen auf den Schießzetteln. So gibt es bei einem Rechenfehler eines Schreibers immer noch das Ergebnis des Kontrollschreibers für den Abgleich. Die Bogenschützen sagen ihre Treffer an, und zwar beginnend mit dem Pfeil, der in der höchsten Wertungsringzahl steckt. Gelegentlich kommt es vor, dass ein Ergebnis falsch angesagt wurde und beispielsweise eine 9, 9, 8 auf 10, 9, 8 korrigiert werden muss. Es kann auch sein, dass du dich als Schreiber einfach verhört hast. Diese Änderung darf nur der Kampfrichter mit seinem roten Stift vollziehen. Ein Handzeichen genügt, und schon steht der Unparteiische mit seiner roten Jacke an deiner Scheibe. Solltest du lediglich beim Addieren der korrekt eingetragenen Ringzahlen einen Fehler machen, darfst du die Korrektur auch ohne Kampfrichter vornehmen. Schämen brauchst du dich dann nicht, denn eigenartigerweise verlieren bei einer leichten Nervosität selbst routinierte Bogenschützen ihre Fähigkeit zur Bewältigung der Grundrechenaufgaben.

Kampfrichter haben noch eine ganze Reihe weiterer Aufgaben. Du rufst sie, wenn du im Wettkampf einen technischen Defekt hast. Ist beispielsweise die Pfeilauflage gebrochen, bekommst du Zeit für eine Reparatur und kannst so anschließend deine Wertungspfeile nachschießen (ausgenommen beim Liga-Schießen). Kampfrichter prüfen vor jedem Wettkampf, ob Bögen, Pfeile und Tabs regelkonform sind. Außerdem sorgen sie für einen regelgerechten und gefahrlosen Wettkampfverlauf. Bist du freundlich zu den Kampfrichtern, wirst du ebenso freundlich von ihnen unterstützt. Und weil Sportwetten in Verbindung mit Schmiergeldzahlungen beim Bogenschießen keine Rolle spielen, kannst du dir der Neutralität der Kampfrichter gewiss sein.

46. GRUND

Weil das Training abwechslungsreich sein kann

Es könnte dir passieren, dass du am Bogenplatz eintriffst und einen Bogenschützen auf dem Vordach des Vereinsheims siehst, während er von dort oben seine Pfeile schießt. So ein Training vom Vordach kann durchaus sinnvoll sein. Denn mit variablen Trainingsinhalten holst du dich aus der Komfortzone heraus und stellst dich ungewöhnlichen Herausforderungen. Nichts ist schlimmer, als im Training immer wieder das Gleiche zu tun. Und doch gibt es Bogenschützen, die zum Trainingsgelände fahren, ihren Bogen auspacken, um dann für zwei Stunden auf die Wettkampfentfernung zu schießen, ohne jegliche Abwechslung. Anschließend packen sie ihre Siebensachen, um wieder nach Hause zu fahren. Vorsicht. Diese Monotonie im Training kann echt langweilig werden, und schlimmer noch, die Entwicklung deiner Fähigkeiten gerät in eine Stagnation. Man darf im Training auch mal verspielt sein. Zum Ende des Trainings mit den Kindern und Jugendlichen meines Vereins freuen sich alle auf Herrn Müller. Herr Müller ist ein Waschbär aus Schaumstoff, der auf den Rasen gestellt wird und von den Pfeilen der Kinder mit großer Freude beschossen wird. Nach jeder Passe wandert Herr Müller an eine andere Stelle des Platzes und freut sich auf die kommenden Pfeile. Diese simple Abwechslung macht nicht nur Kindern Spaß. Außerdem trainierst du auf diese Weise, den Bogen unter variablen Bedingungen zu beherrschen. Doch allein schon unterschiedliche Zielbilder sorgen für Abwechslung und können einen Trainingseffekt mit sich bringen. Spaßig wird es für Kinder und Erwachsene gleichermaßen, wenn über die gesamte Zielscheibe Luftballons angebracht werden. Gut, das erinnert jetzt ein wenig an eine Schießbude auf dem Jahrmarkt. Dennoch ist der Spaßfaktor groß, wenn die Pfeile krachend auf der Scheibe einschlagen. Bei diesem Luftballonschießen trainierst du spielerisch das Anhalten neben der Scheibenmitte, das du an windreichen Tagen beherrschen solltest. Neben den aufmunternden Aktionen solltest du aber immer auch noch Zeiten für ein konzentriertes Training bereithalten. Ein Beispiel für eine kreative Trainingseinheit könnte wie folgt aussehen:

Du startest mit einer Schwunggymnastik, um die Muskulatur aufzuwärmen.

Nun schießt du 30 Pfeile auf eine kurze Entfernung ohne Zielbild und verbesserst deine Bewegungstechnik. Das könnte die Stabilisierung der Bogenschulter sein.

Für die folgenden 60 Pfeile suchst du dir einen Matchpartner und schießt im Training einen kleinen Testwettkampf aus. Bist du allein am Trainingsplatz, schießt du gegen deinen persönlichen Rekord.

Für zehn Pfeile bleibst du mindestens zehn Sekunden in der Halteposition (Zielphase), um deine spezielle Kraft zu trainieren.

Anschließend schießt du 30 Pfeile ohne die Belastung und trainierst deinen dynamischen Bewegungsfluss.

Zum Ende des Trainings schnappst du dir Herrn Müller.

Du kannst beispielsweise auch mal ein Match auf eine kurze Distanz gegen einen Trainingspartner schießen, bei dem ihr vom Rechts- auf einen Linkshandbogen wechselt. Selbst diese Variante hat einen interessanten Trainingseffekt, weil dir durch den Seitenwechsel die bereits automatisierten Bewegungen noch einmal bewusst werden. In der deutschen Nationalmannschaft wird mit einem solchen Seitenwechsel ein spezielles Testverfahren durchgeführt.

Es war Albert Einstein, der eine besondere Definition des Wahnsinns formulierte. Demnach ist Wahnsinn, wenn du immer wieder das Gleiche tust und andere Ergebnisse erwartest. Ein Mittel gegen diesen Wahnsinn ist die Kreativität bei der Ausgestaltung des Trainings. So förderst du nicht nur den Spaß, sondern auch die Weiterentwicklung deiner Fähigkeiten als Bogenschütze.

47. GRUND

Weil es Schießspiele gibt

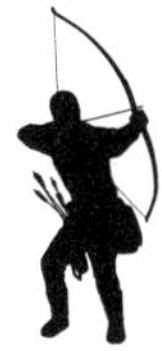

Bogenschützen lieben die *Fuchsjagd.* Doch sei ganz beruhigt, denn keine echten Tiere müssen bei dieser Jagd ihr Leben lassen. Es könnte dir sogar passieren, dass du dich selbst in der Rolle des Fuchses wiederfindest, und dafür musst du nicht einmal in ein albernes Kostüm schlüpfen, kannst es aber, wenn es dir besonders gut steht. Zur Fuchsjagd treffen sich mindestens zwei Bogenschützen, der Spaßfaktor steigt, wenn die Teilnehmerzahl größer ist. Der Fuchs legt einen Pfeil vor, und das erzielte Ergebnis ist sein Bonus. Nun steigen die Jäger mit ein. Fuchs und Jäger schießen in den folgenden Passen jeweils drei oder sechs Pfeile. Das Ziel der Jäger: Sie wollen den Vorsprung des Fuchses einholen. Gelingt das einem Jäger innerhalb von zehn Passen, ist er der Sieger und übernimmt die Rolle des Fuchses im nächsten Spiel. Kann der Fuchs seinen Vorsprung halten, geht er als Sieger aus der Jagd. Dieses Spiel ist ein Vergnügen für Jung und Alt.

Tick-Tack-Toe kannst du auch mit Pfeil und Bogen spielen. Hier allerdings musst du deine Strategie mit einer guten Treffsicherheit paaren, um als Sieger aus dem Spiel zu gehen. Vorbereitend wird das typische Spielfeld mit drei mal drei Feldern auf ein Papier gezeichnet und an der Scheibe befestigt. Bei diesem Zweipersonenspiel gewinnt der Bogenschütze, der als Erster drei seiner Pfeile in eine Zeile, Spalte oder Diagonale platzieren konnte.

Unkompliziert umzusetzen ist der Spielwettkampf auf eine *halbe Scheibe.* Daran können beliebig viele Bogenschützen teilnehmen. Eine 10er-Ringscheibe aus Papier wird in der Mitte gefaltet und als halbe Scheibe zum Abschuss freigegeben. Zuvor wird allerdings noch die Anzahl der Wertungspfeile festgelegt. Mutige Bogenschützen können viele Ringe sammeln, wenn sie die Höchstringzahl 10 anzielen, verlieren allerdings viele Ringe, wenn der Pfeil außerhalb der halben Scheibe landet. Besser könnte es für Strategen laufen, die auf Nummer sicher gehen und auf die roten Halbringe zielen. Bei einem Treffer fällt das Ergebnis zwar nicht ganz so hoch aus, doch reduziert sich die Gefahr, die halbe Scheibe komplett zu verfehlen. Als Sieger geht der Bogenschütze hervor, der zum Ende der Wertungspfeile die höchste Ringzahl erreicht hat. Strategie, Mut und eine gute Treffsicherheit machen dich zum Sieger des Spiels.

Beim *Balkenschießen* wird für 30 oder 36 Pfeile ein horizontaler Papierstreifen an der Scheibe befestigt. Die Breite des Streifens sollte so gewählt sein, dass das Treffen eine Herausforderung darstellt. Die Spielteilnehmer zählen jeweils ihre Treffer auf dem Balken. In der folgenden Runde wird der Papierstreifen vertikal an der Scheibe befestigt, und wieder werden die Treffer der Spielteilnehmer notiert. Zum Ende des Spiels siegt der Bogenschütze, der die meisten Treffer auf den Balken erzielen konnte. Dieses Spiel liefert dir neben dem Spaß noch einen wichtigen Trainingshinweis. Solltest du beispielsweise feststellen, dass du besonders wenig Treffer auf dem horizontalen Streifen hattest, trainierst du gezielt weiter auf diesen Streifen, um die Höhenstreuung der Pfeile einzugrenzen. Auch die Seitenstreuung lässt sich durch das Training auf dem vertikalen Streifen eindämmen.

Es gibt unzählige weitere Spiele für Bogenschützen, die je nach Leistungsstand angepasst werden können. So lässt sich zum Ende des Trainings ein spannendes Highlight setzen.

48. GRUND

Weil Schießbücher Geheimnisse bereithalten

Es gibt sie als einfache Notizblöcke mit Spiralheftung oder als edle Moleskine Notizbücher, schlicht und in bunten Farben, verschnörkelt und mit Aufklebern zugepflastert. In manchen Schießbüchern sind die Einträge analytisch und strukturiert mit diversen

Berechnungen versehen, in anderen dominieren Stichpunkte oder scheinbar zusammenhanglose Zeichnungen. Wenn es regelmäßig geführt wird, nimmt das Schießbuch den Status eines Trainingstagebuches ein. Niemals solltest du ungefragt das Schießbuch eines Bogenschützen lesen. Vielleicht würdest du die Eintragungen auch erst decodieren müssen, um sie zu verstehen. Manchmal ist das Vertrauensverhältnis des Bogenschützen zu seinem Trainer so groß, dass zumindest er die persönlichen Aufzeichnungen lesen und auswerten darf. Im Schießbuch finden sich Einträge zu den Schießergebnissen, abgeleitete Konsequenzen für die nächsten Trainingseinheiten, emotionale Stimmungen und Bewältigungsstrategien, persönliche Rekorde, Visiereinstellungen und Notizen über Veränderungen am Equipment, die jederzeit gewährleisten, dass Einstellungen im Bedarfsfalle reproduzierbar sind. Ein Schießbuch kann Skizzen von Bäumen oder von Hängebrücken enthalten, wie etwa von der Golden Gate Bridge, die möglicherweise mit ihren gebogenen Spannseilen eine Analogie zur Bewegung der Zughand während des Auszugs der Sehne herstellt. Das Schießbuch findet einen Platz im Köcher vieler Bogenschützen und ist mit all den Aufzeichnungen ein wichtiger Ratgeber. Wenn es mal gar nicht gut läuft, findet der Bogenschütze im Schießbuch immer wieder seine selbst erarbeiteten Lösungsansätze. Schießbücher sind so individuell wie die Persönlichkeit ihrer Besitzer. Und sie enthalten alle Geheimnisse, die sich der Bogenschütze für die bestmögliche Bewältigung des Trainings und Wettkampfes bereithält.

49. GRUND

Weil es kein wirksames Dopingmittel gibt

Es wurden schon junge Sportler gesichtet, die tief in der Nacht auf den Gängen von Hotels auf und ab marschierten, um ihre Blutzirkulation anzuregen. Grund für die nächtlichen Spaziergänge waren die verabreichten Dopingmittel. Sie hemmten die Blutzirkulation, und durch die Spaziergänge verhinderten die Sportler Thrombosen. Zur Beruhigung sei angemerkt, dass es sich nicht um Bogensportler handelte. Der Schwarzmarkt rund um das Doping einschließlich der Erforschung neuer und nicht nachweisbarer Substanzen ist weltweit ein Bombengeschäft. Die Vergangenheit zeigte bei dopingaffinen Sportdisziplinen eindrucksvoll, dass scheinbar diejenigen zur sportlichen Mittelmäßigkeit verdammt sind, die sich im Gegensatz zu ihrer Konkurrenz dem Sumpf des Dopings verwehrten. Doping hebelt die Chancengleichheit im sportlichen Wettbewerb aus. Für Charakterstärke allein gibt es leider keine Medaillen. Würden sich die Dopinglabore nur noch um die Bogenschützen kümmern, müssten sie allesamt ihre Arbeit einstellen, denn hier lässt sich nichts verdienen. Bis zum heutigen Tag gibt es kein wirksames Dopingmittel, das die Leistung eines Bogenschützen steigern würde. Weder aufputschende noch dämpfende Wirkstoffe befördern den Bogenschützen in seinen optimalen Aktivierungszustand, den er für die Spitzenleistung benötigt. Bogenschießen ist für die Dopingpanscher ganz sicher auch deswegen kein einträgliches Geschäftsmodell, weil hier keine millionenschweren Finanzströme fließen. Das macht das Bogenschießen für die Kriminellen des Dopingsumpfes unattraktiv. Unabhängig von der leistungshemmenden Wirkung im Bogenschießen gibt es Substanzen, die von den Dopingagenturen auf die Verbotsliste gesetzt wurden.

Niemals solltest du vor oder während eines Wettkampfes einen Joint rauchen oder eine Line Crystal Meth auf dem Bogenkoffer zubereiten. Alle illegalen Drogen sind (ganzjährig) verboten und wirken keinesfalls leistungsfördernd.

Schwankst du mit dem Flachmann im Köcher zu den Scheiben, darfst du den Wettkampf beenden. Schon aus Gründen der Sicherheit gilt bei den Bogensportwettkämpfen ein striktes Alkoholverbot. Das Zielwasser wird dir ganz sicher keine zusätzlichen Punkte einbringen, außer in Flensburg, falls du bei der Rückfahrt am Steuer deines Autos erwischt wirst.

Betablocker senken den Blutdruck und die Ruhefrequenz des Herzschlags. Sie stehen auf der Verbotsliste der Bogenschützen, dürfen aber im Einzelfall bei medizinischer Notwendigkeit und nach erfolgter Genehmigung durch die Dopingagentur verwendet werden.

Dann gibt es noch eine Reihe von Wirkstoffen, die disziplinübergreifend verboten sind, wie verschiedene Stimulanzien, Narkotika, anabole Wirkstoffe, Diuretika, Peptidhormone, Mietika und entsprechende Wirkstoffe. Verfahren wie Blutdoping, pharmakologische, chemische und physikalische Manipulation stehen auch auf der Verbotsliste der Bogenschützen.

Ein Dopingverstoß könnte allerdings schon vorliegen, wenn du eine verbotene Substanz mitführst. Und nun wird es haarig. Aspirin beispielsweise ist erlaubt, Aspirin Complex steht auf der Verbotsliste der Dopingagentur. Es enthält verbotene Wirkstoffe! Glücklicherweise führt die Nationale Anti Doping Agentur Deutschland (NADA) im Internet eine abrufbare Medikamentendatenbank, die dir verrät, ob deine Medikamente verbotene Wirkstoffe enthalten. Immer dann kann der Sportler mit einem ärztlichen Attest die erforderliche Einnahme der NADA im Vorfeld der Wettkämpfe mitteilen. Die NADA erteilt in begründeten Einzelfällen eine Ausnahmegenehmigung. Dopingkontrollen werden auch auf Deutschen Meisterschaften durchgeführt. Verweigerst du die Urinprobe oder versuchst die Kontrolleure davon zu überzeugen, dass du ganz sicher der falsche Kandidat für die Probe bist, liegt bereits eine unerlaubte Einflussnahme der Kontrolleure und damit auch ein Verstoß nach den Dopingrichtlinien vor. Bei Dopingverstößen wird dir ein besonderer Ruhm zuteil, weil die Dopingagenturen sowie die Sportverbände dich öffentlich als Dopingsünder bekannt machen werden.

Wenn du deine Kinder sowohl von den dunkelsten Ecken städtischer Bahnhofe als auch von den Siegerpodesten dopingaffiner

Sportdisziplinen fernhalten möchtest, gehst du mit ihnen guten Gewissens zum Bogenschießen. Dieser Sport ist wirklich sauber!

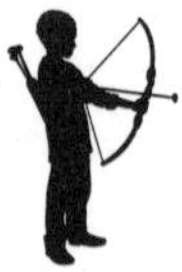

50. GRUND

Weil die Synapsen der Kinder nach einem Bogen verlangen

Am Beispiel des Bogenschießens möchte ich auf ein Phänomen hinweisen, mit dem ich als Trainer immer wieder konfrontiert werde. Es gibt tatsächlich Kinder, die fest davon überzeugt sind, dass sie bereits Bogenschießen können, weil sie es am Tablet-Computer gelernt hätten. Dass die Erfahrungen des Computerspiels nicht auf das reale Bogenschießen übertragen werden können, dürfte zumindest jedem Erwachsenen einleuchten. Jede Stunde, die ein Kind an einem Computer, Tablet oder Smartphone verbringt, reduziert die verfügbare Zeit zur Entwicklung von koordinativen Fähigkeiten. Eine schlecht entwickelte Koordinationsfähigkeit zeigt sich beim Bogenschießen besonders deutlich und beginnt schon beim Einlegen eines Pfeils in den Bogen. Der Bogen wird dann immer wieder in eine andere Hand genommen, die Kinder verändern immer wieder ihre Standposition, und Pfeile fallen zu Boden. Keinesfalls besser wird die koordinative Umsetzung der Bewegungstechnik beim Schießen. Dieses Phänomen tritt besonders ausgeprägt bei Kindern mit einer geringen Bewegungserfahrung auf.

Als ich einen Sommer lang Schulklassen an einer Jugendherberge das Bogenschießen vermittelte, zeigte sich mir ein auffälliges Bild. Die geringeren koordinativen Fähigkeiten grenzten Stadtkinder von den Kindern aus ländlichen Regionen deutlich ab. Lediglich die sportlich aktiven Stadtkinder zeigten beim Bogenschießen an der Jugendherberge durchschnittliche oder gute koordinative Fähigkeiten. Und natürlich zeigten auch einzelne Kinder aus ländlichen Regionen

Defizite in der Koordination. Ich fragte diese Kinder immer nach ihren Hobbys, und dabei zeigten sich genau die Kinder wenig koordinativ, die in ihrer Freizeit wenig Bewegungserfahrungen sammeln konnten, weil sie keinen Sport betrieben und keine Hobbys hatten.

Hirnforscher schlagen Alarm, weil sich die Gehirne von Kindern schlecht entwickeln können, wenn sie zu viel Zeit an Smartphones und Tablet-Computern verbringen. In dem Zeitraum, in dem die Synapsen des Gehirns angelegt und für das spätere Leben ausgebildet werden, ist die Bewegungserfahrung, das Greifen und das Tasten, das Riechen und das Schmecken, aber auch die zwischenmenschliche Kommunikation wichtig. Doch am Smartphone lernen Kinder lediglich, ihre Fingerspitzen über eine Glasscheibe zu bewegen. Kinder werden bei Computerspielen darauf getrimmt, reflexartig zu reagieren, sie lernen »nicht zu denken« und Lösungen zu erarbeiten. Die Kinder von Microsoft-Gründer Bill Gates bekamen übrigens erst mit 14 Jahren ihr erstes Smartphone, warum wohl? Die Folgen der digitalen Endgeräte auf die geistige Entwicklung der Kinder beschreibt der Hirnforscher Manfred Spitzer in seinem Buch *Digitale Demenz – Wie wir unsere Kinder um den Verstand bringen.* (Droemer Knaur Verlag)

Sport ist eine Möglichkeit, Kindern eine Erlebniswelt zu öffnen, die ihre Entwicklung fördert. Das Bogenschießen in der Natur zählt dazu und trägt zur gesunden Entwicklung der Kinder bei. Gerade für Kinder, die sich in Mannschaftssportarten nicht wohl fühlen, ist das Bogenschießen häufig ein idealer Sport.

51. GRUND

Weil es therapeutisches Bogenschießen gibt

Überwiegend in den 1990er-Jahren erlebte das Bogenschießen einen Aufwind in verschiedenen therapeutischen Arbeitsfeldern.

Auch in meinem Verein tummeln sich Menschen, die das Bogenschießen innerhalb einer Reha-Maßnahme kennengelernt haben und so vom Virus der fliegenden Pfeile eingefangen wurden.

So meldete sich bei mir vor einigen Jahren ein Unternehmensberater mit einer diagnostizierten Parkinson-Erkrankung. Viele Jahre spielte er leidenschaftlich Tennis. Doch wegen der einsetzenden Symptome seiner Erkrankung musste er diesen Sport aufgeben. Sein Arzt empfahl ihm schon im Frühstadium der Erkrankung das Bogenschießen, weil er hier die Feinmotorik trainiert. Er probierte das Bogenschießen aus und fand schließlich eine neue sportliche Leidenschaft.

Ein Schüler hatte eine Störung des Redeflusses und wurde in der Schule als Stotterer gehänselt. Der Therapeut empfahl dem Jungen eine Präzisionssportart. Das Bogenschießen faszinierte den Jungen, und er konnte nach einigen Monaten fließend sprechen. Später entwickelte er sich zu einem herausragendem Bogenschützen, der sein Selbstbewusstsein bei zahlreichen Turniersiegen stärken konnte.

Immer mehr Reha-Zentren bieten den Patienten mit einer Burn-out-Erkrankung das Bogenschießen als Therapieform an. Die Patienten profitieren von der mentalen Entspannung des Sports. Seit längerem bekannt ist der Einsatz des Bogenschießens in der Therapie zur Kräftigung der Rückenmuskulatur nach einem Bandscheibenvorfall. Ein anderes Therapiefeld ergibt sich bei hyperaktiven Kindern, die schon nach wenigen Trainingsstunden im Bogenschießen konzentrierter und aufmerksamer werden.

»Das Denken, Fühlen und Handeln wird durch ein physiologisches, neurophysiologisches und psychologisches Zusammenspiel gefördert und zeigt beim Bogenschießen einen therapeutischen Effekt«, sagt Gerd Bechtel aus dem bayerischen Ellerbach. Er gibt Kurse im therapeutischen Bogenschießen und beschreibt das Bogenschießen als ein passendes Medium, um

- die Konzentrations- und Koordinationsfähigkeit zu steigern
- die Körpersensibilität, Wahrnehmung zu stärken

- die Achtsamkeit auszuprägen
- die systematische Desensibilisierung aufzubauen
- die kognitiven und sozialen Fähigkeiten zu fördern
- Hyperaktivität durch Entschleunigungsprozesse entgegenzuwirken
- die eigene Wertschätzung und Beziehungsfähigkeit zu vertiefen

Beim Bogenschießen lernst du den Umgang mit Stressoren, um Überforderungen zu vermeiden. Als ein Medium lernst du die Standfestigkeit und findest Antworten auf die Frage, wie du im Leben stehst. Das »Loslassen« von alten Denk- und Verhaltensmustern und die Wertschätzung sowie der Umgang mit der eigenen Zielorientierung erfahren beim Bogenschießen eine therapeutische Wandlung.

Als Gesundheits- und Bewegungssport erhält und erhöht das Bogenschießen leistungs- und vitalitätsbeeinflussende Hormone. Es wirkt bei der Haltungsprophylaxe und beugt Wirbelsäulenerkrankungen vor. Jeder Bogenschütze nutzt bereits die umfassenden Vorzüge des Bogenschießens und profitiert so von der vorbeugenden Wirkung dieses Gesundheitssports.

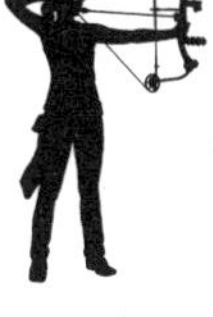

52. GRUND

Weil selbst erblindete Menschen mit Pfeil und Bogen schießen

In meiner Region sagten wirklich alle, dass erblindete Menschen beim Bogenschießen nicht treffen können. Dann kam einer, der das nicht wusste, und hat's einfach gemacht. Und das war Claus Meier. Ich zumindest traute meinen Augen nicht, als ich vor einigen Jahren erstmals zusehen durfte, wie Claus Meier mit Pfeil und Bogen auf die 18 Meter entfernte Scheibe schoss und jeden seiner Pfeile in der farbenfrohen Ringscheibe versenkte. Der gelernte Maschinenschlosser verlor sein Augenlicht gänzlich, als bei der Bestrahlung eines Tumors sein Sehnerv irreparabel geschädigt wurde. Claus ist überaus selbstbewusst und von kräftiger Statur, wie man es von einem Maschinenschlosser erwartet. Und er trägt eine Brille, wie man es von einem Erblindeten nicht erwartet. Doch die Brillengläser schützen seine Augen, sollte er vor einen spitzen Gegenstand laufen. Das Zusammenbauen seines dreiteiligen Sportbogens beherrscht Claus Meier im wörtlichen Sinne blind. Ein Visier schraubt er freilich nicht an das Mittelteil, denn seine Ausrichtung des Bogens gelingt ihm mithilfe einer anderen technischen Hilfe. An der Schießlinie steht ein Stativ mit einem höhen- und seitenverstellbaren Ausleger. Wenn Claus Meier den Bogen auszieht, platziert er den Handrücken am Ende des Auslegers. Passt die Bewegungstechnik, trifft er die Scheibe genauso, wie ein sehender Bogenschütze. Sammeln sich die Pfeilgruppen neben dem Zentrum der Scheibe, gibt es einen Hinweis vom Trainer, und so kann die Position des Auslegers korrigiert werden. Obwohl Claus Meier nicht an die Schießergebnisse der sehenden Bogenschützen herankommt, fasziniert ihn der Sport: *»Ich mag das Geräusch der einschlagenden Pfeile. Schon am Ton erkenne ich, ob der Pfeil die weichgeschossene Mitte getroffen hat oder außerhalb des Zentrums liegt.«* Gute Pfeilgruppierungen an der Scheibe machen sich durch das Rasseln der aneinanderschlagenden Schäfte bemerkbar. Claus Meier ist nicht der einzige Bogenschütze ohne Augenlicht, der von diesem Sport begeistert ist. Die besten von ihnen messen sich bei den Para-Weltmeisterschaften sowie bei Paralympischen Spielen. Sie alle zeigen eindrucksvoll, wie die Grenzen des scheinbar Unmöglichen mit Leidenschaft und dem festen Glauben an die eigenen Fähigkeiten gesprengt werden können.

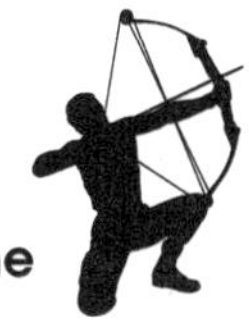

53. GRUND

Weil du mit Pfeil und Bogen das Deutsche Sportabzeichen ablegen kannst

Kraft, Ausdauer, Schnelligkeit, Beweglichkeit und Koordination sind sportliche Leistungen, die bei den Prüfungen für das Deutsche Sportabzeichen getestet werden. Alte Hasen des Sports lassen sich jedes Jahr aufs Neue für das Sportabzeichen des Deutschen Olympischen Sportbundes begeistern und legen fleißig ihre Prüfungen ab. Wenn diese Sporthasen dann allerdings vom Kugelstoßen, Steinstoßen oder beispielsweise dem Schlagball eine Abwechslung suchen, können sie in der Gruppe 4 der Disziplinen auch zu Pfeil und Bogen greifen. Im Jahre 2005 wurde das Bogenschießen als Alternativdisziplin der Gruppe 4 in die Prüfungsrichtlinie aufgenommen. Geschenkt bekommt man das begehrte Abzeichen allerdings nicht. Mit dem Recurvebogen beispielsweise müssen die Sportler im Alter zwischen 21 und 49 Jahren auf die 18-Meter-Hallendistanz mindestens 500 von 600 möglichen Ringen erreichen. Geschossen wird auf die verflixten Spots, die mit der Sechs als äußerstem Wertungsring enden. Talentierte Bogenschützen können nach einem intensiven Trainingsjahr ein solches Ergebnis auf die Beine stellen. In der Regel werden es aber wohl mindestens zwei Jahre des intensiven Trainings werden. Möglich sind die Prüfungen auch mit dem Compound sowie dem Blankbogen. Zudem gibt es Prüfungen mit dem Recurvebogen auf 70 Meter, mit dem Compoundbogen auf 50 Meter sowie Prüfungen im Feldparcours. Auch hier sind die geforderten Leistungen kein Zuckerschlecken. Und selbstverständlich warten auf die Anwärter des Sportabzeichens weitere Prüfungen aus den insgesamt fünf Disziplingruppen.

54. GRUND

Weil Bogenschießen keine Randsportart ist

Früher sagten selbst Bogenschützen, dass ihr Sport zu den Randsportarten zählt. Darüber waren sie nicht sonderlich glücklich, weil schon der Begriff etwas Deklassierendes in sich trägt. Und immer wenn Bogenschützen den Begriff gegenüber den Medien äußerten, wurde er kurze Zeit später im Zusammenhang mit dem Bogenschießen der Öffentlichkeit präsentiert, weil Journalisten den Begriff selbst gerne verwenden. Dieser Begriff kommt nicht aus dem Sport, stattdessen wurde er von den Medien selbst geschaffen. Worum geht es also, wenn von Randsportarten die Rede ist?

Wie wenig der Begriff »Randsportart« mit der Anzahl der aktiven Sportler zu tun hat, zeigt das Beispiel der Formel 1, die in den letzten Jahren mit nur wenigen deutschen Fahrern eben nicht zur Gruppe der Randsportarten zählt. Nur am Rande sei erwähnt, dass der Deutsche Schützenbund die in diesem Verband organisierten Bogensportler mit rund 55.000 beziffert und damit ziemlich im Dunkeln tappt. Denn dem Dachverband des Schießsports mit seinen 1,4 Millionen Mitgliedern liegt bis heute keine Mitgliederverwaltung vor, die zwischen Gewehr-, Pistolen-, Armbrust- und Bogenschützen differenziert. Die Gründe dafür führen vom eigentlichen Thema weg, denn diese Zahlen stehen nicht im Zusammenhang mit den sogenannten Randsportarten.

Die Sportwissenschaft hat bis heute den Begriff »Randsportart« nicht definiert. Der Politiker Thomas Prinzhorn allerdings erhellte das Thema, als er sich vor dem Nationalrat der Republik Österreich zum Thema »Randsportarten« äußerte: *»Das ist ein Begriff, der durch die Medien kreiert worden ist. Randsportart heißt nicht Sportart, die weniger ausgeübt wird, sondern Randsportart ist von den Medien definiert als: weniger in den Medien vertreten.«* Und welche Sportart in den Medien vertreten ist, entscheiden deren Macher selbst, und zwar auf Grundlage sportferner Erwägungen. Der Entertainment- und Sporteventmanager Claudio Cosentino ergänzt innerhalb seiner Diplomarbeit über die »*Konzeption eines Sportmagazins für Randsportarten*« aus dem Jahre 2006: »*Infolgedessen sind die Randsportarten als Content für die Massenmedien unattraktiv, weil sie mit diesem Content der werbetreibenden Wirtschaft keinen Zugang zu einem Massenpublikum gewähren können.*« Ähnlich sehen es die Autoren der Wikipedia: »*Mit dem Begriff der Randsportart verbindet sich der Blickwinkel der Medien – bezogen auf die ökonomische Verwertbarkeit dieser Sportart.*« Niemand muss also unglücklich sein, wenn sein Sport von den Medien zur Randsportart erklärt wurde. Der Begriff sagt rein gar nichts aus über die Anforderungen des Sports, über den Spaßfaktor, die Erlebnisse oder gar die Energie, die Spitzensportler hier investieren müssen, um an die Spitze zu kommen. »Randsportart« steht lediglich im Zusammenhang mit dem finanziellen Gewinn, den Externe mit der Präsentation deines Sports einfahren möchten.

Claudio Cosentino beschreibt in seiner Arbeit auch den Begriff der »Schwellensportart«, der ebenfalls nicht von der Sportwissenschaft definiert wird. Hier werden Sportarten zwischengeparkt, die zumindest mit ihren Spitzenwettkämpfen die Gunst der Massenmedien und Zuschauer auf sich ziehen, aber noch auf einen umfassenden Durchbruch bei den Zuschauerzahlen hoffen. Ein Beispiel dafür ist das Bogenschießen mit dem Goldfinale von Lisa Unruh bei den Olympischen Spielen von Rio de Janeiro, das dem ZDF 7,5 Millionen Zuschauer generierte. Dafür verschob der Sender selbst die Sendezeit des etablierten *Heute-Journals*. Auch in der Folgezeit erhöhten die Massenmedien die Berichterstattung über das Bogenschießen. Aus Sicht der Medien wird das Bogenschießen offenbar nicht mehr in der Kategorie der Randsportarten geführt, und davon profitiert der Sport ohne Frage. Aus Sicht des Sports erscheint es dennoch fraglich, ob in der Öffentlichkeitsarbeit die extern angelegten Begriffe »Rand- oder Schwellensportart« überhaupt verwendet werden sollten, weil sie die Sportarten auf eine ökonomische Verwertbarkeit reduzieren. Sportarten wie das Bogenschießen haben viel mehr zu bieten.

KAPITEL 5

EQUIPMENT, BASTLER UND TÜFTLER

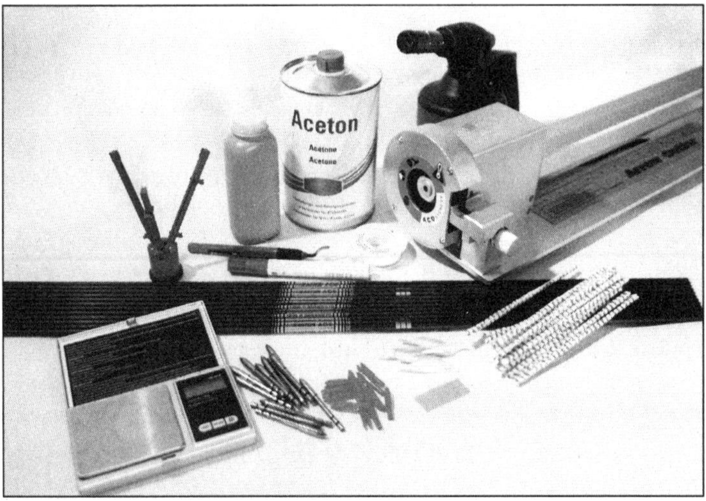

55. GRUND

Weil du deinen Bogen auch selbst bauen kannst

Alles, was du für das Bogenschießen benötigst, bekommst du schon fertig bei den spezialisierten Fachhändlern des Bogensports. Selbst Pfeile werden dort passend zugeschnitten und mit Federn beklebt, falls du das möchtest. Interessierst du dich für den olympischen Bogensport oder aber das Compoundschießen, solltest du unbedingt einen fertigen Bogen kaufen oder mieten. Ich zumindest habe noch nie einen Bogenschützen kennengelernt, der etwa seinen Compoundbogen selbst in der Hobbywerkstatt zusammengeschustert hat. Der Bogenbau fällt eher in den Bereich des traditionellen Bogenschießens. Wenn du gerne deine Zeit an der Werkbank verbringst, solltest du dir den Bogenbau keinesfalls entgehen lassen. Hier lernst du im Detail den Aufbau eines Bogens. Das passende Holz kannst du dir bei einem ausgedehnten Waldspaziergang suchen. Nur Bäume solltest du nicht ohne das Einverständnis des Waldbesitzers einfach so fällen. Häufig verwendete Hölzer im Bogenbau sind Ahorn, Birke, Eibe, Esche oder Haselnuss. Für den Rohling benötigst du einen etwa 200 Zentimeter langen und etwa sechs bis acht Zentimeter dicken Ast. Wenn du diesen Rohling für deinen künftigen Bogen nach Hause geschleppt hast, entfernst du die Rinde, spaltest ihn von oben nach unten entgegen der Wachstumsrichtung. Hast du keine Ahnung, wie du den Rohling spalten sollst, kannst du auch sofort damit beginnen, die grobe Form des Bogens auszuarbeiten. Danach hast du Zeit für einen Tee. Na ja, es können auch mehr werden, denn der Rohling benötigt jetzt einige Monate für das Trocknen in einem temperierten Raum, keinesfalls auf einem Heizkörper. Frisches und feuchtes Holz ist für den Bogenbau nicht geeignet, weil es beim Spannen des Bogens die gebogene Form annimmt und dann seine Spannkraft verliert. Falls du dir die Wartezeit für das Trocknen sparen möchtest, kaufst du einen bereits getrockneten Rohling, den du sofort bearbeiten kannst. Diese Rohlinge gibt es bei vielen Bogenbauern, und das Internet hilft dir, einen Verkäufer ausfindig zu machen. Die Arbeitsprozesse im Bogenbau sind schon komplex, und letztlich entscheidet deine Leidenschaft gepaart mit deinem handwerklichen Geschick, wie detailreich dein Bogen später aussehen wird. Dementsprechend kannst du viele Stunden in das Werk investieren und es bis zu einer handwerklichen Güte bringen, wie sie sonst nur im Geigenbau zu finden ist. Ein echter Tipp sind die Bogenbaukurse, die in vielen Regionen von erfahrenen Bogenbauern angeboten werden. Dafür planst du etwa drei Tage ein und verbindest die Reise zum Bogenbauseminar mit einem Kurzurlaub. Im Angebot sind neben den Kursen in Werkstätten auch Wildnis-Bogenbau-Camps in der Natur. Beil und Messer sind für diese Tage deine wichtigsten Werkzeuge, die du zur Bearbeitung des Holzes einsetzen wirst. Du übernachtest in einem Zelt und isst in der Gemeinschaft mit den anderen Bogenbauern abenteuerlich am Lagerfeuer, ganz auf den Spuren unserer Vorfahren. Bei den lodernden Flammen erfährst du interessante Geschichten aus der Gemeinschaft der Mitreisenden sowie viele Hintergrundinformationen über Pfeile und Bögen. Eltern sammeln mit ihren Kindern einzigartige Erlebnisse, die ganz sicher unvergesslich bleiben werden. Und natürlich gibt es hier für Einsteiger eine Anleitung zum Schießen mit dem selbst gebauten Bogen. Die Erfahrungen können deine Basis für den Einstieg in den Bogenbau und das Bogenschießen werden.

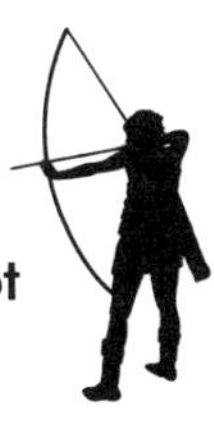

56. GRUND

Weil es ein reichhaltiges Literaturangebot zum Pfeil- und Bogenbau gibt

Vielleicht willst du gar nicht so lange warten, bis dein Bogenbauseminar beginnt. Dann solltest du dich aufmachen zur nächsten

Buchhandlung. Speziell für Kinder ab acht Jahre und natürlich auch für deren Eltern gibt es *Mein Pfeil- und Bogenbuch – Bogenbau für Kinder und Jugendliche* von Wulf Hein. Mit großen Bildern und erläuternden Texten gibt der Autor die Anleitung für den Selbstbau der kompletten Ausrüstung einschließlich Pfeile und Köcher. Beim Bogenbau entscheidest du dich zwischen den Bauanleitungen für die Modelle »Gebogener Stock« und dem Steinzeitbogen »Holmegaard«. Eine kurze Anleitung mit allen wichtigen Tipps für das Schießen der Pfeile ist ebenso enthalten. Das Buch aus dem Verlag Angelika Hörnig ist ein idealer Begleiter beim Einstieg in den Bogenbau. Es ist auch für Jugendgruppen und Schulklassen geeignet.

Für Einsteiger mit Entwicklungspotenzial sowie für bereits Fortgeschrittene ist *Das Bogenbauer-Buch*. Es dokumentiert den europäischen Bogenbau von der Steinzeit bis in die Gegenwart. Du findest Bauanleitungen für einen Steinzeitbogen, Wikingerbogen, den Englischen und Alemannischen Bogen bis hin zum modernen laminierten Langbogen. Einzelne Kapitel befassen sich mit der Auswahl der besten Hölzer und natürlich auch mit der Herstellung von Sehnen. Auch diese Anleitung für Bastler und Tüftler wird vom Verlag Angelika Hörnig herausgegeben.

Das große Pfeilebuch für traditionelles Bogenschießen wird vom Verlag Vorderegger & Partner herausgegeben. Innerhalb von sieben Kapiteln auf 300 Seiten erfährst du alles über Pfeile. Dieses Buch hebt die Bedeutung des Pfeils für das Treffen des Ziels hervor und geht richtig in die Tiefe. Du erfährst alle wichtigen Details über verwendete Materialien, Komponenten, Flugeigenschaften der Pfeile, und natürlich gibt es im Buch die Bauanleitung für Pfeile des traditionellen Bogenschießens.

Du benötigst noch weitere Informationen für die Herstellung des Finger- und Armschutzes sowie für deinen selbst angefertigten Köcher, und das alles möglichst in verschiedenen Ausführungen? Das Fachbuch *Bogenschießen – Ausrüstung und Zubehör selbst ge-*

macht liefert dir die komplette Anleitung. Das Buch erscheint im Verlag Angelika Hörnig.

Wenn dich der Bogenbau erst einmal gefesselt hat, wird es in den nächsten Wochen und Monaten ganz sicher nicht langweilig!

57. GRUND

Weil Truthähne gern Federn lassen

Traditionelle Bogenschützen verwenden gerne Produkte aus der Natur, und da kommen die echten Truthahnfedern mit ihrer Größe und Stabilität wie gerufen. Doch auch die Wettkampfschützen mit ihren Hochleistungsbögen greifen zumindest in der Hallensaison auf große Truthahnfedern zurück. Für eingefleischte Veganer, die bei ihren Pfeilen keinesfalls auf tierische Produkte zurückgreifen wollen, gibt es immerhin Kunststofffedern in ähnlicher Größe. Große Federn sind windanfällig, deshalb werden im Sommer von traditionellen Bogenschützen eher kleine Truthahnfedern geschossen, und olympische Wettkampfsportler greifen auf Weiterentwicklungen zurück. Beliebt sind hier hauchdünne, aber stabile »Vanes«, die eine halbrunde Form haben. Auf jeden Fall sind die Federn und Vanes quasi das Leitwerk des Pfeils, die ihn im Flug stabilisieren. Rechtshandschützen verwenden Federn vom rechten Flügel des Truthahns, Linkshandschützen kleben die Federn des linken Flügels auf den Schaft. Wer seine Federn selbst anfertigen möchte, benötigt dafür eine Federnstanze. Damit erhält jede Feder die gleiche Form. Klebst du eine extra große Truthahnfeder spiralförmig um das Schaftende, erzeugt die Feder eine bremsende Wirkung im Pfeilflug. Das ergibt Sinn, wenn du den Pfeil auf eine fliegende Schaumstoffscheibe hoch in die Luft schießt. Der Pfeil verlässt zunächst mit rasanter Geschwindigkeit deinen Bogen und wird nach einigen Metern so stark abgebremst, dass er in einer überschaubaren Entfernung landen wird. Du kannst die Truthahnfedern in zahlreichen Färbungen kaufen, sodass sie in eine farbliche Harmonie mit deinem Equipment eingehen, wenn du das möchtest.

Schlussendlich muss ich diesen Grund doch noch relativieren. Denn ob die Truthähne ihre Federn tatsächlich gerne lassen, ist nicht gesichert. Niemand konnte sie befragen, weil sie nach dem Rupfen eingefroren werden, um später mit einer Calvados-Apfel-Füllung in den Bratofen zu wandern.

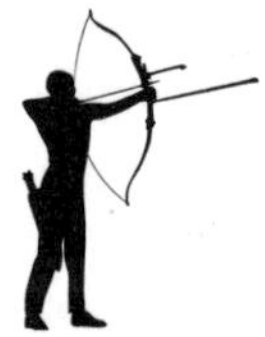

58. GRUND

Weil selbst gewickelte Sehnen bessere Ergebnisse liefern

Mit der Sehne des Bogens verhält es sich wie mit Kleidern und Anzügen. Du kannst sie von der Stange kaufen und erhältst sie dann in Standardmaßen, oder du lässt sie maßschneidern, und dann passen sie wie angegossen. Noch besser ist es allerdings, wenn du deine Sehnen selber wickelst. Dafür benötigst du Sehnengarn, Wickelgarne für Mittel- und Endwicklungen, ein Wickelgerät, einen Sehnengalgen sowie eine Schere oder Messer. Es gibt unterschiedliche Sehnengarne mit unterschiedlichen Eigenschaften. Für die meisten Holzbögen benötigt deine Sehne ein Garn, das sanft zum Bogen ist und sich beim Anschlagen ein wenig dehnt. Die Kunstfaser Dacron hat diese Eigenschaft. Doch dieses Material wird mit der Anzahl der geschossenen Pfeile immer ein wenig länger, und damit verändert sich auch die sogenannte Standhöhe, die mit einem Checker als Abstand zwischen dem tiefsten Punkt in der Griffschale im rechten Winkel zur Sehne gemessen wird, und zwar auf den Millimeter genau. Um die Standhöhe der sich längenden Sehne anzupassen, muss die Sehne immer wieder ein wenig eingedreht werden, bevor sie auf den Bogen gespannt wird. Die sich stetig verändernde Sehne zeigt gegenüber stabileren Garnen weniger präzise Trefferbilder an der Scheibe. Ein stabileres Sehnenmaterial würde aber die meisten Holzbögen zerlegen. Härtere Garne werden mit den Compound- und den olympischen Recruvebögen geschossen. Schlägt eine solche Sehne an, dehnt sie sich kaum, und sie behält auch nach vielen 1.000 Pfeilen nahezu die gleiche Länge.

Bei der Sehnenherstellung wird der Sehnengalgen eingesetzt. Weil Sehnen immer etwas eingedreht auf den Bogen gespannt werden, stellt der Sehnenbauer den Galgen auf die Länge deiner alten Sehne zuzüglich etwa fünf Millimeter ein. Dann wickelt der Sehnenbauer das Garn immer wieder von der einen bis zur anderen Seite des Galgens und zählt dabei die einzelnen Stränge. Bögen mit höheren Zuggewichten benötigen Sehnen mit einer höheren Strangzahl. Die gewachsten Stränge verkleben miteinander, wenn mit dem Wickelgerät die End- und Mittelwicklung gesetzt werden. Das gilt für maschinell gefertigte Sehnen ebenso wie für die handgefertigten Modelle. Doch die individuell gefertigten Sehnen können abweichend von den Standardmaßen um einige Millimeter länger oder kürzer angefertigt werden, um eine optimale Standhöhe zu erhalten. Zur besseren Abstimmung von Pfeil und Bogen können handgefertigte Sehnen mit einer reduzierten oder auch höheren Strangzahl angefertigt werden. Dickere Sehnen mit mehr Strängen reagieren gutmütiger auf leichte Fehler beim Lösen, reduzieren aber die Abschussenergie des Bogens, während dünne Sehnen so zappelig nach vorne schnellen, dass die kleinste Abweichung beim Lösen den Pfeil aus dem Zentrum des Ziels treibt. Wer seine Sehne selbst herstellt, ist frei bei der Auswahl des Garns für die Mittelwicklung. Ein japanischer Wickelgarnhersteller liefert einen teuren Faden, der eine quadratische Form hat. Beim Wickeln legt sich das Garn so dicht aneinander, dass die Mittelwicklung wie aus einem Guss wirkt und so mit einem geringen Widerstand vom Leder des Tabs rutscht. Die Nockpunkte, die die Position des eingesetzten Pfeils auf der Sehne begrenzen, werden aus feinen Papierstreifen auf die Mittelwicklung geklebt oder aus Garn gewickelt, das zuvor mit

Heißkleber benetzt und nach dem Verknoten mit einem Feuerzeug flambiert wird. Die Profis des Sehnenbaus entwickeln Philosophien rund um die Verwendung der Garne und Wickeltechniken. Wer das Bogenschießen mit Leidenschaft betreibt, wird sich niemals dazu herablassen, eine maschinell hergestellte Sehne einzusetzen. Und du kannst sicher sein, dass nur die maßgeschneiderten Sehnen die optimalen Trefferergebnisse liefern.

59. GRUND

Weil Besserwisser scheinbar die Gesetze der Physik aushebeln

Rainer Z. ist seines Trainers liebstes Kind, denn Rainer ist ein ausgewiesener Besserwisser. Seine Berufung im Training sieht Rainer überwiegend darin, den Trainer auf Trab zu halten, damit sein ehrenamtliches Engagement mit Aufgaben gefüllt bleibt. Manchmal sucht Rainer den Trainer auf, um Fragen zu stellen, deren Antworten er gleich mitliefert. Der in Passivität verharrende Trainer denkt dann gelegentlich, dass der Volksmund mit der Annahme recht behält, dass es keine dummen Fragen, nur .... na du weißt schon. Weil sich Rainer entgegen der Empfehlung seines Trainers die ersten Pfeile im Internet aussuchte und dabei seiner Shoppinglaune ganz ohne Beratung folgte, musste er im nächsten Training auf ein Phänomen verzichten, das unter Bogenschützen als *Archer's Paradox* bekannt ist.

Dieses Phänomen beschreibt das typische Schwingungsverhalten von Pfeilschäften. Die Pfeilschäfte winden sich im Moment des Abschusses förmlich um das Mittelteil des Bogens herum. Ursache dafür ist zum einen die auf den Pfeilschaft wirkende Energie, und zum anderen die seitliche Schwingung der Sehne, die in dem Moment ausgelöst wird, in dem der Bogenschütze die Zugfinger entspannt, um die Sehne freizugeben. Die Sehne gleitet dabei über die Fingerkuppen und erhält so eine Schwingungsamplitude, die auf den Pfeil übertragen wird. Zunächst krümmt sich die Mitte des Pfeilschaftes wie ein Bauch in Richtung des Bogens, um sich bei der nachfolgenden Schwingung vom Bogen wieder zu entfernen. Bei dieser zweiten Schwingung kommt das Pfeilende dem Bogen sehr nahe. Nur wenn Pfeil und Bogen optimal aufeinander abgestimmt sind, wird der Pfeil den Bogen berührungsfrei verlassen. Reagiert der Schaft auf das Zuggewicht zu weich oder zu hart, passiert es immer wieder, dass der Pfeil mit seinem Ende gegen das Mittelteil schlägt. Die Pfeilhersteller messen das Biegeverhalten von Carbonschäften mit einem Gewicht und drucken das Messergebnis als Zahl auf den Schaft. Diese Angabe wird als »Spine« bezeichnet. Bei Aluminiumschäften ergibt sich der Spine aus dem Schaftdurchmesser und seiner Wandstärke. Mit Hilfe von Spine-Tabellen können Fachkundige einen Pfeilschaft heraussuchen, dessen Härtegrad unter Berücksichtigung des Zuggewichts und der Auszuglänge in aller Regel zum Bogen passen wird. Feinabstimmungen sind im Pfeil- und Bogentuning möglich. Im Köcher des Bogenschützen haben also alle Pfeile den identischen Spine.

Rainer aber klickte sich unwissend durch den Online-Shop und wählte Pfeilschäfte, die so steif waren, dass sie beim Schießen mit dem leichten Zuggewicht wie ein Kantholz durch den Bogen getrieben wurden. Der vom Zufallsmodus bestimmte Kauf hätte ihm auch Pfeilschäfte einhandeln können, die viel zu weich auf sein Zuggewicht reagiert hätten. In diesem Fall ähnelt der Pfeilflug einem fluffigen Heißwürstchen, das von einem Hundebesitzer einmal quer durch das Wohnzimmer in die Schnute des Hundes geworfen wird. Auf jeden Fall lenkte Rainer durch den kantholzähnlichen Flug seiner neuen Pfeile die volle Aufmerksamkeit des Trainers auf sich. Mit dem Anschlagen der Pfeilschäfte an seinen Bogen hätte er auch das Soundspektrum einer Death-Metal-Band bereichern können. Weil sich infolgedessen Rainers Pfeile über die gesamte Breite und Höhe der Zielscheibe verteilten, ließ er sich zu einem Fluchen verleiten, mit dem er auch das musikalische Genre der Neuen Deutschen Härte hätte bedienen können. Glück wurde ihm allerdings zuteil, weil sein Trainer zu den Bastlern und Tüftlern des Bogensports zählt. Ihm gelang es schließlich doch noch, mit schwereren Spitzen und durch die Erhöhung des Zuggewichts den Pfeilflug so weit zu optimieren, dass die Pfeile ganz im Sinne des Archer's Paradox um den Bogen schwangen, ohne dabei anzuschlagen. Diese und weitere Varianten des Bogentunings machen zumindest leichte Anpassungen möglich.

60. GRUND

Weil Sportbögen ein Experimentierfeld für Tüftler und Bastler sind

Vergiss Konstruktions-Baukastensysteme, Dampfmaschinen oder Puzzles! Das Bogenschießen hält ein grenzenloses Angebot für Bastler, Tüftler und Experimentier-Junkies bereit. Dabei ist es egal, ob du im traditionellen Bogenschießen oder aber in einer der modernen Formen des Bogensports zu Hause bist. Wenn also erst das Tüfteln deine Leidenschaft so richtig zum Glühen bringt, bitte schön, hier folgt eine grobe Skizzierung des Pfeil- und Bogentunings am Beispiel des olympischen Recurvebogens.

- **Ausrichtung der Wurfarme** – Mithilfe von Wurfarmschablonen werden die Wurfarme über ein Verstellsystems am Mittelteil ausgerichtet, bis die Sehne gerade durch den Bogen verläuft.
- **Einstellen des Tillers** – Über ein weiteres Verstellsystem am Mittelteil wird der Anstellwinkel der Wurfarme verändert, bis die Energielinie des Bogens im Bereich der Pfeilauflage liegt. Bei Freizeitschützen wird ein Standardwert eingestellt. Leistungssportler ermitteln den Tiller innerhalb von Schießtests.

- **Test zur Nockgröße** – Die Nocke am Ende des Pfeils sollte zur Dicke der Mittelwicklung passen. Setze den Pfeil auf die Sehne. Ohne Widerstand sollte die Nocke auf der Mittelwicklung verschoben werden können. Drehst du den eingedockten Pfeilschaft, sollte die Nocke kein Spiel aufweisen. Zur Anpassung wechselst du die Nockgröße oder die Mittelwicklung.
- **Ausrichtung der Visierschiene** – Über die Visierschiene kann beim Distanzwechsel die Höheneinstellung der Visiernadel vorgenommen werden. Sie muss gerade ausgerichtet sein. Mit einer speziellen Wasserwaage wird zunächst das Mittelteil in eine senkrechte Position gebracht. Anschließend wird auch die Visierschiene mithilfe der Wasserwaage senkrecht ausgerichtet.
- **Standhöhe** – Die Standhöhe sollte in dem vom Bogenhersteller empfohlenen Bereich liegen. Leichte Korrekturen können über das Ein- oder Ausdrehen der Sehne vorgenommen werden.
- **Centerstellung** – Über die Seiteneinstellung des Buttons bringst du den Pfeilschaft in die Mitte des Bogens. Bei Rechtshandbögen darf er einen Hauch nach links abweichen, bei Linkshandbögen einen Hauch nach rechts.
- **Ausschießen der Nockpunktüberhöhung** – Du schießt eine Kombination aus befiederten und unbefiederten Pfeilen auf einen 18 Meter entfernten Zielpunkt. Sammeln sich die unbefiederten über den befiederten Pfeilen, wird der Nockpunkt nach oben korrigiert, bis alle Pfeile in einer Gruppe stecken. Liegen die unbefiederten unter den befiederten Pfeilen, wird der Nockpunkt nach unten korrigiert.
- **Ausschießen des Buttendrucks** – Schieße befiederte Pfeile auf 18 Meter sowie auf eine möglichst weite Distanz, im Idealfall auf 70 Meter. Verändere den Buttondruck und die seitliche Visiereinstellung so lange, bis die Pfeile auf beiden Distanzen die gelbe Scheibenmitte treffen.
- **Pfeiloptimierung** – Bei diesem Test schießt du wieder mit befiederten und unbefiederten Pfeilen auf 18 Meter. Die seitliche

Abweichung der unbefiederten Pfeile verrät dir, ob der Schaft auf das Zuggewicht zu hart oder zu weich reagiert. Liegen alle Pfeile in einer Gruppe, passen Bogen und Pfeile optimal zueinander. Liegen die unbefiederten Pfeile links oder rechts, gibt es eine Kombination von Anpassungsmöglichkeiten, um Pfeile und Bogen aufeinander abzustimmen.

◎ **Walk-Back-Test** – Du schießt ausschließlich befiederte Pfeile auf einen schmalen vertikalen Streifen. Den ersten Pfeil schießt du aus einer Entfernung von sechs Metern und gehst für jeden weiteren Pfeil drei Meter zurück, bis du den letzten Pfeil aus 30 Meter Entfernung auf den Streifen geschossen hast. Das Trefferbild zeigt dir das Abbild des Pfeilfluges mit seinen seitlichen Abweichungen. Daraus lässt sich ableiten, ob der seitliche Versatz des Pfeils im Bogen mithilfe des Buttons korrigiert werden muss. Zudem wird der Buttondruck noch einmal überprüft und falls notwendig korrigiert.

Für diese Einstellungen, Testverfahren und Materialanpassungen benötigt ein erfahrener Bogentuner in der Regel einen kompletten Tag, je nach Umfang der notwendigen Korrekturen. Danach beginnt das Feintuning, das bis zu zwei Wochen dauern kann. Dabei schießt du beispielsweise auf 70 Meter und testest veränderte Einstellungen, wie beispielsweise verschiedene Standhöhen, veränderte Tillereinstellungen oder variierende Buttoneinstellungen. Du übernimmst jeweils die Einstellungen, die zu den dichtesten Pfeilgruppen führen. Ein Schneidermaßband hilft dir beim Vermessen der Gruppenumfänge.

Auch bei der Zusammenstellung von Pfeilen gibt es Tests und Abstimmungsvariationen. Wie bei einem Segelflugzeug werden Pfeile nur dann zu einem optimalen Flugobjekt, wenn der Schwerpunkt richtig gewählt ist. Durch die Verwendung unterschiedlicher Spitzen, Nocken und Federn lässt sich der Schwerpunkt anpassen. Im nächsten Schritt schießen die Experten des Bogensports alle

Pfeile ohne Befiederung auf eine möglichst weite Entfernung. Einige Pfeile werden aufgrund minimaler Materialabweichungen immer wieder aus der Gruppe herausspringen. Bei diesen Pfeilen wird schrittweise die Nocke leicht verdreht, bis auch sie in der Gruppe landen. Gelingt das nicht, werden sie als Trainingspfeile aussortiert. Nur die Pfeile, die eine dichte Gruppe bilden, werden als Wettkampfpfeile eingesetzt. Erst nach dem Test erfolgt das Aufkleben der Federn. Für diesen Test kannst du mehrere Trainingstage einplanen.

Testen kannst du auch verschiedene Schafttypen unterschiedlicher Hersteller, verschiedene Federn, Nocken, Spitzentypen, Griffschalen mit verschiedenen Anstellwinkeln und natürlich auch Stabilisatorensysteme, die den Bogen bei einer optimalen Gewichtsbalance in der Zielphase ruhigstellen. Auch Mittelteile und Wurfarme können kombiniert werden. Sollte das alles nicht zu den gewünschten Schießergebnissen führen, musst du dich einer alten Weisheit der Bogenschützen fügen, denn …

… erst wenn der letzte Bogen überprüft,
der letzte Wurfarm getillert,
der letzte Nockpunkt gewickelt
und das letzte Visier ausgerichtet wurde,
wirst du feststellen,
dass es nur noch an dir liegen kann!

Freizeitschützen verzichten gerne auf die Einstellerei, und das ist auch gut so. Sie schießen einen vom Bogenhändler voreingestellten Bogen und erzielen damit akzeptable Ergebnisse. Und ganz ehrlich gesagt, der Großteil der Bogenschützen wird höhere Ringzahlen durch die Festigung einer stabilen Bewegungstechnik sammeln. Gerade Einsteiger und noch nicht so erfahrene Bogenschützen sind gut beraten, in den ersten Jahren viel Zeit mit dem Techniktraining zu verbringen.

61. GRUND

Weil Werner Beiter den modernen Bogensport revolutionierte

Mit einzigartigen Entwicklungen wurde Werner Beiter zu einer weltweiten Legende des Bogensports. Doch auch Menschen außerhalb des Bogensports profitierten in den letzten Jahrzehnten von den revolutionären Entwicklungen des deutschen Konstrukteurs. Prominente Beispiele gefällig? In den 1970er-Jahren kam eine Pocketkamera mit einem neuartigen Verschlusssystem auf den Markt, die mit dem Slogan »Ritsch-Ratsch-Klick« beworben wurde. Die Kamera für die Hosentasche wurde zu einem Must-have-Produkt. Damals war die Ritsch-Ratsch-Kamera so bekannt wie heute die Smartphones mit dem Apfellogo. Es war Werner Beiter, der dieses Verschlusssystem mitentwickelt hatte. Später brachte eine namhafte Marke einen kleinen Reisewecker auf den Markt, dessen lautlos gleitender Sekundenzeiger den Menschen rund um den Globus eine neue Schlafqualität schenken sollte. Möglich wurden die lautlosen Wecker durch ein federndes Zahnrad, das Werner Beiter entwickelt hatte. Natürlich gibt es zahlreiche weitere Entwicklungen. Und so kannst du dir sicher gut vorstellen, mit welchem Potenzial der Konstrukteur und Erfinder aus dem Schwarzwald den modernen Bogensport revolutionierte. Auch dazu einige Beispiele:

Seine erste Erfindung im Bogensport war ein Nockpunkt aus zwei Kunststoffhalbschalen, der in die Mittelwicklung eingearbeitet wird. Mit einem von Werner Beiter entwickelten Spezialwerkzeug lässt sich sogar die Höhe des Nockpunktes durch das Verschieben der gesamten Mittelwicklung korrigieren. Seine zweite Entwicklung für Bogenschützen wurde eine Nocke mit einer asymmetrischen Form, die auf den Winkel der Sehne eines ausgezogenen Bogens abgestimmt ist. Doch jetzt kommt der Clou: Nockt der Bogenschütze die asymmetrische Nocke versehentlich mit der Unterseite nach oben in den Beiter-Nockpunkt, fällt der Pfeil beim Auszug der Sehne heraus und kann nicht geschossen werden – Fehlschüsse sind dadurch praktisch nicht möglich!

Werner Beiter setzte erstmals beim Bogenschießen Hochgeschwindigkeitskameras ein, um mithilfe der Filmaufnahmen den Pfeilflug und das Schwingungsverhalten der Sportbögen analysieren zu können. Später ließ er am Firmensitz in Dauchingen die erste 70-Meter-Indoor-Bogensporthalle bauen. Die Crème de la Crème des internationalen Bogensports reiste von nun an in den Schwarzwald, um im neuen Werner & Iris-Center Pfeile und Bögen unter Laborbedingungen abzustimmen. Aus den Gesprächen mit den Top-Athleten des Bogensports entstanden neue Visionen für die Entwicklung einzigartiger Produkte, von denen einige bis in die Gegenwart den internationalen Markt dominieren, einige schon deshalb, weil sie alternativlos sind. Für Materialtests ließ Werner Beiter ein bis heute einzigartiges, computergesteuertes Messinstrument entwickeln, das kleinste Materialabweichung bei den Pfeilschäften aufdeckt. Vor den Olympischen Spielen 2008 schickte eine asiatische Heimmannschaft über 700 Pfeilschäfte in den Schwarzwald, um mithilfe der Analyseergebnisse die besten Pfeile auf dem Wettkampffeld einsetzen zu können. Das ist ein Extrem: Tatsächlich wurden die Pfeile vieler Olympiasieger und Weltmeister bei Werner Beiter vermessen. Als ich ihn vor einigen Jahren auf seine Materialforschungen ansprach, verdeutlichte er mir den Hintergrund seiner präzisen Arbeit mit einem Zitat des griechischen Philosophen Sokrates: »*Wir sind zahlreichen Sinnestäuschungen ausgesetzt, und das beste Mittel dagegen ist das Messen, Zählen und Wiegen.*« Heute gibt es wohl keinen Bogenschützen, der bei den Olympischen Spielen ohne das Equipment von Werner Beiter antritt. Selbst die von Beiter entwickelten Scheibennägel, mit denen die Papierauflagen auf den Scheiben befestigt werden, tragen alle vier Jahre wieder das aktuelle Logo der Olympischen Sommerspiele. Werner Beiter erhielt mit dem Goldenen Pfeil die höchste Auszeichnung des Bogensportweltverbandes für seine revolutionäre Arbeit und wurde in die Hall of Fame des Bogensports aufgenommen. 2014 verstarb Werner Beiter, sein Unternehmen wird von der Familie weitergeführt.

62. GRUND

Weil es Fatboys gibt

Einige Bogenschützen lieben ihre Fatboys und schmücken sie mit großen Naturfedern. Fatboys sind Carbonpfeile mit dem maximal zulässigen Durchmesser von 9,3 Millimeter. Noch dickere Bolzen wären regelwidrig, und die Kampfrichter würden sie unmittelbar vor dem Wettkampf aussortieren lassen. Während der Sommersaison machen die Fatboys wenig Sinn, weil sie mit ihrem großzügigen Durchmesser dem Wind eine viel zu große Angriffsfläche bieten. In der Halle allerdings lassen sich mit diesen dicken Biestern immer wieder höhere Ringe auf der Zielscheibe ankratzen, sodass allein durch den exklusiven Schaftdurchmesser ein strategischer Vorteil gegenüber den dünnen Sommerpfeilen entsteht. Voraussetzung ist allerdings, dass es dem Bogenschützen gelingt, Bogen und Pfeile gut aufeinander abzustimmen. Wenn sich der Sommer dem Ende zuneigt und die wichtigen Wettkämpfe der Saison gelaufen sind, stellen die Freunde der Fatboys ihre Bögen um. Der Finger der Pfeilauflage wird gesenkt, und auch der seitliche Versatz des Pfeils im Bogen wird angepasst, damit die dicken Jungs in die optimale Energielinie des Sportbogens hineinrücken können. Den Spine des Schafts reguliert der Pfeilhersteller über die Wandstärke des Carbonrohres. Einige Bogenschützen wählen eine relativ steife Version der Fatboys und statten sie mit schweren Spitzen aus, die mit ihrer Masse den Pfeil förmlich zur Scheibe hinziehen. Nach dem Lösen der Sehne quälen sich die Schäfte aus dem Bogen raus, um in der Behäbigkeit einer alten Dampflok ihre Reise in Richtung des Ziels anzutreten. Mit einem dumpfen »Plop« schieben sich ihre Spitzen schließlich in die Scheibe und kratzen dort Ringe an, die der Bogenschütze quasi als taktischen Bonus auf seinem Ergebniszettel eintragen darf. Anders läuft es bei den dünnen Sommerpfeilen. Bogenschützen sparen sich die Zeit für ein erneutes Pfeil- und Bogentuning. Die dünnen Stecknadeln peitschen in Spitzengeschwindigkeiten durch die Sporthalle. Sie werden von Bogenschützen eingesetzt, die sich auf ihre Fähigkeiten verlassen. Denn eine gute 10 auf der Ringscheibe bleibt auch mit dem dünnen Sommerpfeil eine 10. Außerdem kann der Bogenschütze mit dem dünnen und schnelleren Pfeil auch mal etwas schwächer aus der Sehne herauskommen, ohne große Ergebnisverluste hinnehmen zu müssen. Der träge Fatboy hingegen spielt die beleidigte Leberwurst, wenn er mal etwas weniger Dampf von der Sehne bekommt, und taumelt dann in eine verlustreiche Zone der Ringscheibe. Neben den Fatboys gibt es Alternativen aus Carbon oder Aluminium, die nicht nur dick, sondern zudem auch schwerer sind. Alljährlich zum Ende der Sommersaison stehen die Bogenschützen vor ihrer Entscheidung, mit welchem Pfeil sie sich durch den Winter schießen. Stundenlang wird auf den Bogensportplätzen das Für und Wider der Schäfte diskutiert. Echte Liebhaber der Fatboys allerdings klinken sich früh aus der Fachsimpelei aus, denn sie schwören auf den taktischen Vorteil, den sie sich mit ihren Fatboys sichern möchten.

63. GRUND

Weil es Geheimnisse gibt, die du besser kennen solltest

Wenn am Bogensportplatz vom »Zoll« die Rede ist, kannst du entspannt bleiben und musst keine Quittungen der letzten Auslandseinkäufe zusammenraffen. Der Zoll ist beim Bogensport das Maß der Dinge und etwa daumenbreit. Die Bogengröße wird ebenso in der Längeneinheit Zoll angegeben, wie beispielsweise auch die Stabilisatoren- und die Pfeillänge. Ein Zoll entspricht 2,54 Zentimetern. Für US-amerikanische sowie britische Bögen und Zubehör benötigst du einen zölligen Inbusschlüsselsatz, während asiatische und die resteuropäischen Schrauben mit metrischen Inbusschlüsseln angezogen werden.

Ein weiteres Geheimnis ist, dass die Auszuglänge nicht die Pfeillänge ist. Denn dein Pfeil kann im ungekürzten Zustand eine Länge von 32 oder sogar 34 Zoll haben. Bei kürzeren Armen ziehst du den Pfeil beispielsweise nur über eine Länge von 26 Zoll aus. Um den passenden Pfeil für dich zu finden, ist also die Auszuglänge entscheidend. Sie wird im Vollauszug des Bogens gemessen, und zwar vom tiefsten Punkt in der Nocke bis zum tiefsten Punkt in der Griffschale (zumeist identisch mit der Mitte des Buttonknopfes) zuzüglich 1 ¾ Zoll. Bei vielen Recurvebögen ist das auch die Vorderkante des Mittelteils. Der Bogenhändler hilft dir bei der Messung deiner individuellen Auszuglänge und besitzt dafür einen speziellen Messpfeil.

Zuggewichte der Bögen werden in angloamerikanischen Pounds gehandelt und manchmal als lateinische libra mit dem Kürzel lbs gekennzeichnet. Ein lb entspricht 0.4535923 Kilogramm. In diesem Zusammenhang gibt es aber noch ein Geheimnis, das du auf jeden Fall wissen solltest. Auf dem unteren Wurfarm ist die Angabe zum Zuggewicht des Bogens notiert. Nehmen wir an, du kaufst einen Bogen mit einem Zuggewicht von 25 lbs, dann ist das in der Regel nicht das Zuggewicht, das du beim Auszug des Bogens tatsächlich mit den Fingern hältst. Denn das auf dem Wurfarm notierte Zuggewicht wird von allen Bogenbauern bei einer Auszuglänge von 28 Zoll gemessen. Bist du ein Riese mit einer Auszuglänge von 34 Zoll, darfst du auf die notierten 25 lbs noch einige Pfunde drauflegen. Mit kürzeren Armen und einer Auszuglänge von beispielsweise 26 Zoll wirst du deine Pfeile mit weniger als den angegebenen 25 lbs schießen. Nur weil sich weltweit die Bogenbauer auf die Standardmessung mit 28 Zoll Auszuglänge einigten, sind die Zuggewichte aller Bogenhersteller miteinander vergleichbar. Es ist wie mit dem Volumen einer Speicherkarte: 16 Gigabyte sind immer 16 Gigabyte, egal welcher Markenname auf der Speicherkarte steht.

Dann gibt es noch das Geheimnis um die Schwankungen der Wechselkurse, die du an der Händlerkasse spüren wirst. Wenn dein Dutzend Pfeile in diesem Jahr deutlich preiswerter oder aber teurer geworden ist, könnte das im Zusammenhang mit den Wechselkursen stehen. Die Preise der Produkte aus England, den USA, China oder Südkorea unterliegen den Kursschwankungen der jeweiligen Währungen. Die Händler passen die Preise allerdings nicht tagesaktuell, sondern langfristig an. Trotz ungeahnter Möglichkeiten wurde bis heute kein Fall bekannt, in dem das hochwertige Equipment über Put-Optionen gehandelt wurde, wie etwa die Feinunze Gold an den Börsen. Und das obwohl dem Liebhaber sein Bogen Gold wert ist.

64. GRUND

Weil krumme Pfeile aus der Hand springen

Vor einigen Jahren war ich mit Freunden auf Fuerteventura, und als wir hörten, dass von einem Hotelbetreiber Bogenschießen angeboten wird, waren meine Freunde Feuer und Flamme. Selbst hatten sie bisher nicht mit Pfeil und Bogen geschossen und freuten sich umso mehr, dass ich sie als Fachkundiger begleiten würde. Ein Animateur des Hotels sollte die Gäste mit Pfeil und Bogen bespaßen, und dafür standen einfache Holzbögen mit Aluminiumpfeilen bereit. Die Blechschäden der Aluminiumpfeile waren allerdings derart massiv, dass man durchaus von Totalschäden sprechen konnte. Als ich nun meinen Freunden mit einigen Pfeilen auf die etwa zehn Meter entfernte Scheibe das Bogenschießen demonstrieren wollte, trafen die krummen Alurohre alles andere, nur nicht die Scheibenmitte. Meine Rechtfertigung, dass die Pfeile ziemlich krumm seien, wurde schlagfertig mit dem Bauern verglichen, der wegen seiner Badehose nicht schwimmen kann.

Doch tatsächlich würde wohl niemand erwarten, dass ein Radsportler mit einer Acht im Vorderrad zu einer Etappe der Tour de France antritt. Und würde er es doch wagen, hätte er wohl keine Chance auf das gelbe Trikot. Ebenso würde auch kein Bogenschütze mit einem Satz krummer Pfeile ein gutes Trefferergebnis erwarten. Und wagt er es doch, damit zu schießen, hat er ebenso keine Chance, seine Pfeile in der gelben Mitte zu platzieren. Pfeile aus Aluminiumrohren verziehen sich gerne, wenn du beispielsweise gemütlich mit einem Stückchen Kuchen in der Hand im Klappstuhl Platz nimmst und vergessen hast, vorher den Köcher mit den Pfeilen abzulegen. Dann nämlich passen sich die Aluminiumrohre dem Exterieur deines Gesäßes an. Schießt du den Pfeil seitlich gegen den Scheibenständer, kannst du dich über einen robusten Blechschaden am Schaft ärgern, der sich auch schon mal als Beule im Rohr niederschlägt. Über diese Stöße freuen sich auch die Carbon-Aluminiumpfeile gar nicht so sehr; sie haben ein innenliegendes Aluminiumrohr, das mit Carbon ummantelt ist. Pfeilschäfte aus purem Carbonrohren sind preiswert und gehen mit derartigen Schlägen toleranter um. Das Carbon springt immer wieder zurück in den geraden Zustand. Wenn sie allerdings allzu kräftig gegen harte Gegenstände scheppern, zerlegt sich das Carbon in feinste Fasern. Es kann dir aber auch passieren, dass sich anstelle des Carbonrohres die Metallspitze verzieht. Diese sollte dann ausgetauscht werden. Holzpfeile brechen sofort, wenn die Kollision allzu heftig ist. Insbesondere die Holzschäfte solltest du schon beim Kauf auf ihre Gradheit überprüfen. Eine einfache und schnelle Methode ist die »Kullertechnik«. Leg den Schaft auf eine glatte Tischfläche und stups ihn mit dem Finger an, sodass er über den Tisch rollt. Die kleinste Unwucht signalisiert dir, dass der Schaft oder die

Spitze verzogen ist. Falls du keinen Tisch zur Hand hast, setzt du die »Schnipstechnik« ein, die allerdings etwas Übung voraussetzt. Dabei stellst du den Pfeil mit der Pfeilspitze in deinen Handteller. Mit den Fingern versetzt du den Pfeil in eine schnelle Rotation. Die dabei eingesetzte Fingerbewegung von Daumen und Mittelfinger ähnelt ein wenig dem Schnipsen, sie erfolgt allerdings in der entgegengesetzten Bewegungsrichtung. Krumme Pfeile springen sofort aus dem Handteller. Eine kleine Unwucht überträgt der Pfeil über die Pfeilspitze auf die sensible Haut, und so spürst du einen unrunden Lauf des Schafts. Dieser Schnelltest ist jederzeit umzusetzen und wird von einigen Bogenschützen ritualisiert durchgeführt, wenn sie die Pfeile an der Scheibe gezogen haben und auf dem Rückweg zur Schießlinie sind. Für die krummen Bolzen aus Aluminium gibt's Pfeilrichtgeräte, die in vielen Vereinen für die Mitglieder bereitstehen. Präzise Ergebnisse an der Scheibe erreichst du nur mit exakt geraden Pfeilschäften.

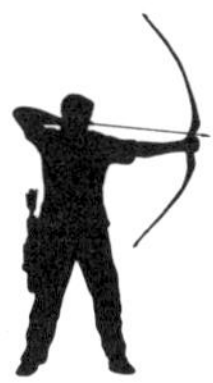

65. GRUND

Weil Gruppen manchmal theoretische Grundlagen über Bord werfen

Es gibt Gruppen von Bogenschützen, die jeder theoretischen Grundlage des Bogenschießens folgen. Nur tun das manchmal ihre Pfeilgruppen nicht. Wenn ich nun über Gruppen schreibe, meine ich die Pfeilgruppen. Sie haben nämlich eine besondere Bedeutung im Bogenschießen. Stell dir vor, du schießt sechs Pfeile, und alle verteilen sich im gelben Neunerring der Scheibe und bilden eine Gruppe im Durchmesser einer Untertasse. Als Ergebnis darfst du dir 54 Ringe notieren. Nun wechselst du den Pfeiltyp und schießt sechs Pfeile, die sich alle im linken Fünferring sammeln. Dafür notierst du lediglich 30 Ringe. Diese Pfeile allerdings bilden einen

Gruppendurchmesser im Umfang eines kleinen Tischtennisballs. Schießt du dann lieber die Pfeile, die dir 54 Ringe eingebracht haben, oder den Satz, der dir lediglich 30 Ringe bescherte? Zu empfehlen ist zumindest, dass du vorzugsweise die Pfeile mit dem kleineren Gruppenumfang schießen wirst, auch wenn das Ergebnis zunächst geringer war. Doch mit einer korrigierten Visiereinstellung könntest du diese Pfeile allesamt im 10er-Ring platzieren und dann 60 Ringe notieren. Der Gruppenumfang ist also entscheidend, weil du die Position der Gruppe über die Visiereinstellung in die Scheibenmitte bringen kannst.

Kommen wir nun zu den theoretischen Grundlagen. Dazu zählt beispielsweise, dass beim Aufbau deines Bogens ein bestimmter Wurfarm immer unten, der andere immer oben in das Mittelteil gesteckt wird. Eine Kennzeichnung auf den Wurfarmen verrät dir die korrekte Position im Mittelteil. Die beiden Wurfarme besitzen eine leicht unterschiedliche Spannkraft. Dadurch gelingt es den Bogenbauern, die Energielinie des Bogens von der Bogenmitte (im tiefsten Punkt der Griffschale) nach oben in den Bereich der Pfeilauflage zu verlagern. Das ist zumindest die theoretische Grundlage für die Position der Wurfarme. Doch ausgerechnet Bogenschützen der britischen Nationalmannschaft schossen vor einigen Jahren den Bock ab, als sie alles auf den Kopf stellten und die Wurfarme vertauschten. Theoretisch darf das nicht sein. Doch hatten die britischen Experten innerhalb von Schießtests herausgefunden, dass ihre Wurfarme nicht optimal arbeiteten und nur durch das Vertauschen der Wurfarmanordnung die Energiemitte dorthin verlagert werden konnte, wo sie hingehört, nämlich in den Bereich der Pfeilauflage. Damit schossen sie bessere Gruppen, und so warfen sie theoretische Grundlagen in Bezug auf die Wurfarmanordnung über Bord.

Theoretisch sind Pfeilschäfte mit den geringsten Materialabweichungen die beste Wahl. Zu dieser Sorte zählen zweifelsfrei die teuren Schäfte des Typs X10, die dir mit den Spitzen über 50 Euro aus der Tasche ziehen, und zwar pro Stück. Die geringen Materialabweichungen lassen sich sogar mit speziellen Messgeräten bestätigen. Dennoch kann sich in der Praxis zeigen, dass preisgünstigere Pfeile mit größeren Materialabweichungen bessere Gruppen bilden. Dann stehst du vor der Wahl, die besten Pfeile oder aber die besten Gruppen zu schießen.

Brady Ellison zählt zu den besten Bogenschützen der Welt, und er konnte bereits mehrere olympische Medaillen in sein Heimatland einführen. Vor einigen Jahren schoss der US-Boy einen Bogen mit einem Tiller von unter null Millimeter. Eigentlich müssen Bögen aber so eingestellt sein, dass der Tiller im Plusbereich liegt. Jeder würde dir sagen, dass diese Einstellung von Brady falsch war, weil schon die Physik ein Verbot verhängt. Doch Ellison räumte mit seinem Bogen in der Saison fast alle Goldmedaillen bei den internationalen Wettkämpfen ab. Und natürlich überließ er die krude Tillereinstellung nicht dem Zufall. Materialtests und die Gruppen der Pfeile waren ausschlaggebend für seine ungewöhnliche Einstellung des Bogens, die ihre Ursachen in der individuellen Arbeitsweise seiner Wurfarme fand. Manchmal müssen Bogenschützen eine Entscheidung zwischen Dogmen und der besten Pfeilgruppe treffen.

Natürlich haben auch beim Bogenschießen die theoretischen Grundlagen eine Bedeutung. Doch in letzter Konsequenz entscheiden ausschließlich die Gruppen der Pfeile über den optimalen Weg, der zu den besten Ergebnissen führt. Und dabei erscheint es manchmal so, als würden beim Bogenschießen die Gesetze der Physik gesprengt. Doch Werner Beiter hatte recht, als er über die Sinnestäuschungen sprach, die nur durch das Messen, Zählen und Wiegen entlarvt werden können.

66. GRUND

Weil noch immer Raum für Erfindungen ist

Das Experimentierfeld rund um das Bogenschießen lässt immer noch Raum für Tüftler, die mit Neuentwicklungen Aha-Effekte auslösen. Natürlich müssen die neuen Erfindungen für Bögen, Pfeile und das restliche Schießequipment regelkonform sein, und im Zweifelsfall prüft die technische Kommission des Bogensportweltverbandes einzelne Neuentwicklungen. Einer dieser Tüftler ist Jörg Pötsch, der zunächst damit begann, Holzgriffschalen für die Mittelteile in einem neuartigen optischen Design zu kreieren. Er verleimt in kunstvoller Vollendung eingefärbte Holzschichten zu einem Klotz, den er anschließend zu einer Griffschale für Mittelteile modelliert. Die Wünsche der Auftraggeber in puncto Farbkombination, Muster und Form werden von ihm umgesetzt. Diese Einzelstücke sind inzwischen rund um den Globus bekannt und heiß begehrt. Weil Bogenschützen gerne mit der Griffhöhe experimentieren, entwickelte der Experte ein Grundmodul, das mit keilförmigen Aufsatzmodulen in verschiedenen Anstellwinkeln unkompliziert kombiniert werden kann. Experimentiersets gibt's für Bogenschützen und Trainer.

Ein italienischer Bogenschütze hatte die Idee, zur Dämpfung des Bogens eine Kammer mit Gel im Mittelteil zu integrieren. Also schuf er ein modernes Design für ein Metallmittelteil mit der Gelkammer, ließ das Dämpfungssystem patentieren, und seitdem läuft das Designerstück in kleinster Auflage zum exklusiven Preis vom Band. Bravo!

Ein Teilnehmer des World Cups in Berlin hatte einen Klicker entwickelt, der kein akustisches, sondern ein taktiles Signal gibt. Hat der Bogenschütze den Pfeil durch den Klicker gezogen, tippt über eine Hebelkonstruktion ein Draht auf den Daumen der Bogenhand und signalisiert dem Bogenschützen den Zeitpunkt für das Lösen der Sehne. Dieser »Tipper« ist ideal für Bogenschützen, die akustische Signale nicht hören können.

Vor einigen Jahren fanden Bogenschützen eine sensationelle Hilfe für das bequeme Ziehen der Pfeile aus extrem harten Scheiben. In ein etwa zehn Zentimeter langes Kunststoffröhrchen schieben sie einen Schaumstoffkern, der mit Silikonöl getränkt wird. Regelmäßig tunken Bogenschützen ihre Pfeile in das Röhrchen, das den vorderen Teil des Schaftes mit dem Öl benetzt. Das Ziehen der Pfeile läuft dann wie geschmiert.

Schießt du den Pfeil in das Holz des Scheibenständers, kann er sich bei hohen Zuggewichten tief im Holz festkrallen. Um den Pfeil zu befreien, kommen häufig Messer und Schraubendreher zum Einsatz, die hässliche Beschädigungen am Scheibenständer hinterlassen. Ein Feinmechanikhersteller aus Süddeutschland entwickelte eine spezielle Zange für das Ziehen der Pfeile. Zwei gummibeschichtete Backen umklammern beim Zusammendrücken der Zange den Pfeilschaft. Über eine Hebelbewegung wird der Schaft schließlich aus dem Holz gezogen, und so verbleibt lediglich ein kleines Loch im Scheibenständer.

Carbonrohre der Pfeilschäfte haben ein Manko, weil meistens eine Seite des Schaftes etwas härter ist als die andere. Diese Materialabweichungen führen dazu, dass einzelne Pfeile immer wieder aus der Gruppe herausspringen. Ein süddeutsches Unternehmen entwickelte ein simples Testgerät. Jeder Schaft wird in das Testgerät gesetzt und mit einem leichten Druck auf die beiden Schaftenden belastet, bis die Schaftmitte ausbricht. So verrät der Schaft seine harte und weiche Seite. Nun wird die Nocke in allen Schäften so ausgerichtet, dass alle harten Seiten der Schäfte gleich ausgerichtet sind. Allein durch diesen Trick zeigen die Pfeile kleinere Gruppen im Trefferbild. Der Bogensportler spart sich eine Menge Zeit beim späteren Ausschießen der Blankschäfte.

Es schlummern viele weitere Ideen in den kreativen Köpfen der Bogenschützen. Tüftler und Bastler können sich im Bogenschießen austoben und sogar Produkte entwickeln, die mit der passenden Innovationskraft eine Reise rund um den Globus antreten werden.

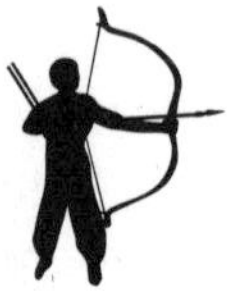

67. GRUND

Weil es HighSpeed-Kameras gibt

Wenn du selbst einmal sehen willst, ob sich dein Pfeil wie ein Kantholz oder wie ein fluffiges Heißwürstchen aus dem Bogen bewegt, solltest du eine Aufnahme mit einer HighSpeed-Kamera machen. Etwa ab 1.000 Frames (Bildsequenzen) pro Sekunde wandert der Pfeil im Schneckentempo an der Pfeilauflage vorbei und bahnt sich seinen Weg in Richtung des Ziels. Natürlich siehst du alle Details, die für die Abstimmung des Pfeils und des Bogens wichtig sind. Leider kosten die guten HighSpeed-Kameras viel Geld und liegen in einer Preisspanne zwischen einem Kleinwagen und einer Luxuskarosse. Doch vor einigen Jahren kamen kleine Fotokameras mit einer HighSpeed-Funktion heraus, die 1.000 Frames pro Sekunde aufzeichnen können. Weil Otto Normalverbraucher dieses Kameramodell wohl nicht so nützlich fand, wurde die Produktion inzwischen eingestellt. Deswegen sind die Kameras für unter 100 Euro auf den Versteigerungsplattformen des Internets erhältlich. Doch selbst einige Smartphones haben heute schon Videofunktionen, die beeindruckende Aufnahmen abliefern.

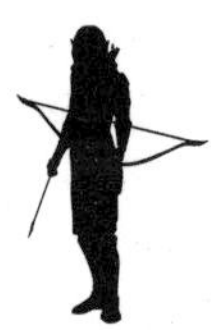

68. GRUND

Weil es heulende Pfeile gibt

Es gibt Bogenschützen, die ihre Pfeile zum Heulen bringen. Und das hat eine lange Tradition. Wenn du heute bequem im Sessel sitzt und eine E-Mail in dein Smartphone huscht, bekommst du einen Signalton. Weil vor einigen Hundert Jahren Smartphones weniger populär waren, bedienten sich die Postboten der Heulpfeile, die samt Nachricht über die Festung der Burg geschossen wurden. Heulpfeile wurden aber auch bei Kriegen eingesetzt. Die Bogenschützen verschafften sich einen bleibenden Eindruck, als sie gleichzeitig ihre Heulpfeile in Richtung des Feindes schossen, was zur Einschüchterung beitragen sollte. Eine kleine Bohrung quer durch die Pfeilspitze genügt, um den heulenden Signalton beim Schießen des Pfeils zu erzeugen. Heute sind die Heulpfeile nicht mehr als ein Spaß im traditionellen Bogensport. Kinder flippen förmlich aus, wenn die Pfeile mit ihrem Heulen über Wiesen geschossen werden. Eine allzu hohe Treffgenauigkeit solltest du von den Pfeilen jedoch nicht erwarten, weil es sonst passieren könnte, dass nach dem Einschlagen des Pfeils im Ziel auch du mit dem Heulen beginnst.

69. GRUND

Weil es Bogenrucksäcke gibt

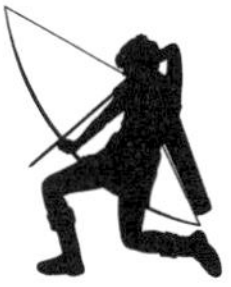

Deine komplette Ausrüstung für das Bogenschießen passt in einen Bogenkoffer. Diese speziellen Koffer für Bogenschützen enthalten abgetrennte Aufbewahrungsplätze für das Mittelteil, die Wurfarme und den ganzen Kleinkram, den du beim Bogenschießen sonst noch benötigst. Selbst für die Pfeile gib es ein Fach, in dem jeder einzelne Schaft zwischen Schaumstoffklemmen eingebettet wird und jeden Transport sicher übersteht. Für Autofahrer ist der Bogenkoffer ideal. Spezielle Hartschalenkoffer für Flugreisen haben ihren Preis, überstehen aber selbst den robusten Umgang beim Verladen des Gepäcks durch das Flughafenpersonal. Für alle, die gerne auch mal mit dem Fahrrad zum Training fahren, gibt es Bogenrucksäcke. Einen der vermutlich ersten Bogenrucksäcke nähte mir meine Mutter schon in den 80er-Jahren. Sie verwendete einen stabilen Stoff, nähte daraus eine nach oben hin offene Röhre mit zwei Trageschlaufen an der Seite. Von oben schob ich die Ausrüstung in den neuen Rucksack, schnallte ihn auf den Rücken und konnte so auch mit dem Fahrrad zum Bogensportplatz fahren. Die Bogenrucksäcke, die du heute im Handel findest, sind mit ihren einzelnen Fächern deutlich komfortabler. Gepolstert in alle Richtungen werden Mittelteil und Wurfarme in Fächern mit Reißverschlüssen aufbewahrt, und für die Pfeile ist eine verschließbare Kunststoffröhre in den Rucksack eingelassen. Wenn du also mal mit dem Fahrrad, dem Motorrad oder zu Fuß zum Bogenschießen möchtest, ist der Bogenrucksack dein perfekter Begleiter.

Gehst du in den Feld- und 3D-Parcours, nimmst du einen kleineren Rucksack für deinen Proviant, dein Fernglas und andere nützliche Utensilien mit. Falls du dich während einer Pause nicht so gerne auf einen feuchten Baumstamm setzen möchtest, sind Sitzrucksäcke aus dem Bogensportfachhandel eine gute Wahl. Im Inneren befinden sich ein stabiles Aluminiumsitzgestell und genügend Platz für alle wichtigen Dinge, auf die du im Parcours nicht verzichten möchtest. Im Wald oder auf der Wiese setzt du den Rucksack ab, stellst ihn auf den Boden und setzt dich auf das kleine Multitalent wie auf einen Hocker. Wie praktisch ist das denn?

KAPITEL 6

NATURERLEBNISSE

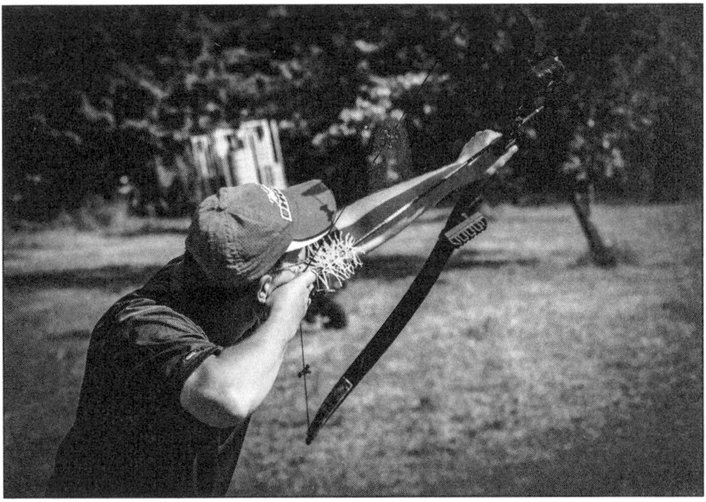

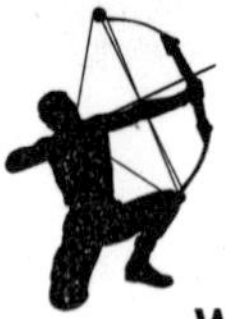

70. GRUND
Weil du Sport im Einklang mit der Natur ausübst

Möglicherweise zieht es die Menschen in die Natur, weil sie hier ihren Ursprung haben. Ganz sicher ist es die Ruhe der Natur, von der wir uns anstecken lassen und so eine angenehme Entspannung erleben. Manchmal dauert es eine Weile, bis wir die Gedanken des Alltags abschalten und uns dem beruhigenden Einfluss der Natur völlig hingeben können. Lebst du in der Stadt, suchst du dir vielleicht immer wieder mal einen Grund, in die Natur zu fahren. Manchmal ist es ein Urlaub oder ein Wochenende in der Natur. Einer der Gründe könnte aber auch das Bogenschießen sein. Packt dich erst einmal die Leidenschaft dieses Sports, wirst du viele Stunden deiner Freizeit im Grünen verbringen. Du kannst alleine, mit Freunden oder mit der Familie die Zeit auf den Wiesen und in den Wäldern verbringen. Besonders attraktiv für Naturliebhaber sind die Feld- und 3D-Parcours.

Wenn ich Freunde in Bayern besuche, verzichte ich ungern auf meinen Jagdrecurve, der irgendwo immer einen Platz im Auto findet. Meistens ergibt es sich an einem Wochenende in Bayern, dass meine Freunde mit mir für einige Stunden einen Ausflug zu einem 3D-Parcours machen. Ein sehr schöner Parcours wurde in Arzbach in der Nähe von Bad Tölz von den Isarwinkler Bogenschützen angelegt. Nach dem Kauf einer Tageskarte öffnet sich dir ein Naturidyll. 14 Ziele aus Schaumstoff warten in dem Parcours auf dich. Kleine Holzschilder mit Gravuren deuten den Weg von Station zu Station. Als Preuße wirst du gefordert, wenn du vor den Inschriften »*Doa geht's weida*« oder »*Doa nauf*« stehst. Und wenn du das Hinweisschild »*Doa nauf*« so weit richtig verstanden hast, wird dir auch bewusst, warum im Parcours gute Wanderschuhe mit einer rutschfesten Sohle ein echter Vorteil sind. Denn es geht nach dem Schild für einige Meter steil den Waldboden hoch zum nächsten Schaumstofftier. Du selbst wirst zum Vierbeiner, wenn der Waldboden vom letzten Regen noch aufgeweicht ist und es dir beim Anstieg die Haxen nach hinten reißt. Wann ist man schon so unmittelbar mit der Natur verbunden? Wenn du erfolgreich den Anstieg bewältigt hast, stehst du als Schmuddelkind mit feuchten Knien und Waldbodenanhaftungen an den Händen und Ellbogen hoch oben vor einer tiefen Waldsenke, durch die sich ein Bach seinen Weg gebahnt hat. Hier ist auch dein Abschusspunkt für das Ziel, das jenseits der Waldsenke auf deine Pfeile wartet. Die Entfernung zum Ziel ist nicht bekannt, und so schießt du deine Pfeile nach Augenmaß im hohen Bogen über die tiefe Senke. Zum Einsammeln der Pfeile geht's runter, du balancierst über einige Steine im Bett des Baches und kommst so trockenen Fußes zum Ziel. Später machst du noch eine Begegnung mit einer Rotte Schaumstoffwildschweine samt Frischlinge, die sich artgerecht in einer morastigen Kuhle suhlen. Etwa auf der Hälfte des 1.300 Meter langen Waldparcours steht ein Abdach mit einem Holztisch und Bänken für eine Pause. An einem heißen Sommertag wird es dich besonders freuen, dass die Erbauer des Parcours vor dem Tisch zwei Fässer in den kühlenden Waldboden eingelassen haben, die mit Getränken gefüllt sind. Du schraubst die Fässer auf und wählst zwischen einem kühlen Bier oder einem alkoholfreien Getränk. Zu viel von dem Gerstensaft solltest du nicht verzehren, denn zum Ende des Parcours wartet auf dich eine Herausforderung an deine Koordinationsfähigkeit. Mit Pfeil und Bogen stellst du dich auf ein Gitterrost, das an Ketten aufgehängt frei über dem Boden schwingt. Dein Ziel liegt zwischen zwei Baumstämmen, und du solltest das Schwingen des Gitterrosts weitestgehend unterbinden, damit deine Pfeile ihren Weg zwischen den Baumstämmen hindurch finden. Nach etwa 90 Minuten wirst du den Wald verlassen haben und vor deinem Auto stehen. In diesem Moment merkst du, wie sehr dich der Wald und das Bogenschießen aus dem Alltag herausgezogen haben. Das ist wirklich wunderbar!

Diese Begegnungen mit der Natur schaffen Inseln für Erholung und Entspannung. Überall in Deutschland und anderen europäischen Ländern gib es diese Erlebniswelten für Bogenschützen. Und überall sind die Herausforderungen und Überraschungen anders und neu. Einen Parcoursführer mit über 300 Anlagen findest du übrigens im Internet unter www.3dbogenschiessen.com

71. GRUND

Weil Bäume mit dir kommunizieren

Bäume entfalten ihre beruhigende Wirkung nicht nur auf Menschen, sondern auch auf den Wind, der durch die massiven Holzstämme ausgebremst wird. Stehst du allerdings auf einer freien Wiese beim Feldbogenschießen oder beim Training auf die 70-Meter-Distanz, kann sich der Wind frei entfalten und dir kräftig zusetzen. Der Wind drückt beim Zielen deinen Bogen beiseite und nach dem Schuss die Pfeile aus der Flugrichtung. An solchen Tagen solltest du aber unbedingt trainieren, weil du dann lernst, mit den besonderen Wetterbedingungen umzugehen. An diesen Tagen wirst du zum Beobachter der Natur. Wenn du noch mit deinem Bogen in der Windstille stehst, solltest du unbedingt dem Rat der Bäume folgen, wenn sie dir die nächste Böe ankündigen. Stehen die Bäume weit genug von dir entfernt, deutest du aus dem einsetzenden Rascheln der Blätter den richtigen Zeitpunkt für den nächsten Pfeil, den du dann noch vor dem einfallenden Wind schießen kannst. Andernfalls wartest du, bis sich die Blätter wieder beruhigen. Wettkampfsportler trainieren so das Schießen ihrer sechs Pfeile pro Passe innerhalb des verfügbaren Zeitlimits. Sie entwickeln eine kluge Taktik, mir der sie die windstillen Passagen für das Schießen der Pfeile auszunutzen. Immer dann, wenn der Wind die Pfeile im Flug erreicht, wird er sie aus der Scheibenmitte herauswehen. Als Bogenschütze zielst du dann neben die gelbe Mitte der Scheibe. Findest du den idealen Zielpunkt, treibt der Wind den Pfeil in das Zentrum des Ziels. Wo genau der ideale Zielpunkt ist, lernst du nur durch die Erfahrungen, die du beim Training an windreichen Tagen sammelst. Auch die Stärke der zu erwartenden Böen verraten dir die Bäume. Und sollten im Umfeld deines Trainingsplatzes Felder liegen, verraten dir auch die Grashalme die sich nähernden Windböen, weil sich die Halme wie das Wasser auf einem See zu kräuseln beginnen.

Im Waldparcours will dir ein flach liegender Baumstamm sagen, dass der richtige Zeitpunkt für eine Pause gekommen ist. Lege Bogen und Köcher ab, setz dich auf den Stamm und lass dich von einem heißen Kaffee aus deiner Thermoskanne verführen. Zusammen mit Freunden nutzt du das Öko-Sitzmöbel für einen Plausch über das gemeinsame Hobby. Setzt ein warmer Sommerregen ein, laden dich die Bäume ein, eine Pause unter der schützenden Baumkrone zu genießen. Während die Regentropfen auf die Blätter prasseln, erlebst du die Natur unmittelbar. Deinen Mut kannst du im Waldparcours auf die Probe stellen, wenn der Wind kräftig bläst und die Baumkronen über dir bedrohlich ins Schwanken geraten. Die Bäume gleichen mit den Schwingungen die auf ihn wirkenden Kräfte aus, und sie sind es gewohnt, mit dem Wind fertig zu werden. Allerdings solltest du auch die Warnungen der Bäume verstehen. Ein lautes Knistern und Knacken des Holzes kündigt eine Einsturzgefahr an, und so kann schon mal ein massiver Ast die Nähe des Waldbodens suchen. Es ist besser, wenn du in diesem Moment den Wald schon längst verlassen hast. Denn als Ela, Lothar und Kyrill den Wald aufsuchten, wurde es freilich auch für Bogenschützen in den Wäldern gefährlich. Sollte ein Gewitter mit Blitz und Donner die Regie in den Wäldern übernehmen, sitzt du besser schon im Auto. Denn die Volksweisheit, wonach du Buchen suchen und vor Eichen weichen sollst, entpuppte sich als Binsenweisheit. Baum ist Baum, und keine Art wird vom Blitz verschont, du in deinem Auto aber schon.

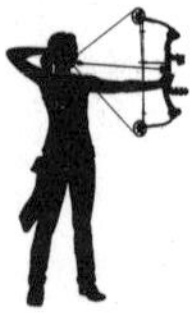

72. GRUND

Weil die Sonne Zeichen setzt, die nur Insider deuten können

Wir mögen die Sonne. Wir bewundern sie frühmorgens, wenn sie emporsteigt, und abends, wenn sie untergeht und dabei manchmal den Himmel orangerot einfärbt. Beim Regen zaubert sie einen Bogen im vollen Farbspektrum an den Horizont. Ist der Himmel bedeckt, produziert unsere Zirbeldrüse Melatonin, ein Hormon, das unsere Aufmerksamkeit verändert und die Reaktionszeit verlangsamt. Meistens ist es dann Zeit, schlafen zu gehen. Kommen die grauen Wintertage, fallen einige Tiere in den Winterschlaf, und Menschen schlägt die Abwesenheit der Sonne dann schon mal aufs Gemüt. Doch gerade an diesen Tagen lohnt es sich, viel Zeit im Freien zu verbringen. Als Bogenschütze findest du täglich einen Grund, die verbleibenden Strahlen der Sonne einzufangen. Scheint die Sonne an einem Sommertag, laufen wir zu Hochtouren auf. An einem solchen Tag setzt die Sonne ein markantes Zeichen, das einen Bogenschützen kennzeichnet, und du wirst ihn erkennen, selbst wenn er das Training längst beendet hat. Nur Insider wissen das geheime Zeichen zu deuten, wenn sie Bogenschützen an Bahnsteigen, Autobahnraststätten oder im Supermarkt begegnen. Es ist ein ungebräunter Hautfleck am Unterarm in der Form des Armschutzes, der sie verrät. Wundere dich also nicht, wenn du schon nach dem ersten Schnuppertraining eines sonnenreichen Tages im Kaufhaus von einem wildfremden Menschen auf dein neues Hobby angesprochen wirst. Achte dann auf seinen Unterarm, denn vermutlich trägt er das gleiche Zeichen auf seiner Haut.

73. GRUND

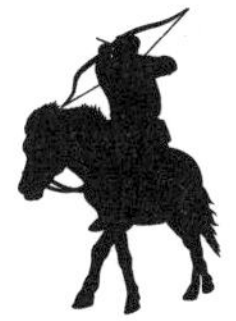

Weil Bachufer rutschig sind

Im Feld- und 3D-Parcours werden insbesondere die natürlichen Gegebenheiten der Landschaft genutzt, um den Bogenschützen besondere Abenteuer zu bieten. Nur die Erfahrungen im Training helfen dir, die Ziele im unwegsamen Gelände sicher zu treffen. Triffst du die Ziele noch nicht so perfekt, bieten sich gerade im Wald alternative Möglichkeiten, die Aufmerksamkeit anderer Bogenschützen auf dich zu lenken.

Spring für eine lustige Tanzeinlage auf einen Baumstumpf! Ist die Holzoberfläche glitschig genug, reißt es dir die Beine weg, und so wirst du – wenn alles glatt läuft – mit deinen Trainingspartnern viel zu lachen haben.

Eine besondere Showeinlage bietet sich an, wenn die Scheibe an einem steilen Hang steht. Achte auf den Moment, wenn die Bogenschützen ihre Pfeile geschossen haben und die Bögen abstellen, um den Hang hochzukraxeln. Nun drängst du dich hektisch an ihnen vorbei, bis du die Spitzenposition der Gruppe erreicht hast. In diesem Moment trittst du auf die rutschigste Stelle des Bodens, reißt die Beine nach hinten raus und streckst gleichzeitig beide Arme zur Seite. So gelingt es dir, den Hang mit der ganzen Gruppe herunterzurodeln. Unten angekommen, wirst du die Humorfähigkeit deiner Trainingspartner kennenlernen. Zeigen sie sich erbost, wirfst du ihnen frech weg vor, sie hätten durch ihr Gedrängel beim Aufstieg die Situation selbst verursacht. Danach ist dir die volle Aufmerksamkeit gewiss.

Nutze herumliegende Äste als Stolperfalle! Gerade die schweren Äste müssen nicht zusätzlich mit einem Fuß am Boden fixiert werden, um dein Ungleichgewicht auszulösen.

Aufmerksamkeit kannst du auch auf dich lenken, wenn der Waldboden vom Regen aufgeweicht ist. Dann nämlich könnte es dir gelingen, eines der Schaumstofftiere im 3D-Parcours samt Befestigungspflöcken aus dem Boden zu reißen. Das geht ganz einfach. Fasse beim Ziehen der Pfeile nur den Schaft an und keinesfalls mit der anderen Hand das Schaumstofftier. Nun ziehst du mit einem kräftigen Ruck am Schaft, und schon kannst du deinen Sportfreunden demonstrieren, dass selbst Vögel aus Schaumstoff durch die Luft fliegen können und Rehe aus Schaumstoff realitätsgetreu zu Boden fallen, als hättest du sie mit deinem Pfeil tatsächlich erlegt.

Ein gestapelter Haufen abgesägter Baumstämme am Wegesrand lädt förmlich zu einem Balanceakt ein. Am besten nimmst du dafür deinen Bogen gleich mit und lässt auch den Köcher samt Pfeilen am Gürtel. Um deine Koordinationsfähigkeit unter Beweis zu stellen, suchst du dir einen Baumstamm im Stapel, der bei jedem Schritt hin und her wackelt. Kommt der Zeitpunkt, an dem du dein Gleichgewicht verlierst, keilst du zunächst den unteren Wurfarm deines Bogens in einen Spalt zwischen die Stämme, anschließend setzt du zum Spreizschritt an, windest dabei das Becken herum, damit du beim Aufprall mit dem Gesäß exakt auf dem Köcher mit den Pfeilen landest. Den Bogen hältst du bis zum Ende der Show fest am Griff, weil so der Wurfarm in eine neue Form gebracht werden kann. Immer dann, wenn alle Bogenschützen unbeschadet bleiben, kannst du mit so einem Spaß die Stimmung in der Gruppe zum Siedepunkt treiben. Anschließend bestätigst du mit deiner Ausrüstung, dass verzogene Wurfarme und krumme Pfeile das Trefferbild nicht verbessern.

Kommen wir zu Bächen und Flussläufen. Sie vollenden das natürliche Ambiente eines Feld- und 3D-Parcours. Nach einer Passe über das fließende Wasser stehen dir hölzerne Brücken oder massive Steinbrocken für einen sicheren Seitenwechsel zur Verfügung. Diese sicheren Überwege nehmen freilich ein wenig vom Abenteuer der Natur, und du kannst dir einen Heldenstatus sichern, wenn du dir deinen eigenen Weg suchst. Ein steiles Bachufer verführt förmlich zu einer Rutschpartie ins kühle Nass. Interessant ist die Tippeltechnik, mit der du pfeilschnell auf kleine, kippelige Kieselsteine im Flussbett trittst, um schließlich auf halber Flussbreite die Grätsche einzuleiten. Nutze den Moment des Sturzes, um deinen Bogen flussabwärts zu werfen. Denn falls du nach der Grätsche noch nicht vollends durchnässt bist, kannst du nun die Aufmerksamkeit aller Bogenschützen auf dich lenken, indem du zum rettenden Hechtsprung in Richtung des abtreibenden Bogens ansetzt.

Der zu erwartende Materialschaden bei ähnlichen Kapriolen sinkt, je einfacher die Ausstattung des Bogens ausfällt. Stabilisatorensysteme und Visiere fordern dich zur besonderen Achtsamkeit im unwegsamen Gelände auf, weil sie auf Stürze empfindlich reagieren.

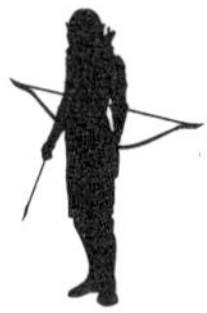

74. GRUND

Weil man auf fast jeder Wiese schießen kann

Alles, was du zum Bogenschießen benötigst, ist deine Bogenausrüstung, eine Scheibe und eine Wiese oder ein Waldstück. Scheiben kannst du beim Bogenhändler kaufen. Es gibt Scheiben mit Scheibenständer oder Schaumstoffwürfel, die du irgendwo auf die Wiese werfen und darauf schießen kannst. Für ein Freizeitvergnügen genügt ein Strohballen oder aber ein mit Altkleidern vollgestopfter Sack, den du in einen Baum hängen und von allen Seiten beschießen kannst. Anders als bei Schießständen für Pistolen, Gewehre oder Armbrüste gibt es keine waffenrechtlichen Bestimmungen für Bogensportplätze. Allerdings gibt es wichtige Empfehlungen, die du unbedingt beachten solltest. Dazu zählen die Sicherheitsabstände hinter und seitlich der Scheibe. Sie müssen so weiträumig sein, dass niemand gefährdet wird, der sich im Umfeld der Scheibe bewegt. Mindestens 15 Meter zu jeder Seite der Scheibe sollten als seitliche

Abstände schon vorhanden sein. Das Gelände sollte übersichtlich sein, und Kinder sollten besser unter der Aufsicht von Erwachsenen Bogenschießen. Beachte, dass sich Pfeile zu Querschlägern entwickeln können, wenn sie von einem Gegenstand abgelenkt werden. Touchiert der Pfeil beispielsweise den Scheibenständer, kann er noch mal einen Satz in die Höhe oder zur Seite machen. Kommt es beim Bogenschießen zu einer konkreten Gefahr, weil etwa ein Anwohner deine Pfeile auf seinem Grundstück findet, ist der Ärger vorprogrammiert. Dann könnte dir die Polizei das Bogenschießen auf dem Gelände untersagen. Und seien wir ehrlich, das wäre noch das kleinste Übel nach dem Beschießen des fremden Grundstücks. Doch achtest du auf diese Empfehlungen, findest du unkompliziert einen eigenen Trainingsplatz im Grünen.

Vereinsplätze allerdings werden als Sportanlagen eingestuft, und hier können die Bauordnungsämter schon Bedingungen anknüpfen wie eine angemessene Anzahl von Parkplätzen und Sanitäranlagen. Vereine sollten die Planung eines neuen Bogensportplatzes den Behörden zeitnah mitteilen, denn manchmal ergeben sich unangenehme Überraschungen. Diese Erfahrung machte ein Bogensportverein im Westen Deutschlands, der von einem Landwirt eine Fläche für einen Bogensportplatz einschließlich Parkplätzen, Unterstellmöglichkeiten und Sanitäranlagen angeboten bekam. Torpediert wurde das Projekt von dem emsigen Leiter des zuständigen Bauordnungsamtes, der kurzerhand die klappbaren Holzscheibenständer als bauliche Anlagen einstufte. Ergänzend erklärte er, dass die erforderlichen Bauanträge nicht genehmigt werden könnten, weil sich die Fläche in einem Landschaftsschutzgebiet befinde. Es kam zu einem Ortstermin. Dazu reiste der Leiter des Bauordnungsamtes höchstpersönlich mit einer Sachbearbeiterin und einer Praktikantin an. Ergänzt wurde das Trio von einem Juristen und einem Sachbearbeiter der Gemeindeverwaltung. Der Scheibenständer wurde von einem Bogenschützen über den Hof getragen und vor den kritischen Blicken der Behördenvertreter aufgeklappt. Nach der Inaugenscheinnahme des Objektes verkündete der Leiter des Bauordnungsamtes, dass der Scheibenständer durch sein Eigengewicht eine feste Verbindung mit dem Boden eingeht und, weil er dauerhaft auf dem Bogenplatz stehen soll, zu einer genehmigungspflichtigen, baulichen Anlage würde. Nach einer längeren Diskussion baute der Jongleur des Rechts schließlich noch eine Brücke ganz ohne Bauantrag. Würden die Bogenschützen die Scheibenständer nach jedem Training wieder abbauen, wäre es keine bauliche Anlage im Sinne der Bauordnung. Doch glücklicherweise ist diese gediegene Rechtskonstruktion ein Einzelfall geblieben, und in der Regel stehen den Vereinen wohlwollende Verwaltungen bei der Realisierung ihrer Bogenplätze gegenüber.

75. GRUND

Weil man mit dem Bogen reisen kann

Österreicher sind pfiffige Menschen. Wenn zum Ende des Winters die Schneeschmelze einsetzt, rüsten sie sich für ein abwechslungsreiches Outdoor-Sportangebot, mit dem das Land auch in den warmen Monaten ein attraktives Reiseziel bleibt. Speziell mit dem Bogenschießen sprechen die Österreicher die leidenschaftlichen Bogenschützen an, die auch im Urlaub auf ihr Hobby nicht verzichten möchten. Aber auch Einsteiger des Sports kommen auf ihre Kosten, denn zahlreiche Hotels bieten Seminare für das Bogenschießen an. Es gibt Anlagen, auf denen du die olympischen Wettkampfdistanzen trainieren kannst, und gerade in den bergigen Regionen warten auf dich traumhaft schön angelegte Feld- und 3D-Parcurs. Für Abwechselung stehen Wandern, Bergsteigen, Canyoning, Mountainbiken, Baden oder das Genießen der malerischen Bergpanoramen auf dem Programm.

Urlaub mit Pfeil und Bogen ist selbstverständlich auch in Deutschland und anderen Ländern der Welt möglich. Die Einreise mit dem Bogen ist in Österreich unproblematisch. Anders sieht es beispielsweise in Spanien aus, denn hier ist der Bogen als Waffe eingestuft, und du benötigst bei der Einreise eine Einladung aus Spanien, aus der die Verwendung des Bogens während deines Aufenthaltes erkennbar wird. Das könnte eine Einladung eines Wettkampfveranstalters sein. Auf jeden Fall solltest du dich vor deiner Reise erkundigen, ob dein Bogen in das jeweilige Land unproblematisch eingeführt werden kann.

Sollte die Hotelanlage deiner Urlaubsregion mit einem Bogensportplatz werben, solltest du dich im Vorfeld auch erkundigen, ob hier ein echtes Bogensporttraining stattfinden kann oder ob diese Anlage lediglich für ein Animationsprogramm eingesetzt wird. Der mehrfache Deutsche Meister Manfred Wybieralski war in einem Urlaub mit der Bogensportanlage unglücklich und entschied sich, sein Training an einen menschenleeren Strandabschnitt zu verlegen. Aus 70 Meter Entfernung schoss er seine Pfeile in eine mehrere Meter hohe Sanddüne und trainierte auf diese Weise intensiv seine Bewegungstechnik. Erfolgreich stieg er anschließend in die Wettkampfsaison ein, allerdings mit neuen Pfeilen, denn der Sand hatte die Carbonschicht der Schäfte wie Schmirgelpapier abgeschliffen.

Wenn sich Bogenschießen zu deiner Leidenschaft entwickelt hat, gibt es nichts Besseres, als mit der Ausrüstung auch einen Teil des Urlaubs zu verbringen.

76. GRUND

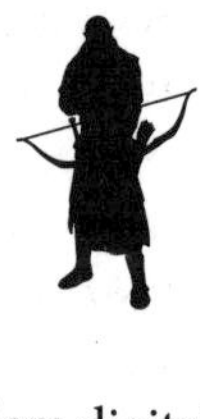

Weil du Stress abbaust

Unsere Gesellschaft entwickelt sich rasant. Mit dem digitalen Zeitalter kommen wir schneller und leichter an Informationen, können uns rund um den Globus in Sekundenschnelle austauschen, Arbeitsprozesse werden effizienter. Die Geschwindigkeit, in der sich die Welt entwickelt, stellt besondere Anforderungen an die Menschen, denn sie erfordert eine ebenso schnelle Anpassung an immer neue Bedingungen. Manche Menschen mögen diese rasante Entwicklung, einige nur innerhalb eines Lebensabschnittes, andere haben Schwierigkeiten, Schritt zu halten. Für viele Menschen in der Arbeitswelt erzeugt das digitale und effiziente Zeitalter Druck, der bewältigt werden muss. Schaffen wir es nicht, Freiräume einzurichten, lauern Belastungsstörungen, wie das Burn-out-Syndrom. Wir brauchen Inseln der Entspannung, um den Stress des Alltags hinter uns lassen zu können. Sport im Allgemeinen kann deine Lösung sein. Die Natur stellt eine weitere Lösung dar, denn hier gibt es keinen Stau, keine Systemkonflikte und keine Hektik.

Das Bogenschießen verbindet den Sport mit der Natur. Es verspricht Entspannung, weil du schon beim Auszug des Bogens deine Gedanken auf den Schuss und die Bewegungstechnik lenkst. Du beobachtest nach dem Schuss die Scheibe und verfolgst das Eintreffen des Pfeils im Ziel. Im Training gelingt es dir, deine Gedanken für einige Stunden vom Stress des Alltags zu lösen und auf das Bogenschießen zu lenken. Und solltest du die Zeit auf dem Bogenplatz nutzen, um jede eingehende E-Mail, WhatsApp- und Facebook Messenger-Nachricht zu lesen und sofort zu beantworten, bist du nicht mehr zu retten. Besser ist es, du mottest dein Smartphone für die Zeit des Trainings ein. Vielleicht wirst du dich zum Ende des Trainings wundern, aber die Erde hat sich auch beim kurzweiligen Verzicht auf das Smartphone weitergedreht. Es gibt heute zahlreiche Vereine, die Smartphones im Training nicht gerne sehen. Wer dringend telefonieren muss, macht das niemals auf der Schießlinie, sondern im Abseits, wo sich auch die Raucher tummeln. Manch ein Trainer sammelt zum Beginn des Kinder- und Jugendtrainings die Smartphones ein und ist dann der Ansprechpartner, wenn Eltern ihre Kinder erreichen möchten. Auf Wettkämpfen dürfen Smartphones nicht an der Schießlinie oder an den Scheiben benutzt werden. Ganz sicher schadet es nicht, wenn man mehrere Stunden am

Tag auf digitale Medien und die ständige Verfügbarkeit verzichten darf. Es ist ein Luxus, den man sich gönnen darf.

Stress können allerdings auch Menschen empfinden, die im Berufsleben nicht ausgelastet sind oder ihre Zeit als Rentner nicht zu nutzen wissen. Andere verbringen den ganzen Arbeitstag im Büro und wünschen sich förmlich einen tatkräftigen Arbeitseinsatz in der Natur. Da ist es gut zu wissen, dass die Bogensportvereine helfende Hände immer gebrauchen können, und nahezu jedes engagierte Mitglied wird ein Betätigungsfeld finden, das seinen Interessen und Fähigkeiten entspricht. Vielleicht entspannst du dich erst richtig, wenn du am Ende eines Arbeitseinsatzes am Bogensportplatz die neu gepflanzten Bäume als das Werk deiner Hände Arbeit bewundern darfst. Kaum jemand wird dich aufhalten, wenn du Zeit für die Gemeinschaft einsetzt. Und den Pachtvertrag für deinen Schrebergarten kannst du dann auch kündigen. Denn wenn du das möchtest, kann dein neues Betätigungsfeld inmitten der Natur am Bogensportplatz liegen, beim Werkeln und beim Bogenschießen.

KAPITEL 7

EINE GROSSE FAMILIE

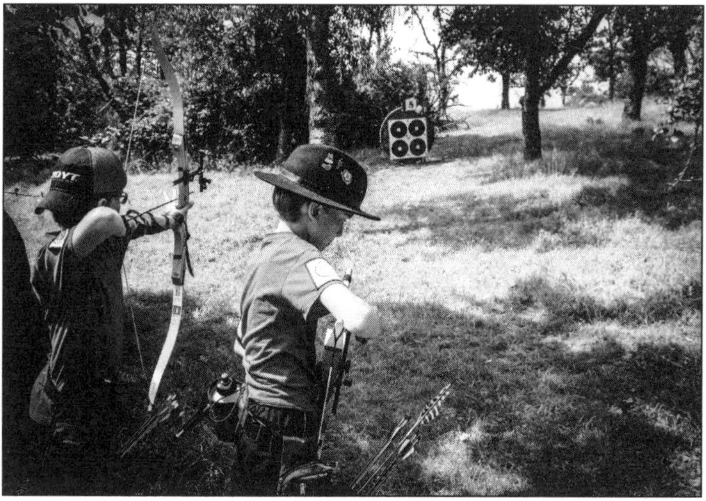

77. GRUND

Weil man die schönste Zeit mit der Familie verbringen kann

Ich war etwa zehn Jahre alt, als ich an einem Sonntagmorgen mit meinem Bruder am Frühstückstisch saß. Unser Vater hatte an diesem Morgen die brillante Idee, dass wir alle gemeinsam einen Bogensportverein im Nachbarort besuchen könnten. Bis zu diesem Zeitpunkt hatte ich mit meinem Fiberglasbogen auf der Wiese hinter unserem Haus geschossen, wusste aber nicht, dass es überhaupt Vereine für das Bogenschießen gab. Mein Bruder und ich waren sofort begeistert. Also schnappten wir uns an diesem Morgen die Fahrräder und radelten mit der gesamten Familie etwa fünf Kilometer zu dem abgelegenen Bogensportplatz. Wir hatten Glück, denn schon an diesem Morgen durften wir mit richtigen Bögen auf die Strohscheiben schießen. Nach diesem Schnuppertraining fuhren wir nahezu jeden Sonntag zu den Bogenschützen und wurden schon bald Mitglieder des Vereins. Es sollte nur wenige Wochen dauern, bis wir von unseren Eltern erste eigene Bögen für das Training bekamen. Es waren damals noch einteilige Holzbögen, deren Wurfarme mit Fiberglas beschichtet waren. Ich liebte diesen Bogen, der aus mehreren Holzschichten in unterschiedlichen Farbtönen verleimt war. In dem ersten Jahr trainierten wir gemeinsam mit unserem Vater in dem Verein. Doch im zweiten Jahr stieß auch unsere Mutter dazu und ließ ihre ersten Pfeile fliegen. Natürlich waren wir nicht die einzige Familie, die in dem Verein aktiv war. Wir trainierten gemeinsam mit anderen Familien und Bogenschützen, wickelten unsere Sehnen, befiederten unsere Pfeile, bauten ein Vereinsheim, grillten abends und fuhren gemeinsam zu Wettkämpfen. Für die künftigen Wettkämpfe sollte es zu Weihnachten eine besondere Überraschung für meinen Bruder und mich geben. Wir bekamen richtige Wettkampfbögen mit Aluminiummittelteilen von einer damals populären japanischen Bogenschmiede. Die nächsten Jahre waren vom Bogensport geprägt. Wir fuhren alle wichtigen Wettkämpfe der Region ab bis hin zu den Deutschen Meisterschaften der Hallen- und Freiluftsaison. Und natürlich waren unsere Eltern immer mit dabei, wenn wir erfolgreich waren, aber auch wenn es mal nicht so gut lief.

Es gibt viele Familien, die mit ihren Kindern gemeinsam Bogenschießen. Und Kinder lieben es, wenn sie einen Sport gemeinsam mit ihren Eltern ausüben können. Das Bogenschießen ist als Familiensport ideal, weil Kinder und Eltern gemeinsame Trainingszeiten nutzen können. Eltern und Kinder stehen gemeinsam auf der Schießlinie, holen gemeinsam die Pfeile und genießen an warmen Sommerabenden gemeinsame Grillabende am Bogensportplatz. Die meisten Bogensportplätze stehen den Vereinsmitgliedern ab Frühjahr zu jeder Zeit zur Verfügung. Als Familie seid ihr also nicht an feste Trainingszeiten gebunden und fahrt zum Bogenplatz, wann es euch am besten passt. Das geht an jedem Tag der Woche vormittags, nachmittags und abends. Und wenn ihr mit euren Kindern ein besonderes Spektakel erleben möchtet, leuchtet ihr bei einsetzender Dämmerung die Scheiben mit Fackeln oder Lampen aus und schießt bis in die Finsternis.

Wenn die Kinder in der Schule sind und du einen freien Vormittag in aller Ruhe genießen möchtest, nutzt du die Möglichkeit für ein Training ohne Familie. Für die Kinder und Jugendlichen bieten viele Vereine spezielle Trainingszeiten an, die betreut werden. Es gibt Familien, die ihre städtische Wohnung bei jeder Gelegenheit verlassen, um mit den Kindern zu den naturnahen Bogensportplätzen zu fahren und hier einen Ort für die Entspannung gefunden haben. Kinder und deren Eltern finden in der Gemeinschaft häufig sympathische Menschen, die ihr Leben bereichern und manchmal zu echten Freunden werden.

78. GRUND

Weil man alleine schießen kann, aber nicht muss

In der Freiluftsaison kannst du auf den meisten Bogensportplätzen flexibel trainieren. Davon profitieren besonders Bogenschützen, die im Schichtdienst arbeiten. Schon morgens um 7:00 Uhr kannst du auch an den Werktagen deine Pfeile fliegen lassen, falls du nicht zu den Langschläfern zählst. Du kannst dein komplettes Trainingsprogramm ohne Sportpartner und ohne Mannschaft absolvieren. Es gibt Trainingszeiten, da wirst du die Ruhe am Bogenplatz genießen, und es gibt Tage, an denen freust du dich, in der Gemeinschaft mit anderen Bogenschützen trainieren zu können. Alles ist möglich beim Bogenschießen. Viele Vereine bieten daher Trainingstreffpunkte an. Möchtest du an einem Tag allein trainieren, meidest du den Treffpunkt, ist dir aber nach Geselligkeit, fährst du einfach hin.

Die Gründe, warum Menschen zum Bogenschießen gehen, sind vielfältig. Und so entwickeln sich je nach Bogenklassen und der jeweiligen Motivation der Bogenschützen zwangsläufig unterschiedliche Interessengruppen. Manch einer möchte einfach etwas Freizeit mit der Familie in netter Gesellschaft verbringen, andere Bogenschützen sind sportlich motiviert und möchten Wettkampferfolge einfahren, wieder andere genießen die Ruhe und Entspannung der Natur. In irgendeiner dieser Gruppen wirst auch du dich wiederfinden, und ganz bestimmt findest du Bogenschützen mit gleichen Interessen. So finden sich immer auch Trainingspartner und kleine Trainingsgruppen, die gerne gemeinsam trainieren. Eine Verabredung für das nächste Training oder ein kurzer Anruf genügt für den gemeinsamen Spaß im Training. Manchmal lernst du sympathische Bogenschützen auf einem Wettkampf kennen, und dann können sich auch vereinsübergreifende Trainingsgruppen bilden. Einige dieser Trainingskreise buchen gelegentlich einen Trainer, der sie in regelmäßigen Abständen besucht.

Bereitest du dich auf eine Wettkampfsaison vor, ist ein Sparringspartner ein echter Vorteil. Er sollte etwa in deiner Leistungsklasse schießen. Schießt er besser als du, ist das auch kein Problem. Du kannst von ihm viel lernen, und er zieht dich und deine Ergebnisse mit. Zusammen mit diesem Trainingspartner absolvierst du ein optimales Wettkampftraining. Gegenseitig motiviert ihr euch, Ziele und Leistungen nach oben zu schrauben. Und hat der Sparringspartner mal keine Zeit, trainierst du halt allein und verbesserst deine Bewegungstechnik. Ganz nach deinem Belieben.

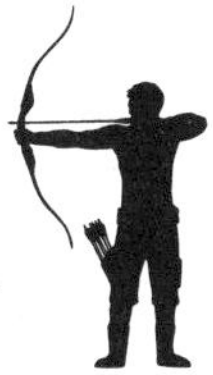

79. GRUND

Weil es keine Altersgrenzen gibt

Der niederländische Bogenschütze Sjef van den Berg begann im Alter von fünf Jahren mit dem Bogenschießen. Heute zählt er zu den Top 10 in der Welt. Die internationalen Wettkampfplätze einschließlich die der Olympischen Spiele sind sein Zuhause. Über 80 Jahre hingegen ist der älteste Bogenschütze meines Vereins. Der Universitätsprofessor im Ruhestand genießt mehrmals wöchentlich das Bogenschießen und trainiert selbst im Winter in warmer Outdoor-Bekleidung am Bogensportplatz. Ihm geht es nicht darum, Bestleistungen aufzustellen. Er nutzt die Zeit außerhalb der Trainingstreffpunkte und genießt zumeist für sich allein die Ruhe am Bogenplatz. Kommen zum Frühjahr die Kinder aus dem Hallentraining, steht er auch schon mal gemeinsam mit Achtjährigen auf der Schießlinie. Diese Altersunterschiede erlebst du auch auf den Wettkämpfen, wenn sich Kinder, deren Eltern und Senioren zum Kräftemessen treffen. Natürlich schießen sie in verschiedenen Altersklassen, dennoch stehen sie alle gemeinsam auf der Schießlinie und plaudern spätestens beim Essen in der Wettkampfpause zusammen. Und die Kinder sind glücklich, wenn sie von einem alten Hasen den ein oder anderen Tipp bekommen. So manch einem Bogenschützen mag diese Besonderheit des generationenübergreifenden Bogenschießens gar nicht mehr auffallen, weil es ganz normal in diesem Sport ist.

Wenn Eltern berufstätig sind und nicht immer die Zeit finden, mit den Kindern zum Bogenschießen zu fahren, können die Großeltern gemeinsam mit ihren Enkeln trainieren. Das ist doch wunderbar. Während anderswo Senioren aufs Abstellgleis geschoben werden, finden sie beim Bogenschießen einen Sport, der sie mitreißt. Sie müssen keine Sitzkissen für die Bänke oder Tribünenplätze mitnehmen, stattdessen ihren eigenen Bogen für das Training mit den Kids. Altersgerecht können die Sportbögen mit einem niedrigeren Zuggewicht eingesetzt werden. Beim Bogenschießen machen die Senioren viele Spaziergänge zwischen der Schießlinie und den Scheiben, und weil sie in Bewegung bleiben, profitieren sie ganz nebenbei von einer Sturzprophylaxe. Darüber hinaus können sich Senioren mit ihren Begabungen in den Verein einbringen. Weil das Alter in diesem Sport keine Rolle spielt, ist das Bogenschießen in der Gemeinschaft eines Vereins ein Schutz vor Ausgrenzung und Altersdiskriminierung. Diese Gemeinschaft nimmt alle Menschen mit. Wer sich im Alter für das Bogenschießen interessiert, findet das Grundlagenwissen zur Bewegungstechnik, dem Equipment und viele Tipps speziell für Senioren in dem Buch *Aktiv und fit bleiben mit Bogenschießen,* das von den Bundestrainern und einem Autorenteam Anfang 2017 herausgegeben wurde (Spitta Verlag).

80. GRUND

Weil Bogenschützen freundliche Menschen sind

Als der achtjährige Christian beim Bogenschießen im kindlichen Übereifer dem Universitätsprofessor im Ruhestand zurief *»Du bist* *doch doof!*«, antwortete dieser mit ruhiger Stimme: »*Das darf man nicht sagen …*«, und schob nach einer kurzen Pause in gleicher Gelassenheit nach »*Das darf man nur denken!*« Mit Christian wurde anschließend noch ein ernstes Wörtchen geredet, und ihm wurde auch verdeutlicht, mit wem er sich da gerade angelegt hatte.

Auch Bogenschützen sind freilich ein Spiegelbild der Gesellschaft. Und natürlich gibt es auch hier die unterschiedlichsten Charaktere. Doch einige Gepflogenheiten kennzeichnen die Gemeinschaft der Bogenschützen, und so wird deutlich, warum du hier auf freundliche Menschen triffst:

Weil jeder Mensch in der Gemeinschaft der Bogenschützen willkommen ist

In meinem Verein trainieren neben den Kindern und Senioren auch Menschen mit Behinderungen. Wir haben Flüchtlingskinder im Training, die mit anderen Asylbewerbern in der Gemeinde wohnen und beim Kinder- und Jugendtraining voll integriert sind. In den drei bis vier Trainingseinheiten in der Woche wurde nicht nur ihre Bewegungstechnik immer besser, sondern auch ihre Kenntnisse in der deutschen Sprache. Sie sind an den Sportverein angebunden und bekommen über das Training hinaus Unterstützung von den Vereinsmitgliedern. Besser kann sich eine Integration wohl kaum vollziehen.

Weil Bogenschützen gerne ihr Wissen weitergeben, wenn du sie freundlich fragst

Ich habe noch keinen Bogenschützen erlebt, der sein Wissen rund um das Bogenschießen für sich behalten wollte. Manchmal gibt es unterschiedliche Auffassungen zu den Dingen, doch selbst eine Diskussion erweitert den eigenen Horizont zu den Details des Bogensports. Du kannst Bogenschützen in deinem Verein oder bei den Wettkämpfen fragen und bekommst stets Antworten. Und triffst du mal einen Bogenschützen der Nationalmannschaft und er hat gerade die Zeit für dich, wird auch er Auskunft zu deinen Fragen geben.

Weil Bogenschützen keine Allüren haben

Beim Bogenschießen hat es keine Bedeutung, aus welcher sozialen Schicht du kommst, welchen Schulabschluss oder welchen Beruf du hast. Bist du selbst ein freundlicher Mensch, wirst du in der Gemeinschaft ebenso freundlich aufgenommen. Stehen Notare, Professoren, Arbeitssuchende, Studenten und beispielsweise Schreiner gemeinsam auf der Schießlinie, geht es ungezwungen zu. Das Thema, um das es hier geht, sind die fliegenden Pfeile, das Equipment oder etwa die Bewegungstechnik. Letztendlich können sich über das Bogenschießen hinaus Kontakte ergeben, die sich im Leben als hilfreich erweisen. Denn Beziehungen schaden nur dem, der keine hat!

Weil Bogenschützen rücksichtsvoll sind

Dass das Bogenschießen auch ein mentales Spiel ist, hast du bereits erfahren. Die alten Hasen des Bogensports werden dich im Wettkampf niemals mit Informationen versorgen, die dich aus dem Konzept bringen. Sie greifen auf eigene Erfahrungen zurück und geben rücksichtsvoll nur die Informationen an dich weiter, die dich in diesem Moment weiterbringen.

Weil ein freundlicher Ton gepflegt wird

Schimpfwörter oder gar Beleidigungen gehören in diesem Sport nicht zur Tagesordnung. Bogenschützen kommunizieren gepflegt und freundlich miteinander. Das hat inzwischen auch der kleine Christian gelernt.

Weil dir jeder Bogenschütze Ersatzteile leihen wird

Löst sich beim Schießen deine Mittelwicklung, kannst du gewiss sein, dass ein anderer Bogenschütze dich mit Wickelgarn, Wickelgerät und wenn erforderlich auch beim Anfertigen einer neuen Wicklung unterstützt. Hast du die Nocke deines Pfeils beschädigt, wird ganz sicher ein Bogenschütze in seinem Ersatzteilfach nach einer passenden Nocke für dich schauen. Diese gegenseitige Unterstützung ist beim Bogenschießen keine Ausnahme, sondern der Regelfall.

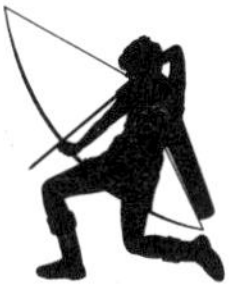

81. GRUND

Weil das größte Geschenk Kinder und Jugendliche für dich bereithalten

Bis vor acht Jahren schoss ich meine Wettkämpfe und konzentrierte mich vor allem auf meine Bewegungstechnik, meine Materialabstimmung und die Strategien, die mich im Wettkampf weiterbringen sollten. Dann gründete ich eine Bogensportabteilung in meiner Region und hatte nach dem ersten Schnuppertraining knapp 50 Einsteiger, deren Faszination am Bogenschießen geweckt war und die von nun an Unterstützung im Training benötigten. Die Zeit für mein eigenes Training wurde immer knapper. Irgendwann entschloss ich mich, eine Trainerausbildung zu absolvieren, und ganz ehrlich gesagt, ging es mir dabei auch darum, neue Erkenntnisse für mein eigenes Training zu gewinnen, und am Ende irgendwie natürlich auch darum, diese Erkenntnisse an die Bogenschützen meines Vereins weitergeben zu können. Noch etwa zwei Jahre schoss ich selbst Wettkämpfe, trainierte dafür und nutzte die verbleibende Zeit für die Unterstützung der Bogenschützen in der Bogensportabteilung. Als Abteilungsleiter kamen zudem auch noch administrative Aufgaben auf mich zu. Dann merkte ich aber, dass nicht nur meine eigene Leistungsentwicklung stagnierte, sondern auch die Entwicklung der Bogenschützen der neuen Abteilung. Ich fand mich in einer Situation, in der ich ein wenig Bogenschütze und ein wenig Trainer war. Für eine echte Weiterentwicklung war diese Situation nicht geeignet. Mir wurde bewusst, wenn ich an der Situation nichts ändere, bleibt der Verein langfristig eine freizeitorientierte Bogensportabteilung, die keine sportliche Leistung entfalten wird. Nun ist grundsätzlich nichts gegen das freizeitorientierte Bogenschießen zu sagen, weil auch diese Form viel Spaß machen kann und ihre Berechtigung hat. Doch es gibt gerade Kinder und Jugendliche, die mehr wollen, deren Ziel die sportliche Weiterentwicklung ist, die auch irgendwann aus den Wettkämpfen siegreich herausgehen möchten. Mir wurde bewusst, dass das Potenzial der Kinder und Jugendlichen unter diesen Bedingungen auf der Strecke bleiben würde. Ich entschied mich schließlich dafür, den überwiegenden Teil meiner verfügbaren Zeit in die Unterstützung der Bogenschützen meiner Abteilung zu investieren und mein eigenes Schießtraining hintanzustellen. Diese Entscheidung hat nichts mit einer Aufopferung zu tun, denn ich merkte schon recht früh während der beginnenden Trainertätigkeit, dass ich etwas zurückbekam, was mich persönlich bereicherte. Ich erlebte in den Jahren Kinder und Jugendliche, die so viel Dankbarkeit für die Unterstützung im Training zurückgaben, dass sie schließlich auch mich motivierten, an meinen Fähigkeiten als Trainer zu arbeiten. Sie weckten neue Ziele in mir. Sie konfrontierten mich aber auch immer wieder mit Situationen, in denen wir uns scheinbar in eine Sackgasse manövriert hatten. Beinahe jedes Training mit Kindern und Jugendlichen stellt neue Herausforderungen, bietet dem Trainer neue Erkenntnisse und hilft ihm, sich als Trainer weiterzuentwickeln. Als Bogenschütze wirst du von dem Erfolg motiviert, der sich in der Entwicklung der Bewegungstechnik und den damit besser werdenden Ergebnissen und Wettkampfplatzierungen widerspiegelt. Wenn du als Trainer den Sportlern deine Überzeugungen und dein Wissen nicht aufzwingst, sondern als Berater auf Augenhöhe mit den Sportlern zusammenarbeitest, wenn du dir immer wieder in den Gesprächen ein Feedback holst, um das Training individueller anzupassen, wenn es dir gelingt, die Kinder und Jugendlichen immer wieder aufs Neue zu motivieren und den Spaß am Bogenschießen bei jedem Training lebendig zu halten, wirst du mit einer großen Dankbarkeit belohnt.

Dieses Geschenk ist kostenlos, und es wird dir zeigen, welchen Wert die Familie der Bogenschützen in sich trägt.

82. GRUND

Weil du überall auf der Welt willkommen bist

Egal welches Reiseziel du ansteuerst, mit deinem Bogen bist du bei den Bogenschützen überall auf der Welt ein gern gesehener Gast. Das betrifft selbst Länder mit einem anderen kulturellen Hintergrund, in denen es erfahrungsgemäß schwieriger ist, Anschluss zu finden. Vor einigen Jahren besuchte ich das thailändische Königreich. Nachdem ich geklärt hatte, dass es bei der Einfuhr meines Sportbogens keine Probleme gibt, kaufte ich mir einen stabilen Bogenkoffer für die Flugreise, und nach meiner Ankunft besuchte ich drei Bogensportanlagen. Überall wurde ich freundlich in der Gemeinschaft der thailändischen Bogenschützen aufgenommen. Sie luden mich zum gemeinsamen Essen ein, und wir tauschten uns in englischer Sprache aus. Doch meine Reise nach Thailand ist nur ein Beispiel für die Willkommenskultur der Bogenschützen rund um den Globus. Seit Jahren gibt es einen Austausch zwischen jugendlichen Bogenschützen eines Vereins in Hamm/NRW und den Bogenschützen in Namibia. Schon mehrfach kamen die Jugendlichen mit ihren Trainern aus Namibia nach Hamm, um dort mit den Bogenschützen gemeinsam zu trainieren und Trainingsmethoden auszutauschen. Zum Ende ihres Europatrainings veranstalten die Bogenschützen in Hamm ein offenes Turnier mit internationalem Flair.

Der kanadische Spitzensportler Crispin Duenas zieht es in den kalten Wintermonaten vor, seinen Trainingsort nach Kalifornien zu verlegen, wo er bei gemäßigten Temperaturen die olympische 70-Meter-Distanz schießen kann. Die dänische Bogenschützin

Maja Jager suchte sich einen Studienplatz in Südkorea und begann dort das Training mit dem Erfolgstrainer Kim Hyung Tak. Es dauerte nicht sehr lange, bis sie sich den Weltmeistertitel im Bogenschießen sichern konnte. Die deutsche Nationalmannschaft trainierte zusammen mit den amerikanischen Bogenschützen in Chula Vista/Kalifornien. Einmal im Jahr laden die deutschen Bundestrainer andere Nationen zu einem gemeinsamen Wettkampftraining ein, und so besuchten Bogenschützen aus der Ukraine, den Niederlanden, Großbritannien, Italien, der Türkei und Österreich das Bundesleistungszentrum in Kienbaum bei Berlin. Diese Trainingswochen werden immer von einer Freundlichkeit und von gegenseitigem Respekt getragen, weil sich alle Bogenschützen als ein Teil einer großen Familie sehen. Musst du beispielsweise beruflich oder für ein Studium die Stadt wechseln oder sogar in das Ausland umziehen, kannst du dir ganz sicher sein, dass du mit Pfeil und Bogen schnell Freunde finden wirst, die dich auch bei anderen Fragen des Lebens an deinem neuen Aufenthaltsort beraten werden. Sei dir also sicher, dass du als Mitglied der Bogensportfamilie überall auf der Welt willkommen bist.

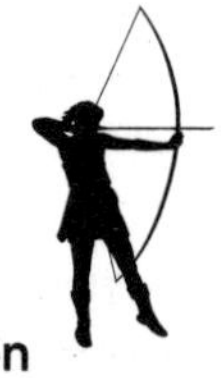

83. GRUND

Weil sich Nationen friedlich begegnen

Das von Freundschaft beflügelte Verhältnis der Bogenschützen zeigt sich auch auf den internationalen Wettkampffeldern. Iranische und US-amerikanische Bogenschützen gehen ebenso respektvoll miteinander um wie auch ukrainische und russische Bogenschützen. Sie alle begegnen sich als Menschen wie du und ich. Die jungen Sportler aller Nationen zeigen, dass sie von Wünschen, Emotionen, Hoffnungen und Idealen getragen werden. Ihr Umgang ist von gegenseitigem Respekt geprägt. Die Begegnung mit den Menschen der Nationen erweitert deinen Blickwinkel auf die Welt und auf die Möglichkeit zu einem friedlichen Miteinander der Menschen rund um den Globus.

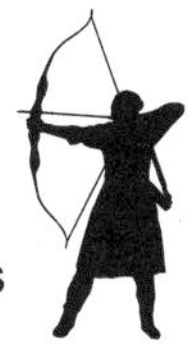

84. GRUND

Weil die Stars des Bogenschießens zum Greifen nahe sind

Im Jahre 2014 lenkte ein Sponsor die Blicke der Bogenschützen auf eine kleine Gemeinde in Baden-Württemberg. Er lud gemeinsam mit den dort ansässigen Bogenschützen 16 der weltbesten Bogenschützen aus den USA, Mexiko, Russland, Kanada, Dänemark, Frankreich, Großbritannien, der Ukraine, Italien, den Niederlanden und Deutschland ein, darunter Weltmeister und Olympiasieger. Er buchte ihre Flugtickets und Hotels und ließ eine prächtige Zuschauertribüne einschließlich einer überdimensional großen Leinwand errichten. Der Sponsor, der in der Gemeinde ein Unternehmen für die Funktionelle Metall-Beschichtungstechnik besitzt, ließ sich nicht lumpen und stattete die Sieger dieses Wettkampfes mit einem Kilo purem Gold aus. Auf die Zweit- und Drittplatzierten warteten ein Kilo Silber, ein Kilo Bronze sowie jeweils 400 Euro Preisgeld. Der Kampf um das pure Gold sorgte international für Aufsehen, und der Wettkampf wurde im Internet als Livestream übertragen. Du kannst dir vorstellen, dass die Zuschauertribünen ausgebucht waren. Auf die Zuschauer warteten spannenden Wettkämpfe auf höchstem Niveau. Das Edelmetall ließ der Sponsor zur Siegerehrung in silbernen Metallkoffern anliefern. Es freuten sich die Berlinerin Karina Winter sowie der Niederländer Rick van der Ven über die Goldbarren. Doch vermutlich noch mehr freuten sich die angereisten Kinder und Jugendlichen, die immer wieder die Möglichkeit hatten, mit den Stars des Bogenschießens zu sprechen und sich Autogramme geben zu lassen. T-Shirts und Mützen wurden vollgepflastert mit den Autogrammen der internationalen Spitzensportler. Zugute kam den Kindern, dass selbst Bogenschützen der Spitzenklasse frei von Starallüren sind. Das wusste der Sponsor. Er wollte jungen Bogenschützen sympathische Vorbilder in greifbarer Nähe präsentieren, denen sie nacheifern können. Einer, der das tat, war der damals 13-jährige Jonathan Vetter, der mit Bogenschützen seines Vereins das Sportevent der Extraklasse besuchte. Heute schießt Jonathan in der deutschen Jugend- und Juniorennationalmannschaft und nahm 2017 an seiner ersten Weltmeisterschaft im argentinischen Rosario teil. Mit seinem Ergebnis sicherte er für das deutsche Team einen der heiß begehrten Quotenplätze für die Jugend-Olympiade 2018. Über dieses Resultat darf sich heute auch der Sponsor des Wettkampfes aus dem Jahre 2014 freuen.

Diese Nähe zu den Stars erlebten auch die angereisten Kinder und Jugendlichen beim World Cup 2017 in Berlin. Ein passender Moment in einer Pause genügt, um einem Olympiasieger oder Weltmeister ein Autogramm abzuluchsen oder ein gemeinsames Foto zu schießen. Und bevor Kinder und Jugendliche dem Vorbild von echten Gangsterrappern, illegalen Graffitisprayern oder zwielichtigen Gangs folgen, sind die sympathischen Stars des Bogensports doch eine positive Bereicherung für die Persönlichkeitsentwicklung. In welcher anderen Sportart ist eine solche Nähe zu den Superstars überhaupt möglich?

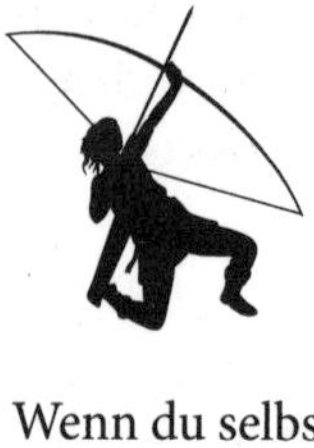

85. GRUND

Weil du jeden Tag gegen die ganze Welt schießen kannst

Wenn du selbst einmal das internationale Parkett der Bogenschützen betreten möchtest, ist das kein Problem. Der Bogensportweltverband WORLD ARCHERY mit Sitz im schweizerischen Lausanne hat es sich auf die Fahne geschrieben, die Bogenschützen rund um den Globus zusammenzuführen. Und das ist dem Verband auch gelungen mit einer Software, die von Ken Sentell aus Stockholm programmiert wurde. *head2head* ist der Name der Applikation für iOS- und Android-Betriebssysteme. Nach der Installation der App auf deinem Smartphone oder einem Tablet legst du deinen persönlichen Account an. Innerhalb der App lernst du Bogensportler aus Europa, Nord- und Südamerika, Asien, Afrika, Neuseeland und Australien kennen. Du suchst dir einen Matchpartner und kannst sofort ein Live-Match beginnen, unabhängig vom Ort, der Zeitzone und dem Leistungsstand. Während du auf deinem heimischen Bogensportplatz die Ergebnisse in der App einträgst, steht dein Matchpartner zur gleichen Zeit in den USA, Russland oder beispielsweise in Südafrika auf dem Bogenplatz. Ist ein Livematch nicht möglich, kannst du dich mit deinem Partner am anderen Ende der Welt auch auf eine Aufzeichnung der Ergebnisse einigen. Läuft es so richtig gut für dich, könntest du in die Liste der head-2head-Weltrekorde aufgenommen werden. Neben Freizeitsportlern nutzen auch Top-Athleten diese App. *»Ich liebe die App und erzähle allen Bogenschützen davon, die ich kenne. Es ist so eine brillante Idee. Ich habe begonnen, es in mein tägliches Training zu integrieren, um mich auf den World Cup in Shanghai vorzubereiten«*, sagte der australische Bogenschütze Louise Redman, kurz nachdem die App auf den Markt kam. Und das Beste an diesem grenzenlosen Vergnügen ist, dass du keine Fahrt- oder Flugkosten hast, kein Hotel buchen musst und die App sogar kostenlos herunterladen kannst, damit sich dein Tor zum internationalen Bogensport öffnet. Wow!

KAPITEL 8

LEGENDEN & AUSSERORDENTLICHE GESCHICHTEN

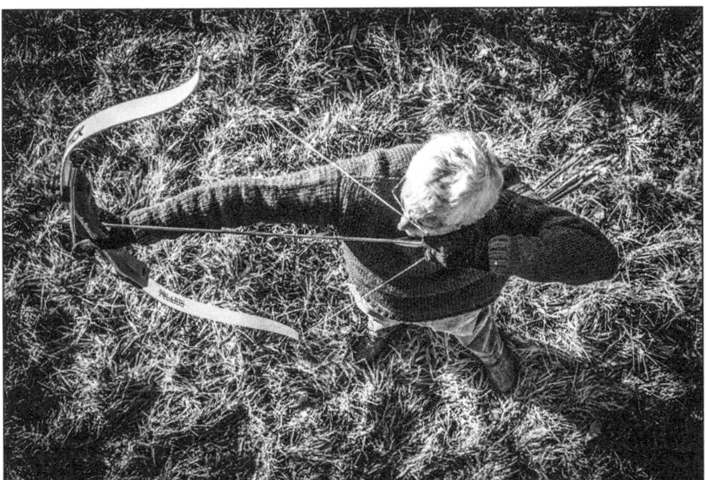

86. GRUND

Weil Byron Ferguson fliegende Tabletten spaltet

Byron Ferguson ist eine lebende Legende des Bogenschießens. Der US-amerikanische Trickbogenschütze trifft so ziemlich alles, was ihm vor die Augen geworfen wird. Mit seiner Fähigkeit des intuitiven Bogenschießens entfacht er weltweit unter den Bogenschützen eine Faszination. Eine Besonderheit ist Byron Fergusons sonderbares Verhältnis zu seiner Ehefrau Wanda, denn sie steht regelmäßig vor ihm, um Byron die fliegenden Ziele in die Schussbahn zu werfen. Stopp. Nun folgt ein bekannter Warnhinweis: *Bitte das nachfolgend Beschriebene keinesfalls nachmachen!* Die Internetvideos des Trickbogenschützen habe ich bis heute nicht ein einziges Mal in meinem Online-Journal für Bogenschützen veröffentlicht, weil die bewegten Bilder gerade Kinder dazu animieren könnten, ähnliche Tricks auszuprobieren. Und das ist sehr gefährlich, denn auch Byron Ferguson kann niemals einen Materialdefekt ganz ausschließen, und in einem solchen Fall dürfte Wanda Ferguson die Leidtragende sein. Das was Byron Ferguson mit Pfeil und Bogen veranstaltet, erinnert mich ein wenig an Messerwerfer, die eine besonders waghalsige Person auf einem runden Holzbrett festschnallen und mit viel Schwung in eine Rotation versetzen, um anschließend die Messer neben die rotierende Person auf das Holzbrett zu werfen, wo die Klingen – wenn alles gut geht – eindringen und stecken bleiben. Da könntest du dich in deiner Freizeit genauso beim Russisch Roulette vergnügen, was freilich niemand freiwillig macht, der seinen Selbsterhaltungstrieb noch unter Kontrolle hat. Byron und seine Ehefrau Wanda haben sich allerdings dazu entschlossen, sich der Gefahr zu stellen, und so steht Wanda regelmäßig vor ihrem Ehemann, um Tennisbälle, Eheringe oder Eicheln in die Luft zu werfen, damit Byron im Training bleibt.

Was Byron Ferguson letztlich zu einer Legende macht, ist seine Treffsicherheit. Die sprach sich auch in den USA herum und so wurde Byron von einem Kamerateam des Sendeformats *HISTORY* beim Trickbogenschießen begleitet. *HISTORY* suchte in dieser Dokumentationsserie Supermenschen mit überragenden Fähigkeiten, und Byron wurde zu einem der Protagonisten. Bezüglich seiner hohen Treffsicherheit erklärte Byron dem angereisten Journalisten, dass er mit seinem traditionellen Holzbogen zunächst eine fliegende Flasche traf. Anschließend schoss er auf eine hochgeworfene Eichel und traf sie ebenso. »*Danach realisierte ich, dass ich so ziemlich alles treffe, was mir vor die Augen kommt*«, schwärmte Byron vor laufender Kamera über seine Schießkünste. Die Entfernung, auf die er Gegenstände abschießt, liegt bei rund zehn Metern oder auch ein wenig mehr. Vor laufender Kamera wurde zunächst ein Ehering in Position gebracht, und der Trickbogenschütze aus dem Land der unbegrenzten Möglichkeiten schoss den Pfeil mitten durch den Ring, was im Film per Zeitlupe noch einmal hervorgehoben wurde. Doch er trifft die Gegenstände auch während der Flugbewegung, ohne Visier, denn bei sich so rasch bewegenden Gegenständen bleibt keine Zeit für das Zielen. Er hat ein Gespür entwickelt, wie er den Bogen ausrichtet, um sein Ziel intuitiv zu treffen. Doch diese Fähigkeit muss noch weiter differenziert werden, denn Byron weiß schon im Moment des Wurfes, wo das fliegende Ziel beim Eintreffen des Pfeils sein wird. Und das zeigte er in der Dokumentation, als Wanda ihm einen Tennisball nach dem anderen vor die Nase warf und Byrons Pfeile jeden dieser Bälle trafen. Beim finalen Test des Supermenschen sollte eine Aspirintablette das Ziel sein. Das Kamerateam baute eine Hochgeschwindigkeitskamera auf und ließ vorsichtshalber wieder Wanda die Tablette in hohem Bogen durch die Luft werfen. Schon beim ersten Schuss spaltete Byrons Pfeil die fliegende Tablette, was dem ergriffenen Zuschauer per Highspeed-Aufnahme noch einmal vor Augen geführt wird. Das erscheint wirklich sensationell!

Nun ist beim Fernsehen nicht immer alles echt, was dem Zuschauer präsentiert wird. Nehmen wir an, Byron hätte die Tablette erst mit dem zehnten Pfeil gespalten, wäre das immer noch eine

Glanzleistung, doch die Legende vom Supermenschen wäre aus Sicht der Zuschauer wie ein Kartenhaus in sich zusammengebrochen. Die weite Reise des Kamerateam nach Los Angeles mit dem Produktionsaufwand der Doku hätten sich nicht gelohnt. Welcher Zuschauer will schon einen Supermenschen sehen, der zehn Versuche für das Spalten der Tablette benötigt? Vielleicht hat Byron die Tablette aber tatsächlich mit dem ersten Pfeil getroffen. Was wir schlussfolgern können ist zumindest eines: Byron ist mit seiner Treffgenauigkeit im intuitiven Bogenschießen zweifelsohne eine Legende, denn er hat seine Schießkünste auf vielen Veranstaltungen auch in Europa unter Beweis gestellt. Hut ab vor Byron Ferguson und seiner waghalsigen und charmanten Ehefrau Wanda!

87. GRUND

Weil der armlose Matt Stutzman Weltklasse wurde

Matt Stutzman ist eine weitere Legende des Bogenschießens, und er wurde weltbekannt unter dem Spitznamen *The armless archer*. Matt wurde 1982 in Kansas City/USA ohne Arme geboren. Vier Monate nach seiner Geburt gaben ihn seine Eltern zur Adoption frei. Im Alter von 13 Monaten wurde Matt von der Familie Stutzman aus Kalona in Iowa adoptiert. *»Ich war gesegnet, von zwei unglaublichen und unbeschreiblich geduldigen Eltern großgezogen worden zu sein«*, sagt Matt heute, wenn er an seine Kindheit zurückdenkt. Matt lernte die alltäglichen Dinge des Lebens mit den Füßen zu erledigen. Wenn Matt heute seine E-Mails beantwortet, schreibt er mit den Zehen auf der Tastatur seines Tablets schneller als die meisten Menschen mit ihren Fingern. Matt ist verheiratet und hat drei Kinder. Dass man mit einem festen Willen vieles erreichen kann, vermittelten ihm seine Adoptiveltern, und diese Willensstärke ist das, was Matt täglich an seine Kinder weitergibt.

Im Jahre 2010 begann Matt das Bogenschießen mit dem Compoundbogen. Er steckte sich das Ziel, der beste Bogenschütze der Welt zu werden. Für einen Mann ohne Arme erscheint es zunächst recht unwahrscheinlich, dieses Ziel jemals zu erreichen. Doch im Training entwickelte Matt eine besondere Bewegungstechnik, mit der er näher an sein Ziel rücken konnte. Um seine Schultern trägt Matt beim Bogenschießen einen Gurt, an dem ein Mechanismus zum Auslösen der Sehne integriert ist, das sogenannte »Release«, das auch andere Compoundschützen einsetzen. Den rechten Fuß platziert Matt in der Griffschale seines Bogens. Wenn er nun seine Sehne im Release eingehakt hat, spannt er den Compoundbogen, indem er das rechte Bein gegen den Zugwiderstand von 60 Pfund ausstreckt. Anschließend platziert er die Sehne an der Nasenspitze und seitlich am Kinn, Matt zielt und löst dann die Sehne aus. Diese Schießtechnik perfektionierte der armlose Bogenschütze aus Iowa mit seinem festen Willen, an die Spitze des Bogensports zu kommen. Schließlich wurde Matt stolzes Mitglied der Para-Nationalmannschaft in den USA. 2011 hatte er sein Debüt bei einem internationalen Wettkampf. Ein Jahr später holte sich Matt bei den Paralympischen Spielen die Silbermedaille in London. 2015 sicherte er sich mit seiner Mannschaft bei den Para-Weltmeisterschaften in Donaueschingen die Goldmedaille. Auf die 50-Meter-Distanz schießt Matt Stutzman bei den internationalen Wettkämpfen einen Schnitt von 9,66 Ringen pro Pfeil. Damit trifft er aktuell häufiger die Höchstringzahl 10 als den Neunerring oder gar noch niedrigere Wertungen.

Matt Stutzman wird sicher noch weitere großartige Erfolge im Bogenschießen erzielen. Er ist ein Beispiel für viele Menschen mit einer Behinderung, die sportlich aktiv sind und großartige Leistungen vollbringen. Das Bogenschießen ist für viele Menschen mit einer Behinderung ein idealer Sport. Der Erfindungsreichtum der Para-Sportler beim Bogenschießen ist schier grenzenlos. Denn ebenso wie Matt tüfteln viele Para-Sportler an Lösungen, wie sie mit ihrer Behinderung den Bogen bestmöglich ausziehen und lösen können.

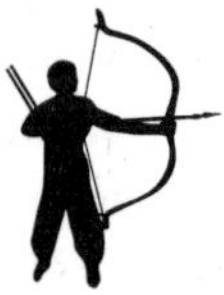

88. GRUND

Weil manche Polizisten auch im Dienst mit Pfeil und Bogen schießen

Es gibt Polizisten, die neben ihrer Dienstwaffe auch zu Pfeil und Bogen greifen. Die meisten der bogenschießenden Polizisten lassen ihre Pfeile allerdings in der Freizeit fliegen. Einige wenige schießen hochoffiziell ihre Pfeile während des Dienstes. Und damit sie richtig gut sind, müssen sie im Jahresverlauf lediglich einige Wochen ihren Dienst an einer Polizeidienststelle verrichten und nutzen den Rest des Jahres für das Bogensporttraining. Neben den Polizisten gibt es allerdings auch noch Soldaten der Bundeswehr, die ebenfalls mit Pfeil und Bogen trainieren. Sie alle tun das, weil sie schon vor dem Eintritt in den Dienst zu Deutschlands erfolgversprechendsten Bogenschützen zählten. Zunächst haben die jungen Sportler ein Gespräch mit einem Karriereberater des Deutschen Schützenbundes, der verschiedene Möglichkeiten aufzeigt, den Spitzensport mit Studium oder Beruf zu verbinden. Es gibt spitzensportfreundliche Studienplätze, die es den Sportlern ermöglichen, neben dem Studium das zeitaufwendige Training und die mehrtägigen Wettkämpfe zu absolvieren. Die Bundespolizei hat eine Sportfördergruppe, in der neben olympischen Bogenschützen auch Sportler anderer Disziplinen eine gestreckte Ausbildung zum Polizeibeamten absolvieren können. Bleibt der Sportler auch nach der Ausbildung ein Spitzenathlet, verrichtet er seinen Dienst überwiegend in Ausübung seiner Sportdisziplin. Die Sportsoldaten der Bundeswehr bekommen Einjahresverträge, die immer dann verlängert werden, wenn der Sportsoldat seine positive Prognose im Leistungssport bestätigt bekommt. Niemand wird da einfach so mit durchgezogen, stattdessen muss der Sportler das Potenzial mitbringen, internationale Erfolge zu erzielen. Als während der Olympischen Spiele in Rio de Janeiro eine große deutsche Boulevardzeitung den Medaillenspiegel der Sportsoldaten veröffentlichte, konnte der Leser in der Oberflächlichkeit dieser Präsentation den Eindruck bekommen, dass Soldaten im Allgemeinen so viel Sport treiben, dass sie sogar olympische Medaillen erzielen. Fakt ist hingegen, dass Spitzensportler von der Bundeswehr mit Einjahresverträgen angeworben werden, um genügend Zeit für ihr Training zu bekommen. Das ist ein kleiner, aber feiner Unterschied, der jedem jungen Menschen bewusst sein sollte, der vielleicht gerade wegen des Sports zur Bundeswehr möchte. Denn die Sportsoldaten haben im Dienst nicht allzu viel mit den üblichen Tätigkeiten der Bundeswehrsoldaten zu tun. Ableiten kann man allerdings eine Notwendigkeit der Unterstützung von Spitzensportlern, wenn eine Nation im Medaillenspiegel der Olympischen Spiele oder der Weltmeisterschaften weit oben stehen möchte. Rund um den Globus sind die Top-Athleten des Bogensports quasi Profis, die vom Staat oder anderen Organisationen finanziert werden. Amateure haben kaum eine Chance auf eine olympische Medaille. Das betrifft übrigens nicht nur das Bogenschießen, sondern auch andere Sportdisziplinen.

Die Treffgenauigkeit ist bei den Polizisten der Sportfördergruppe mit dem Bogen auf kurzen und weiten Distanzen ganz sicher höher als die der Dienstwaffen. Nur sind die Dienstwaffen etwas handlicher, und deswegen bleiben auch die Sportbögen daheim, wenn die Polizisten der Sportfördergruppe einmal im Jahr ihre Uniform für das mehrwöchige Praktikum bei einer Polizeidienststelle anziehen.

89. GRUND

Weil Französinnen Pink lieben

Wüsste Schantall Pröllmann aus dem Spiegel-Bestseller *Schantall, tu ma die Omma winken!*, dass in Frankreich ein Damenturnier des Bogensports stattfindet, bei dem die Teilnehmerinnen in Pink auf die Schießlinie treten, wäre Schantall längst begeisterte Bogenschützin. Immer wenn sich die Hallensaison dem Ende zuneigt, reisen die französischen Bogenschützinnen mit pinken Bögen, pinken Federn und im pinken Outfit nach Issy-les-Moulineaux nahe Paris zum *La Coupe des Miss*. Die Frauenquote beträgt bei diesem Turnier 100 Prozent, und das könnte wiederum ein Grund für Schantall sein, der Veranstaltung fern zu bleiben. Die Teilnehmerinnen schießen ausschließlich in Zweierduellen. Der Wettkampf wird von einer besonderen Atmosphäre getragen. *La Coupe des Miss* ist ein Spaßwettkampf ohne Leistungsdruck, der in lockerer Geselligkeit ausgetragen wird.

Doch die Damen treibt nicht der Schabernack in die pinken Gewänder, so wie man es zunächst vermuten würde. Mit ihrer Teilnahme an diesem außergewöhnlichen Wettkampf unterstützen die Frauen den Verein *Breast Cancer Let's Talk*!, der sich dem Kampf gegen Brustkrebs verschrieben hat. *La Coupe des Miss* basiert auf den Werten, die aus dem Bogenschießen hervorgehen, wie etwa die gegenseitige Hilfsbereitschaft und das Miteinander. Die Veranstalter möchten öffentlichkeitswirksam für die Früherkennung mobilmachen, denn jährlich sterben in Frankreich rund 11.000 Frauen an Brustkrebs. Der Veranstalter verdeutlicht, dass der Siegeswille, den die Bogenschützinnen bei ihrem Sport erleben, auch eine wichtige Säule bei der Überwindung schwerer Erkrankungen ist. Jedes Jahr im Winter erleben die Bogenschützinnen in ihrem pinken Outfit einen warmen Moment des Miteinanders und der gegenseitigen Hilfe. Lang lebe das Pink in Issy-les-Moulineaux!

90. GRUND

Weil Odysseus der Meisterschuss gelang

Vor langer Zeit soll Odysseus mit Pfeil und Bogen einen Meisterschuss präsentiert haben, bei dem er einen Pfeil durch die Ösen von zwölf Äxten geschossen haben soll. Der Held der griechischen Mythologie übernahm von seinem Vater die Herrschaft über Ithaka. Erobern wollte er mit seinem Meisterschuss allerdings das Herz von Penelope, Tochter des spartanischen Königs. Seine Chancen standen gut, denn Odysseus war bekannt für seinen außergewöhnlichen Verstand und seine List. Doch war der Held nicht der einzige Bewerber um das Herz der Penelope. Des Königs Tochter forderte die Freier zu einem besonderen Wettkampf mit Pfeil und Bogen auf. Derjenige, der mit dem Bogen des Eurytos einen Pfeil durch zwölf in Reihe gestellte Schaftlöcher von Äxten schießen kann, ohne dabei das Metall zu berühren, werde das Herz von Penelope erobern. Selbst ein Bettler war auf den ausdrücklichen Wunsch der Penelope für diesen Wettbewerb zugelassen. Der Meisterschuss durch die Schaftösen der zwölf Äxte gelang schließlich nur Odysseus. Penelope wurde daraufhin Odysseus' Gemahlin. Für die Mitbewerber ging die Sache nicht gut aus, denn Odysseus soll mithilfe seiner Vertrauten alle Mitbewerber getötet haben. Das ist die Überlieferung aus der griechischen Mythologie.

Doch ist es wirklich möglich, einen Pfeil durch die Schaftösen von zwölf Äxten zu schießen? Du kennst ja bereits des *Archers Paradox*, das den schlangenförmigen Flug des Pfeilschaftes beschreibt. Diese Schwingen nimmt der Pfeil mit auf seine Flugbahn, und so ist es schwierig, die Axtösen berührungsfrei zu durchschießen. Ist also der Meisterschuss nur ein Mythos? Werner Beiter untersuchte mit Hochgeschwindigkeitskameras das Schwingungsverhalten des Pfeils und löste damit auch das Rätsel um Odysseus' Meisterschuss. Unter Laborbedingungen platzierte Werner Beiter zwölf Äxte ohne

Stiele in einer Reihe und ließ Bogenschützen auf die Lochösen zielen. Das Ergebnis dieses Versuches war schließlich, dass der Pfeil nur dann berührungsfrei durch die Stiellöcher der Äxte fliegen kann, wenn Pfeil und Bogen auf die Bewegungstechnik des Bogenschützen abgestimmt sind. Bei der schlangenartigen Bewegung des Pfeils muss der Schaft während des Durchfliegens des Axtloches exakt gerade sein. Also müssen auch die Äxte in einem präzisen Abstand platziert sein. Odysseus hatte bei dem Wettbewerb einen Vorteil gegenüber seinen Mitbewerbern, denn alle Bewerber schossen mit dem Bogen des Eurytos, den Odysseus einst von Iphitos bekommen hatte. Der Mythologie zufolge kannte Odysseus also den Bogen, und dieser Vorteil kann seiner List zugeschrieben werden. Seinem außergewöhnlichen Verstand hingegen muss die Fähigkeit zum Pfeil- und Bogentuning zugeschrieben werden, denn ohne dieses Hintergrundwissen hätte Odysseus keine Chance für den Meisterschuss gehabt.

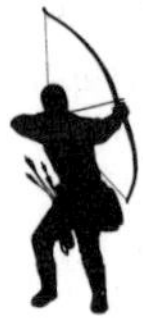

91. GRUND

Weil kein Auto so schnell beschleunigt wie ein Pfeil

Eine große südkoreanische Automarke stellte vor einigen Jahren die Frage: *»Kann ein Auto schneller fahren, als ein Pfeil fliegt?«* Die Automarke inszenierte ein publikumswirksames Experiment und ließ ein brandneues Sport-Coupé, einen südkoreanischen Bogenschützen sowie ein Kamerateam anrücken. Für das Experiment nutzte das Team einen gesperrten Straßenabschnitt und ließ die Zielscheibe des Bogenschützen auf eine Entfernung von 100 Metern aufstellen. In dem Moment, als der Bogenschütze seinen Pfeil abschoss, raste das Sport-Coupé in Richtung der Zielscheibe. In dem Video, das auf den Videoplattformen des Internets angesehen werden kann, wird die Verfolgungsfahrt mehrfach eingeblendet, und letztlich bringt die Aufnahme erst Klarheit, nachdem das Erreichen des Ziels in Zeitlupe eingeblendet wird. In dem Video wird dem Zuschauer suggeriert, dass letztlich das Sport-Coupé mit dem Hauch eines Vorsprungs diesen Geschwindigkeitswettbewerb gewinnt.

Doch es wurde an zwei Stellen getrickst. Das Sport-Coupé stand beim Start des Experiments weit hinter dem Bogenschützen. Der Fahrer nutzte diese Strecke zur Beschleunigung, und erst als das Sport-Coupé auf Höhe des Bogenschützen war, löste dieser die Sehne. Der Fahrer hatte also nicht zeitgleich mit dem Pfeil die Beschleunigung aufgenommen, sondern schon deutlich vorher. Außerdem schoss der Bogenschütze einen besonders langen und besonders dicken Pfeil, der in dem Film besser zu erkennen ist als ein dünner Wettkampfpfeil. Doch längere und dickere Pfeile erreichen nicht die gleiche Geschwindigkeit wie die dünnen Wettkampfpfeile. Wegen des minimalen Vorsprungs auf 100 Meter hätte das Sport-Coupé keine Chance gegen einen dünnen Wettkampfpfeil gehabt. Doch dann wäre die Werbebotschaft nicht aufgegangen. Also ließ man das Experiment so ausfallen, dass dieses neue Sport-Coupé schneller fährt, als ein Pfeil fliegt.

Abschließend soll noch die Frage geklärt werden, wie schnell ein Pfeil tatsächlich fliegt. Mit einem Geschwindigkeitsmessgerät habe ich die Pfeilgeschwindigkeiten von deutschen Nationalkaderschützen gemessen. Die Herren schießen mit ihren Recurvebögen zwischen 44 und 50 Pfund. Damit erreichen die Pfeile je nach Typ zwischen 220 und 250 Kilometer pro Stunde. Compoundbögen erreichen Pfeilgeschwindigkeiten von über 300 Kilometer pro Stunde. Diese Geschwindigkeiten sind von Rennsportwagen durchaus zu knacken, nicht aber die Beschleunigung des Pfeils.

92. GRUND

Weil Spürhunde verschossene Pfeile finden

Vor einigen Jahren hatte ich eine grandiose Idee. Für die Sommersaison benötigte ich neue Pfeile, und ich entschied mich für ein Dutzend der teuren Carbon-Aluminiumschäfte. Auf die schwarzen Schäfte klebte ich schwarze Vanes und setzte an das Ende auch noch schwarze Nocken. Diese pechschwarzen Pfeile nannte ich liebevoll »Black Panther«. Als nun der Frühling lockte, nutzte ich den ersten warmen Tag, um die neuen Pfeile auszuprobieren, und schoss auf die atemberaubende 70-Meter-Distanz. Die Pfeile gewinnen auf dieser Entfernung die Höhe eines Einfamilienhauses einschließlich des Giebeldaches, um kurz vor der Scheibe eine abfallende Kurve zu nehmen und – wenn alles gut läuft – die Mitte der Scheibe zu treffen. Bei mir lief es allerdings an diesem Tag nicht so gut. Ich nutzte die Visiereinstellung des Vorjahres, und der erste Black Panther verschwand im Nirgendwo, zumindest nicht auf der Scheibe. Da ich die schwarzen Pfeile vor den dunklen Bäumen hinter der Scheibe nicht einmal ansatzweise im Flug beobachten konnte, nahm ich zunächst an, der Pfeil wäre weit über das Ziel hinausgeschossen. Auf diesen Verdacht hin verstellte ich das Visier und schoss den nächsten Pfeil. Wieder hörte ich nicht das Einschlagen des Pfeils in der Scheibe, und so beschloss ich, mich erst einmal auf die Suche zu machen. Weder vor noch hinter der Scheibe fand ich die Pfeile. Vermutlich hatten sie sich tief unter die Grasnarbe geschaufelt. Mit einer orangefarbenen Nocke und weißen Federn hätte ich sie vielleicht im Gras gefunden, doch das Schwarz erwies sich in der Praxis als Tarnfarbe. Ich ging zum Vereinsheim und wollte das Metallsuchgerät zum Einsatz bringen, denn dieses Gerät reagiert auf Aluminium und die Metallspitzen. Leider war es nicht aufgeladen, und so verblieben die Pfeile dort, wo sie sich vor mir versteckt hatten. Auch an einem anderen Tag fand ich die beiden Pfeile nicht wieder.

Vielleicht werden in 12.000 Jahren unsere Nachfahren meine Pfeile finden und so den Beweis erbringen, dass die Menschen zu Beginn des dritten Jahrtausends mit Pfeil und Bogen schossen.

Weil Bogenschützen hilfsbereite Menschen sind, ist in den Vereinen das Suchen der verschossenen Pfeile eine Gemeinschaftsaktion. Wie in einem Ritual wandern mehrere Bogenschützen hinter und vor der Scheibe, um die verschossenen Pfeile zu finden. Hilft das Suchen nicht, kommt in der Regel das Metallsuchgerät zum Einsatz. Eine ganz andere Art, die verschossenen Pfeile aufzuspüren, hat Hagen Stellmach mit seinem Rauhaarteckel entwickelt. Der Vierfüßler mit dem Rufnamen Tristan heißt im wirklichen Leben *Timo aus der Messestadt* und erblickte 2010 das Licht der Welt. Wenn Tristan auf Pfeilsuche geschickt wird, kündigt er durch Scharren und Bellen an, dass er den Pfeil gefunden hat. Hagen Stellmach von der Schützenbrüderschaft von 1437 Hornburg e.V. in Niedersachsen verriet mir für dieses Buch, wie er Tristan das Suchen der Pfeile beigebracht hat. Wer also seinen Hund auf das Suchen der Pfeile abrichten möchte, sollte jetzt genau die folgende Anleitung lesen.

Zuerst lernte Tristan im Haus sein Futter zu verweisen, also anzuzeigen.

Anschließend erweiterte Hagen die Aufgabe für Tristan auf die Suche nach seinem Lieblingsspielzeug.

Als der Vierbeiner auch diese Aufgaben beherrschte, lief Hagen mit Tristan durch die Natur und ließ alle möglichen Gegenstände fallen, wie Schlüssel, Taschenmesser und alles andere, was Hagen so in der Tasche trug. Tristan schickte er dann über die gelaufene Spur zurück und ließ die Gegenstände suchen. Fand der Hund den Gegenstand, blieb er dort scharrend und bellend stehen.

Als Tristan diese Aufgabe mit wedelndem Schwanz erledigte, durfte er seine ersten Pfeile suchen. Diese wurden zunächst auf den Boden geworfen oder im Gras versteckt. Immer wenn Tristan den Pfeil fand, scharrte und bellte er.

Der Schwierigkeitsgrad wurde stetig erhöht, bis Tristan schließlich in der Lage war, auf Kommando die Suche nach einem verschossenen Pfeil zu starten.

»*Der Hund findet Pfeile, die wir mit dem Auge nicht sehen* können. *Die feine Nase ist dem Auge überlegen*«, sagt Hagen Stellmach über seinen besten Kumpel. Nur wenn schon zahlreiche Bogenschützen beim Suchen über den versteckten Pfeil gelaufen sind, ist das feine Näschen von Tristan irritiert, und dann wird es schwierig mit dem Aufspüren des Pfeils. Jedes Mal, wenn Tristan seine Suche erfolgreich beendet hat, bekommt er als Belohnung Hagens runden Pfeilzieher aus Hartgummi, auf dem Tristan vergnügt herumkaut. An der Schießlinie angekommen, gibt Tristan den Pfeilzieher auf Kommando seinem Herrchen zurück. Wau!

93. GRUND

Weil die Easton Foundations die größten Bogensporthallen bauen

Die Geschichte rund um James Doug Easton und seine Söhne ist eine Geschichte des Erfolges. Zunächst baute die Familie aus den USA Schritt für Schritt ein Imperium für Sportprodukte auf, um später Teile des Unternehmens zu verkaufen und einen Teil des Vermögens in eine Stiftung zur Förderung des Bogenschießens zu investieren.

Alles begann im Jahre 1922, und wir wissen heute nicht mehr, was die Eltern von James Doug Easton dachten, als ihr Filius damit begann, Pfeile und Bögen herzustellen, um sie unter dem Familiennamen Easton zu verkaufen. Vielleicht galt er damals mit seiner Geschäftsidee als etwas verrückt. Auf jeden Fall legte James Doug Easton mit dieser Idee den Grundstein für das Easton-Sportimperium. 1939 hatte James Doug Easton die bahnbrechende Idee,

Pfeilschäfte aus Aluminiumrohren herzustellen, eine Idee mit der das Unternehmen noch heute Marktführer ist. 1964 erweiterte die Firma das Geschäftsfeld und entwickelte Ski-Stöcke aus Aluminium. Easton brachte Produkte für bedeutende Mannschaftssportarten auf den Markt. Als James Doug 1972 starb, übergab er das Geschäft an seinen Sohn James (Jim) L. Easton, der im Jahre 1985 das Unternehmen umorganisierte und die Mannschaftssportarten in die Easton Sports verlagerte. Der zweite Sohn Greg leitete die unabhängige, im Familienbesitz befindliche Bogensportabteilung des Unternehmens, die sich in zwei Firmen aufteilte, die Hoyt Archery, Inc. und die Easton Technical Products Inc., beide mit Sitz in Salt Lake City, Utah, USA. Easton Sports stellte Hockeyschläger, Baseball- und Softballschläger sowie jeweils das Equipment, aber auch Fahrradrahmen und Zelte her. In all den Sportarten, in denen das Unternehmen mit neuen Produkten auftauchte, setzte es neue Maßstäbe in puncto Verarbeitungsqualität. Für Bogenschützen entwickelte Easton Aluminium-Carbonschäfte mit einer einzigartigen Qualität. Seitdem das Bogenschießen in das olympische Programm im Jahre 1972 aufgenommen wurde, wurden alle olympischen Goldmedaillen mit Pfeilschäften des Familienunternehmens aus den USA gewonnen. 1999 entwickelte Easton den weltweit ersten zweiteiligen Baseballschläger.

Als das neue Jahrtausend begann, veräußerte Easton Unternehmensbereiche. Allein die Baseball- und Softballsparte Easton-Bell Sports, Inc. verkaufte die Familie den Medienberichten zufolge an Bauer Sports für 330 Millionen US-Dollar. Die Easton Foundations wurden zunehmend aktiver. In den nachfolgenden Jahren engagierte sich die Stiftung immer mehr in der Sichtung und im Aufbau von jungen Talenten des Bogensports. Das Ziel dieser Stiftung ist es, das Bogenschießen zu einer Mainstream-Sportart zu etablieren. Die Foundations unterstützen Basisprogramme für das Bogenschießen in den Gemeinden, Schulen, im Hochschul- und Universitätssport. Die Stiftung begann in den USA drei große Trainingszentren für Bogensportler aufzubauen, die jeweils mit exklusiven Schießhallen ausgestattet wurden. Einer dieser Sportkomplexe für Bogenschützen wurde in Newberry/Florida errichtet, ein weiterer in Salt Lake City/Utah sowie ein Sportkomplex am Stützpunkt der US-Bogensportnationalmannschaft in Chula Vista/Kalifornien.

Als der Bogensportweltverband World Archery Pläne für ein eigenes Sportzentrum entwickelte, waren es wieder die Easton Foundations, die dieses Projekt unterstützten. Ende 2016 wurde das *World Archery Excellence Centre* feierlich eröffnet. 15 Minuten vom Stadtzentrum entfernt wartet neben einem großen Bogensportplatz die wohl modernste 70 Meter-Schießhalle auf die Bogenschützen, einschließlich Krafträumen und Konferenzräumen für Fachtagungen. Und das Beste ist, auch du kannst dich für ein Training im *World Archery Excellence Centre* einbuchen. Ein komplettes Team einschließlich Trainer kümmert sich um Veranstaltungen und Betreuung von Bogenschützen und Gruppen. Alle wichtigen Infos zu dieser Bogensportanlage der Superlative findest du im Internet unter www.worldarcherycentre.org

94. GRUND

Weil du beim Bogenschießen mit einer Angelrute viele Gesprächspartner findest

Vor einigen Jahren gastierte die US-Nationalmannschaft für eine Woche im Bundesleistungszentrum Kienbaum in der Nähe von Berlin. Sie waren für die Bogensportweltmeisterschaft in Kopenhagen nach Europa gereist. Das Training in Kienbaum nutzten die US-Bogenschützen, um sich vom Jetlag zu erholen und anschließend frisch in die Wettkämpfe der Weltmeisterschaft gehen zu können. Weil ich das Bundesleistungszentrum in Kienbaum mit den Sport- und Regenerationseinrichtungen recht gut kenne und hier und da als Dolmetscher gebraucht wurde, begleitete ich das

Training des US-Teams und unterstützte bei einem Sightseeing in Berlin. Weil Florian Floto aus der deutschen Nationalmannschaft und Brady Ellison aus der US-Nationalmannschaft nicht nur das Bogenschießen lieben, sondern auch leidenschaftlich angeln, brachte Florian dem US-Sportler eine Angelausrüstung mit, die er ihm für die folgende Woche lieh. Brady nutzte die Abende nach dem Schießtraining für die Ruhe und Entspannung beim Angeln. Als sich die Woche dem Ende zuneigte und wir das Gepäck für den Weiterflug nach Kopenhagen zusammenstellten, nahm ich die Angelausrüstung entgegen, um sie Florian Floto bei der nächsten Gelegenheit zurückgeben zu können.

Diese Gelegenheit ergab sich einige Wochen später bei der Deutschen Meisterschaft im Bogenschießen. Also brachte ich die Angel und alle Utensilien mit, nahm sie dort am Parkplatz aus meinem Auto und ging in Richtung des Wettkampfplatzes. Allerdings kam ich nicht sehr weit, da ich schon nach wenigen Metern von einem mir bekannten Bogenschützen auf die Angel angesprochen wurde. Ich erzählte ihm die Story hinter der Angelausrüstung, und wir versackten in einem amüsanten Gespräch. Als ich schließlich weiter in Richtung des Wettkampfplatzes ging, dauerte es nicht sehr lange, bis mich der nächste Bogenschütze auf die Angelausrüstung ansprach. Um keine Zeit zu verlieren, beschränkte ich mich bei meiner Erklärung von nun an allerdings darauf, dass ich einem Bogenschützen die geliehene Angel zurückgeben möchte. Bis ich bei Florian ankommen sollte, hatte ich noch einige Hundert Meter zu gehen. Und während dieses relativ kurzen Fußmarsches zeigte sich, wie viele Gespräche sich ergeben können, wenn man auf einem Wettkampf des Bogenschießens ein disziplinfremdes Sportgerät mit sich führt. Vermutlich erlebt man eine ähnliche Situation, wenn man einen Sportbogen in ein Fitnessstudio trägt oder sich mit einem Golfschläger auf einen Tennisplatz stellt. Möchtest du weniger Gespräche führen, solltest du eine Angel nur verdeckt in einer Tasche zum Bogenschießen tragen.

95. GRUND

Weil Lars Anderson Geschwindigkeit mag

Lars Anderson ist ein dänischer Maler und Bogenschütze der Gegenwart. Er schaute in die Vergangenheit und entdeckte alte Techniken der Bogenschützen, die längst vergessen wurden. Beim Studieren alter Gemälde fiel dem Dänen auf, dass die Bogenschützen der Vergangenheit ihren Pfeil auf der rechten Seite des Bogens einlegten und nicht – wie bei Rechtshandschützen heute üblich – auf der linken Seite. Das Nachlegen eines Pfeils ist dadurch schneller möglich, weil er nicht erst auf die andere Seite des Bogens geführt werden muss. Um den Prozess des Pfeileinlegens noch weiter zu beschleunigen, trägt er die Pfeile nicht im Köcher, sondern in der Bogenhand. Nach Andersons Vorstellung ist der Einsatz von Köchern in dicht bewachsenen Wäldern eher hinderlich und deren Verwendung einfach eine falsche Überlieferung. Mit der speziellen Technik gelingt es Lars Anderson, drei Pfeile in 0,6 Sekunden zu schießen. Anderson schießt ohne Zielvorrichtung, ohne festen Ankerpunkt und intuitiv. Er ist ein Trickbogenschütze und zeigt zum Teil gefährliche Stunts. Niemals solltest du so verrückt sein, einen fliegenden Pfeil mit bloßen Händen zu fangen, um ihn direkt im Anschluss selbst zu schießen. Es ist nicht klar, welcher Tricks sich Anderson bedient, um die Risiken solcher Stunts zu minimieren. Also gilt auch hier: *Auf keinen Fall nachmachen!*

Der Däne schießt auf bewegliche Ziele oder auch, wenn er selbst in Bewegung ist. Er läuft während des Schießens vorwärts, rückwärts, seitwärts oder schießt die Pfeile mitten im Sprung. Ganze Hindernisparcours baut sich Anderson auf, um aus der Bewegung heraus bei unterschiedlichen Positionen und auf unterschiedlichen Distanzen in einer atemberaubenden Geschwindigkeit die Pfeile zu schießen und seine Ziele sicher zu treffen. Während sich Robin Hood damit begnügte, einen im Ziel steckenden Pfeil durch einen

Aufschuss zu spalten, zweiteilt Lars Anderson einen Pfeil während des Fluges. Er besitzt eine beeindruckende Kontrolle über Pfeil und Bogen.

Nachdem Lars Anderson seinen ersten Film mit dem Titel *Eine neue Form des Bogenschießens* auf einer bekannten Videoplattform im Internet veröffentlicht hatte, dauerte es gerade mal zwei Wochen, bis 25 Millionen Zuschauer die Kunst des Bogenschießens von Lars Anderson angesehen hatten. Geschwindigkeit ist Andersons Zauberwerk, und das machte den Dänen mit seinen Videos weltbekannt.

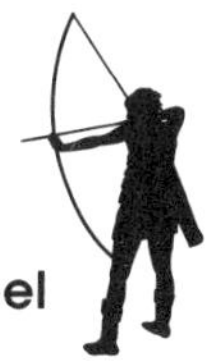

96. GRUND

Weil das Essen mit Stäbchen eine Glücksformel für Bogenschützen enthalten könnte

Asiatische Länder dominieren das olympische Bogenschießen, allen voran die Bogenschützen aus Südkorea. Bei den Olympischen Spielen in Rio de Janeiro gewannen die Südkoreaner alle vier der möglichen Goldmedaillen im Einzel- und in den Mannschaftswettbewerben. Schaut man sich die Weltrangliste an, treten die Asiaten mit einer deutlichen Gewichtung auf. Als ich dieses Buch schrieb, waren unter den Top-10 der weltbesten Damen sechs Asiatinnen. Die verbleibenden vier Top-10-Plätze durften sich die Bogenschützinnen der restlichen Kontinente unter sich aufteilen. Bei den Herren lagen immerhin fünf asiatische Bogenschützen unter den Top-10. Die südkoreanischen Trainer sind weltweit ein Exportschlager. Die Asiaten kennen nicht nur die Erfolg versprechenden Feinheiten, um ihre Ringzahlen nach oben zu katapultieren, sie verfügen auch über herausragende Förderkonzepte im Bogenschießen. Beispielsweise in Südkorea werden seit vielen Jahren die Kinder der Grundschulklassen an das Bogenschießen herangeführt. Die

Talente unter ihnen werden weiter gefördert und später in Teams aufgenommen, die von den großen Firmen des Landes gesponsert werden. Wer in Südkorea eine olympische Medaille gewinnt, erhält bis zum Lebensende eine monatliche Grundabsicherung. In China beispielsweise sind es nicht Firmen, die die Teams unterstützen, sondern die regionalen Verwaltungen. Der Stellenwert des Bogenschießens ist in vielen asiatischen Ländern höher angesiedelt als beispielsweise in Deutschland. Das zeigt sich schließlich auch in der stärkeren Medienpräsenz und beim sich daraus entwickelnden Publikumsinteresse. Doch was der aus Südkorea stammende Erfolgstrainer Kisik Lee vermutet, geht in eine völlig andere Richtung. Er sieht bei den Asiaten einen Pluspunkt in der Fingerfertigkeit, die dort schon die Kinder beim Essen mit Stäbchen erlernen. Dieses Feingefühl der Finger hat beim olympischen Bogenschießen eine besondere Bedeutung, weil hier die Sehne beim Lösen über die Fingerkuppen gleitet. Nur wenn dieser Prozess des Lösens von Pfeil zu Pfeil mit einer hohen Konstanz ausgeführt wird, gelingt es, die Pfeile immer wieder auf die gleiche Flugbahn in Richtung der Scheibenmitte zu bringen. Die guten Bogenschützen entwickeln dafür ein präzises Bewegungsgefühl, das sie Schuss für Schuss abrufen können. Vielleicht hat Kisik Lee recht mit seiner Vermutung. Wenn du also beim nächsten Besuch im China-Restaurant am Tisch sitzt, solltest du an die Dominanz der asiatischen Bogenschützen denken, wenn du die Wahl zwischen Messer und Gabel sowie den bereitliegenden Stäbchen triffst.

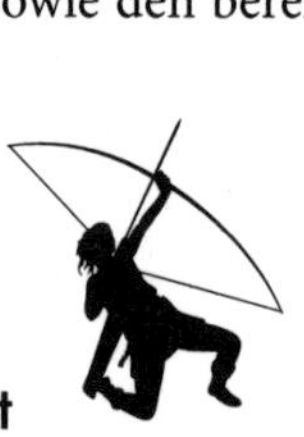

97. GRUND

Weil es Disziplinwechsler gibt

Der Wechsel zwischen Recurve- und Compoundbogen ist bei den Bogenschützen keine Seltenheit. In vielen Vereinen beginnen die

Einsteigerseminare mit dem Recurvebogen, weil viele Grundlagen der Bewegungstechnik beim Compound- und Recurvebogen identisch sind. Der spätere Wechsel auf einen Compoundbogen erfolgt bei den betreffenden Bogenschützen aus ganz unterschiedlichen Gründen. Einige lieben die technische Ausstattung des Compoundbogens. Andere haben sich mit dem Recurvebogen an ein relativ hohes Zuggewicht herangearbeitet, finden plötzlich aber nicht mehr die notwendige Zeit für das intensive Training, um dieses Zuggewicht im Endauszug konstant zu bewältigen. Da kann ein leichteres Zuggewicht oder aber ein Compoundbogen helfen, weil sich beim Compound das Zuggewicht im Endauszug um bis zu 80 Prozent reduziert. So können Compoundbögen mit bis zu 60 Pfund und ihrem reduzierten Zuggewicht im Endauszug locker gehalten werden.

Beim Wechsel vom Recurvebogen auf den Compound kommen auf den Bogenschützen dann einige Unterschiede zu. Recurveschützen setzen den Klicker als Auszugkontrolle ein, und Compoundschützen ziehen die Sehne bis vor eine sogenannte »Wand«. Diese Wand ist quasi eine Auszugbegrenzung, die bei dem Compound auf die individuelle Auszuglänge des Bogenschützen eingestellt wird. Ein Klicker wird hinfällig, weil der Auszug durch die Wand begrenzt wird. Der weitere wesentliche Unterschied ergibt sich beim Lösen der Sehne. Während die Recurveschützen mit den Fingern der Zughand die Sehne freigeben, setzen Compoundschützen das bereits angesprochene Release als technische Hilfe beim Lösen der Sehne ein. Daraus ergibt sich zudem ein anderer Anker der Zughand im Vollauszug. Wer über viele Jahre nur mit dem Compound geschossen hat, muss das Lösen der Sehne mit den Zugfingern erst wieder zeitintensiv trainieren.

Brady Ellison aus den USA gelang dieses Kunststück. Er wurde zunächst mit dem Compoundbogen Juniorenweltmeister. Als er sich so bereits in jungen Jahren an die Weltspitze gesetzt hatte, wurde ihm bewusst, dass er mit dem Compoundbogen niemals an den Olympischen Spielen teilnehmen kann. Also beschloss der

Amerikaner, auf den Recurvebogen umzusteigen. Seine Strategie sollte einige Jahre später mit Erfolg gekrönt werden, denn Brady holte sich in London 2012 und in Rio de Janeiro 2016 gleich drei olympische Medaillen, eine Bronzemedaille in der Einzelwertung sowie zwei Silbermedaillen in der Mannschaftswertung.

Eine ganz andere Verwandlung durchlebte die deutsche Bogenschützin Kristina Haigenhauser. Im Alter von elf Jahren begann sie mit dem Pistolenschießen und wurde später mehrfache Deutsche Meisterin in dieser Disziplin. Im Jahre 2010 wechselte die erfolgreiche Pistolenschützin auf den Compoundbogen. Als ehemalige Pistolenschützin konnte sie einige Fähigkeiten auch beim Bogenschießen einsetzen, wie beispielsweise die Atemtechnik, den stabilen Stand und das ruhige Halten des Visiers im Ziel. Schon nach einem elfmonatigen Training schoss sie ihren ersten Weltrekord auf 70 Meter mit 353 von 360 möglichen Ringen. 2012 wurde Kristina bei der Universiade in Córdoba Weltmeisterin der Studentinnen. Der nächste Weltrekord sollte nicht allzu lange auf sich warten lassen. In der 1440er-Runde schoss sie im Jahre 2013 jeweils 36 Wertungspfeile auf 70, 60, 50 und 30 Meter und erreichte sagenhafte 1.418 von 1.440 möglichen Ringen. Kristina wurde in die Nationalmannschaft aufgenommen und holte sich noch im gleichen Jahr den Weltmeistertitel in Belek. Im Jahre 2017 gelang der sympathischen Bogenschützin ein besonderer Coup, der die Bogensportnation ins Staunen versetzte. Kristina trat bei der 3D-Weltmeisterschaft im französischen Robion mit dem Blankbogen an. Bei diesem Recurvebogen zielen die Teilnehmer ohne Visier über die Pfeilspitze und die Sehne wird mit den Fingern gelöst. Kristina setzte sich bis in die Finalrunden durch und holte sich die Bronzemedaille. Nur wenige Wochen später trat sie dann in Mexiko City mit dem Compoundbogen bei den Weltmeisterschaften im Scheibenschießen an und sicherte sich auch hier die Bronzemedaille in der Einzelwertung. Dass Kristina Haigenhauser sowohl mit dem Blankbogen als auch mit dem Compoundbogen innerhalb eines Sommers jeweils die

Weltspitze erobern konnte, gilt unter den Bogenschützen als ein Kunststück der Extraklasse.

98. GRUND

Weil sich in Las Vegas Spieler und Bogenschützen treffen

Vor einigen Jahren machte ich eine Reise durch fünf Bundesstaaten der USA, und bei der Tour hatte ich die legendäre Spielerstadt Las Vegas fest eingeplant, obwohl das Glücksspiel nicht zu meinen großen Leidenschaften zählt. Deswegen buchte ich das Zimmer lediglich für eine Nacht. Als ich morgens ankam, hatte ich Zeit für einen Trip durch die Stadt, und abends besuchte ich das Spielcasino meines Hotels. Für das Glücksspiel hatte ich nicht mehr als 100 US-Dollar eingeplant. Ich schaute mir die Spielmöglichkeiten an und versackte schließlich an einem einarmigen Banditen, um ihn mit den Coins anzufüttern. Dieses Gerät brachte mich fast zur Verzweiflung, denn immer, wenn ich kurz davor war, mein abgestecktes Budget zu verbrennen, spuckte die Maschine wieder Coins aus und fesselte mich weiter an den Hocker vor dem Gerät. Also beendete ich den Spuk nach einer gefühlten Unendlichkeit und ging gelangweilt ins Bett, ohne mein Budget zu verbrauchen. Als ich mich am nächsten Morgen zum Frühstücken begab, sah ich einige der Damen und Herren des Vorabends noch immer an den einarmigen Banditen und fragte mich, ob die wohl die ganze Nacht durchgezockt oder sich wenigstens einige Stunden Schlaf gegönnt hatten. Diese Spielerstadt ist sonderbar, und ich selbst kann nicht einschätzen, ob das Glücksspiel die Besucher fasziniert oder der Wunsch nach einem gigantischen Gewinn, den bekanntermaßen in der Regel nur die Casinos einfahren. Wenn dir das Glücksspiel in den Spielcasinos ebenso langweilig erscheint, könntest du dir allerdings eine Reise nach

Las Vegas mit einem Bogensportwettkampf der Superlative versüßen. Denn einmal im Jahr öffnet das *SouthPoint Hotel und Casino* die Türen für Bogenschützen und veranstaltet den weltweit größten Indoor-Wettkampf im Bogenschießen. Für ein Casino-Hotel in Las Vegas wäre es ungewöhnlich, wenn keine Preisgelder ausgeschüttet würden. Daher erstaunt es nicht, dass beispielsweise im Jahre 2017 beim Vegas Shoot über 400.000 US-Dollar in Cash an die siegreichen Bogenschützen ausgezahlt wurden. Wenn Anfang Februar eines jeden Jahres die Jagd nach den Dollarnoten eingeläutet wird, zieht es die Bogenschützen rund um den Globus in das *SouthPoint Hotel und Casino* nach Las Vegas. 2017 meldeten sich weit über 3.000 Teilnehmer für den Vegas Shoot an, unter ihnen auch die Crème de la Crème des internationalen Bogensports.

Solltest du also kein Spielertyp sein, könnte sich in einem Februar die Reise nach Las Vegas lohnen. Entweder schaust du den besten Bogenschützen der Welt über die Bogenschulter, oder du meldest dich gleich selbst zum Vegas Shoot an. Dann könnte es dir passieren, dass du mit Weltmeistern oder Olympiasiegern auf eine Scheibe schießt. Und weil es bei diesem Spiel keinesfalls um Glück, sondern um Können geht, solltest du dir wenig Hoffnung auf das Preisgeld machen. Die Wahrscheinlichkeit auf das Preisgeld steigt allerdings, wenn du dich nach dem Wettkampf doch noch an den einarmigen Banditen setzt und das Glück nicht auf der Seite des Casinos, sondern auf deiner Seite stehen sollte.

99. GRUND

Weil Ampeln fast immer alles regeln

Fährst du mit dem Auto zu einem Bogensportwettkampf, solltest du spätestens am Parkplatz des Bogensportplatzes aussteigen und keinesfalls bei einer grünen Ampel auf den Bogensportplatz fahren. Denn die Ampeln auf dem Wettkampfplatz gelten nicht für Autofahrer, sondern für die Bogenschützen. Eine grüne Ampel signalisiert den Wettkampfteilnehmern, dass sie ihre Pfeile schießen können. Wird die Ampel gelb, bleiben nur noch 30 Sekunden, bis der letzte Pfeil geschossen werden darf. Schießt ein Bogenschütze den letzten Pfeil in der Rotphase der Ampel, wird sein bester Treffer auf der Zielscheibe vom Ergebnis abgezogen, selbst wenn der letzte Pfeil für alle Teilnehmer sichtbar eine schlechte Wertung hatte.

Als sich 2017 beim World Cup in Berlin die besten Bogenschützen der Welt zum Kräftemessen trafen, gab es eine ungewöhnliche Panne mit der Ampelanlage. Der Bogensportweltverband World Archery ist in der Wettkampforganisation überaus professionell, und Pannen gehören hier keinesfalls zur Tagesordnung. Dennoch fiel während des Wettkampfes in Berlin die Ampelanlage aus. In einem solchen Fall signalisieren die Kampfrichter mit Fahnen und Pfeifen den Beginn und das Ende der Wertungspfeile. Das technische Team des Verbandes wurde aktiv und prüfte die Ampelanlage und alle Kabel. Es dauerte exakt drei Passen, bis die Ursache der Störung entdeckt werden konnte. Ein Wettkampfteilnehmer hatte die Stromversorgung für die Ampelanlage unterbrochen. Er suchte für das Ladegerät seines Smartphones eine Steckdose, und die fand er an der Steckverbindung von zwei Verlängerungskabeln. Er zog die Stecker, schloss sein Ladegerät an und freute sich, dass sein Smartphone mit Strom genährt wurde. Autsch! Der Bogensportweltverband reagiert auf solche Pannen schnell, und ganz sicher haben die Techniker der World Archery schon heute eine simple Lösung gefunden, um eine Wiederholung des Zwischenfalls in Zukunft zu verhindern.

100. GRUND

Weil es Sportversicherungen gibt

Vor einigen Jahren ereignete sich ein echtes Desaster bei einem Bogensportwettkampf der Freiluftsaison. An diesem Sommertag kachelte der Wind fleißig und brachte so manchen Wettkampfteilnehmer aus dem Konzept. Die Böen dirigierten so manche Pfeile neben die Scheibe. Und darüber sollten sich später einige Bogenschützen freuen, als nämlich der Wind die Scheiben samt Verankerung umriss und alle in den Scheiben steckenden Pfeile beim Aufschlag auf den Boden zu einem wüsten Pfeilsalat zerstückelte. Der Wettkampf war damit für die meisten Bogenschützen beendet, weil sie nicht genügend Ersatzpfeile bei sich hatten. Zum Glück wurde der Schaden über eine Versicherung geregelt, und so kamen die Teilnehmer in den Genuss neuer Pfeile.

Bogenschützen, die über ihren Verein bei einem Landesverband angemeldet sind, kommen durch ihre Mitgliedschaft in den Genuss einer Sportversicherung. Diese zahlt einige Leistungen, die nach einer Verletzung bei einem Sportunfall erforderlich werden. Sie zahlt allerdings auch Sachschäden – selbst bei grober Fahrlässigkeit, was vielen Bogenschützen nicht bekannt ist. Solltest du also beispielsweise im Training oder im Wettkampf über abgestellte Bögen stolpern und deren Stabilisatorensysteme und Visiere in Kleinteile zerlegen, in eine vor dir aufgestellte HighSpeed-Kamera schießen oder eine Scheibe umwerfen und den Pfeilsalat im kleinen Rahmen anrichten, kannst du die Sachschäden von deiner Sportversicherung decken lassen. Du musst dir nur die Mühe machen und den Papierkram bewältigen.

KAPITEL 9

DAS BOGEN-SCHIESSEN BOOMT

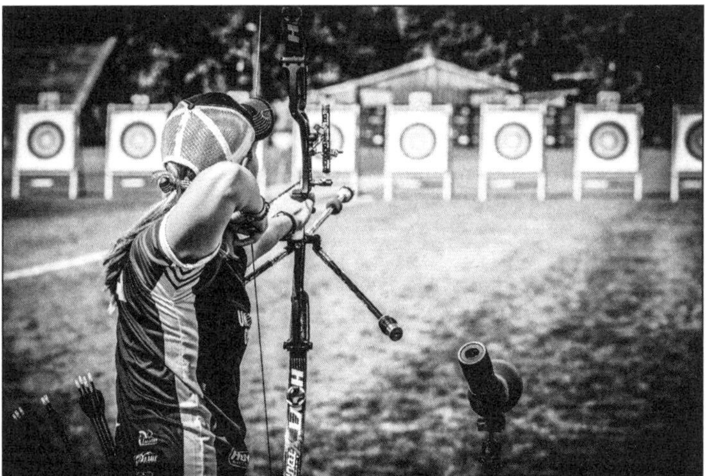

101. GRUND

Weil der Bogensportweltverband den modernen Bogensport revolutionierte

Als im Jahre 1972 das Bogenschießen nach einer 52-jährigen Pause wieder in das olympische Programm aufgenommen wurde, schossen die Teilnehmer eine doppelte FITA-Runde. Die FITA war die Abkürzung des Bogensportweltverbandes *Fédération Internationale de Tir à l'Arc*. Bei der FITA-Runde schossen die Herren jeweils 36 Pfeile auf 90, 70, 50 und 30 Meter, die Damen auf 70, 60, 50 und 30 Meter. Wegen der maximal zu erreichenden Ringzahl heißt diese Wettkampfform heute 1440er-Runde. Olympiasieger wurden 1972 die US-Amerikaner John Williams sowie in der Damenklasse Doreen Wilber. Sportlich war das olympische Programm der Bogenschützen eine Herausforderung. Für die Medien und die Zuschauer allerdings war die Wettkampfform eher weniger interessant, denn alle Bogenschützen standen zeitgleich auf der Schießlinie, und nur Fachkundige konnten aus den Ergebniszahlen entnehmen, welcher Bogenschütze aktuell in Führung lag. Dennoch wurde dieses Programm über viele Spiele weitergeführt.

Im neuen Jahrtausend sollte eine Entscheidung des Internationalen Olympischen Komitees (IOC) zur Modernisierung des Bogensports führen. Und diese Entscheidung betraf zunächst nicht den Bogensport, sondern die Baseballwettkämpfe. Denn nach den Olympischen Spielen von 2008 wurde erstmals eine Sportdisziplin aus dem Olympischen Programm herausgenommen, und das war Baseball. Aufgrund dieser Entscheidung sah die *Fédération Internationale de Tir à l'Arc* das Wettkampfprogramm des Bogensports gefährdet, wenn es nicht zu einer Modernisierung kommen würde. Also richtete der Bogensportweltverband Think Tanks unter Hinzuziehung von externen Experten ein und schuf eine neue Olympische Runde, die derart ausgestaltet wurde, dass sie Medien und Zuschauer anlocken sollte. Im Zuge dieser Modernisierung wurde der Bogensportweltverband umbenannt in *World Archery* und erhielt eine neues Logo. Seit diesem Wandel schießen die Bogenschützen bei den Olympischen Spielen zunächst die Qualifikationsrunde, anschließend die Matchrunden, bis die Favoriten feststehen. Im Gold- und Bronzefinale stehen sich schließlich nur noch die Anwärter für die olympischen Medaillen gegenüber. Die Spannung der Zuschauer ist mit dieser neuen Wettkampfform garantiert, und die Medien stürzen sich seitdem auf die Übertragung der olympischen Bogensportduelle.

Es ist wohl der Innovationskraft der World Archery zu verdanken, dass der Bogensport vom IOC nach den Olympischen Spielen von London zu den Kernsportarten der Spiele erklärt wurde. Die Olympische Runde wurde inzwischen auch von den nationalen Bogensportverbänden als Wettkampfform übernommen. Daher schießen jedes Jahr Deutschlands Top-Bogenschützen auch bei den Deutschen Meisterschaften die Olympische Runde einschließlich der Finalrunden.

Die Baseballspieler werden übrigens im Jahre 2020 aus der Verbannung zurück zu den Olympischen Spielen in Tokio geholt. Damit ist die Welt des Sports wieder in Ordnung.

102. GRUND

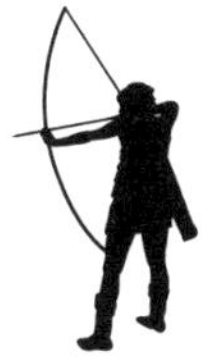

Weil man archery.tv auch am Fernseher sehen kann

Vor einigen Jahren konntest du das Bogenschießen im Fernsehen so gut wie nie sehen. Du warst an das Fernsehprogramm der Sender gebunden, und wenn dann mal etwas von deiner Lieblingssportart übertragen wurde, hörtest du einen Tag später davon. Wie gut, dass wir mitten in der Medienrevolution stecken. Durch das Internet bist du heute nicht mehr an die Sendezeiten gebunden und kannst dir fast alle TV-Sendungen auch später noch ansehen. Außerdem kannst du heute die Inhalte, die dich persönlich interessieren, gezielt suchen und ansehen. Das Zappen durch langweilige Fernsehprogramme kannst du heute beenden, wenn du die Videos auf den Internetplattformen ansteuerst.

Und nun kommt der beste Programmhinweis für dich. Denn die World Archery schickt auf alle wichtigen Wettkämpfen des internationalen Bogensports ihr Kamera- und Moderatorenteam, die eine professionelle Berichterstattung produzieren. Weltweit werden die Produktionen von Hunderten von TV-Stationen übertragen. Zudem stehen die Videos auf dem Kanal des Bogensportweltverbandes unter www.archery.tv rund um die Uhr zur Verfügung. Die Finalrunden der bedeutenden Wettkämpfe werden sogar live übertragen.

Für dich eröffnen sich nun mehrere Möglichkeiten:

- Bist du unterwegs, nutzt du dein Notebook oder ein Tablet für das Wettkampferlebnis.
- Bist du zu Hause, solltest du unbedingt Erdnüsse, Gummibären und kalte Getränke für einen spannenden Wettkampf im Fernsehzimmer bereithalten.
- Falls du einen Beamer und eine Leinwand besitzt, solltest du deine Bogensportfreunde zum Public Viewing einladen und ganz nebenbei den Grill anschmeißen.

Filmbeiträge zum Bogenschießen findest du auch auf dem Olympic Channel, der vom Internationalen Olympischen Komitee betrieben wird und unter der Adresse www.olympicchannel.com erreichbar ist. Eine andere Videoplattform findest du unter sportdeutschland.tv, die vom Deutschen Olympischen Sportbund betrieben wird. Hier kannst du jährlich das Finale der Bundesliga im Bogenschießen live ansehen.

Die Zeiten, in denen die Mainstreammedien festlegten, welche Inhalte dem Publikum zugänglich gemacht werden, sind durch die

Medienrevolution beendet. Neue Akteure sind längst am Start, und es liegt nun an dir, die Inhalte nach deinen Interessen auszuwählen. So ist das Bogenschießen aus der medialen Verbannung befreit und findet seinen Zulauf ganz sicher auch durch die spannende Sportberichterstattung in den Internetmedien. Lang lebe das Internet!

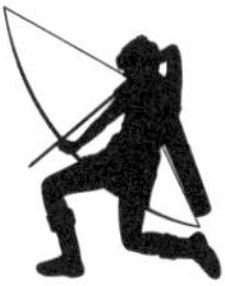

103. GRUND

Weil Sportbögen keine Schusswaffe sind

Schlagzeile: *BANKRÄUBER ÜBERSPANNTE DEN BOGEN – Am vergangenen Samstag wurde in Kattenvenne der verschuldete Ludwig F. (47) von der Polizei festgenommen, nachdem er versucht hatte, ein Geldinstitut zu überfallen. Mit einem Bogen bewaffnet und einem Damenstrumpf über den Kopf gezogen wollte Ludwig F. die Filiale des Geldinstituts stürmen. Zum Verhängnis wurde ihm allerdings die schmale Glasdrehtür im Zugangsbereich, in der sich der Bogen derart verkeilte, dass sich der Beschuldigte selbst einschloss. Die Rettung aus der Drehtür konnte erst erfolgen, nachdem die Bankangestellten, die Polizeibeamten sowie die hinzugerufenen Feuerwehrkräfte ihren von Lachkrämpfen verursachten Tränenfluss eingedämmt hatten. Die Ermittler konnten Ludwig F. aufgrund der Art der Tatbegehung, die unter Kriminalisten als »Modus Operandi« bezeichnet wird, einen versuchten Tankstellenüberfall vom Vortage nachweisen. Dieser scheiterte ebenfalls beim Versuch, das Gebäude zu betreten. Die im Köcher des Tatverdächtigen aufbewahrten Pfeile verkeilten sich in einer Drahtgitterbox, in der Schmierstoffe und Frostschutz gelagert waren. Weil die Pfeile dabei zerbrachen, brach auch der Beschuldigte seinen Versuch des Raubes ab.*

Hast du eine ähnliche Schlagzeile schon mal gelesen? Ich jedenfalls nicht, und so eine Nachricht eignet sich gerade mal für ein Satiremagazin. In Wirklichkeit sind Bogen und Pfeile bei den Banditen nicht sehr beliebt, weil sie viel zu unhandlich sind. Das ist auch gut so, denn das Bogenschießen wird vom negativen Image der bewaffneten Banditen nicht beeinträchtigt. Doch der wirkliche Grund, warum die Bögen keine Schusswaffen sind, liegt einfach darin, dass der Bogen die Energie, die beim Spannen durch die Muskelkraft erzeugt wird, nicht speichern kann. Anders sieht es bei einer Armbrust aus. Diese wird zwar durch die Muskelkraft gespannt, die Energie wird dann aber mechanisch gespeichert, bis der Abzug betätigt wird. Dieses kleine, aber feine Detail haben sich nicht die Bogenschützen ausgedacht, sondern der Gesetzgeber bei der Formulierung des Waffengesetzes. Und die Tatsache, dass der Bogen keine Schusswaffe im Sinne des Waffenrechts ist, bringt erhebliche Vorteile mit sich. Bogensportanlagen sind aus diesem Grunde keine genehmigungspflichtigen Schießstätten. Sie bedürfen keiner waffenrechtlichen Betriebserlaubnis. Aus genau diesem Grund ist es übrigens untersagt, mit einer Armbrust auf einem Bogensportplatz zu schießen, denn für die Armbrust benötigst du eine Schießstätte mit einer waffenrechtlichen Betriebserlaubnis im Sinne des § 27 Abs. 1 Waffengesetz (WaffG).

Der Bogen ist ein Sportgerät. Natürlich könnte man mit dem Bogen in böser Absicht Unheil anrichten, wie auch mit einem kräftig geschlagenen Golfball. Doch wie bereits erwähnt, greifen die Banditen nicht zum Bogen und auch nicht zum Golfschläger, wenn sie Unheil anrichten.

Ein weiterer Vorteil ist, dass du noch heute losgehen kannst, um dir Pfeil und Bogen zu kaufen, ohne dafür einen Waffenschein vorlegen zu müssen. Auch ein Altersnachweis ist nicht erforderlich. Daher ist der Einsatz dieses Sportgerätes im Hinblick auf die waffenrechtlichen Bestimmungen unkompliziert und verschafft vielen Interessierten einen unkomplizierten Einstieg in den Sport. Du kannst überall deine Scheibe für eine Trainingseinheit aufbauen, solange niemand durch das Training gefährdet wird.

Das ist ganz sicher ein Grund für den Boom des Bogenschießens!

104. GRUND

Weil Filmhelden mit Pfeil und Bogen schießen

»Der Bogensportmarkt entwickelt sich prächtig, und die Absätze steigen von Jahr zu Jahr, und zwar international«, sagte mir vor wenigen Jahren der Inhaber eines international agierenden Großhandels für das Bogensportequipment in den Niederlanden. Dann ergänzte er: *»Manchmal ist es ein Problem, für den wachsenden Markt genügend Produkte von den Herstellern zu bekommen.«* Der Großhändler beliefert den Fachhandel in Europa einschließlich Russland, aber auch Asien, Australien und Neuseeland. Überall kommen neue Fachhändler auf den Markt. Der am häufigsten verkaufte Bogen ist der Recurve. Doch die größten Zuwachsraten erleben aktuell die Produkte des traditionellen Bogensports. Dieser Boom setzte insbesondere nach den Olympischen Spielen in London ein, als der Bogensport im modernen Wettkampfmodus den Fernsehzuschauern präsentiert wurde.

Doch auch Filmhelden nahmen in den vergangenen Jahren einen Einfluss auf das wachsende Interesse an der ästhetischen Sportart. Als sich die hübsche Protagonistin Katniss Everdeen mit Pfeil und Bogen durch die Geschichte *Die Tribute von Panem – The Hunger Games* kämpfte, hatte die 16-jährige Romanfigur die Herzen der weltweiten Zuschauer auf ihrer Seite. Vor den Dreharbeiten nahm die Schauspielerin Jennifer Lawrence für ihre Rolle als Katniss Everdeen Trainingsstunden im Bogenschießen. Keine Geringere als die US-Nationalkaderathletin Khatuna Lorig wurde für die Trainingsstunden gebucht, um eine Filmfigur zu prägen, die authentisch mit Pfeil und Bogen umgehen konnte. Katniss wurde in dem US Science-Fiction-Film zur erfolgreichsten weiblichen Heldenfigur der amerikanischen Kinogeschichte. Trotz der düsteren Zukunftsvision wurde *Die Tribute von Panem* zu einem der erfolgreichsten Kinofilm aller Zeiten. Nach den Produktionskosten von rund 78 Millionen US-Dollar spielte der Streifen über 690 Millionen US Dollar in die Kassen der Produktionsfirma.

Die talentierte Bogenschützin Merida ist die Hauptfigur des Fantasy-Abenteuerfilms *Merida – Legende der Highlands.* Als Tochter des Königs Fergus und der Königin Elinor ist Merida entschlossen, ihren ganz eigenen Lebensweg zu gehen, und entfesselt genau dadurch Wut und Chaos im Königreich. Als Animationsfilm erhielt der Kinostreifen zahlreiche Preise, darunter im Jahre 2013 den Oscar sowie den Golden Globe. Während *Die Tribute von Panem* ganz sicher keine gute Unterhaltung für Kinder ist, schlich sich Merida in die Herzen des jungen Publikums. Im Format Disney Digital 3-D erweckt der Film selbst bei erwachsenen Zuschauern pure Begeisterung.

Der erfolgreichste Film aller Zeiten wurde *Avatar – Aufbruch nach Pandora.* Im Kampf um die noch verbleibenden Rohstoffe des Jahres 2154 sind Pfeil und Bogen im Einsatz. Nach der Kinoveröffentlichung im Jahre 2009 spielte der Film rund 2,78 Milliarden US-Dollar ein. Auch die bereits erwähnte Verfilmung von Ridley Scott mit Russell Crowe als Robin Hood und Cate Blanchett als Maid Marian ist ein Beispiel für die Präsenz des Bogens auf den Kinoleinwänden.

Diese und andere Filme ließen in den letzten Jahren beim Publikum das Verlangen nach Pfeil und Bogen steigen, was die Bogensportvereine auch in Deutschland an der größeren Nachfrage nach Einsteigerkursen merkten.

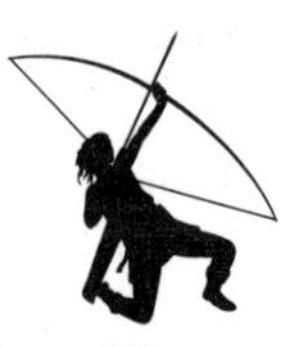

105. GRUND

Weil Lisa Unruh in Rio olympisches Silber gewann

Das Feuer rund um das Bogenschießen wurde angeheizt, als die deutsche Bogenschützin Lisa Unruh bei den Olympischen Spielen in Rio des Janeiro im Goldfinale stand. Auch wenn dieser Erfolg schon mehrfach in diesem Buch erwähnt wurde, darf diese grandiose Leistung in diesem Kapitel nicht unerwähnt bleiben, denn es geht ja um die Gründe für den aktuellen Boom des Bogenschießens. Lisa Unruh ist die erste deutsche Bogenschützin, die jemals eine olympische Einzelmedaille gewann. Mit dem Goldfinale lockte sie 7,5 Millionen Fernsehzuschauer vor die ZDF-Liveübertragung und stellte damit einen Zuschauerrekord der Spiele auf. Sie entwickelte sich in den Folgejahren zu einer bedeutenden Werbeträgerin des Bogenschießens und tingelte von einer Fernsehshow in die nächste. Mal sahen die Kinder die Berliner Bogenschützin im Tigerenten-Club, dann stand sie bei der TV-Show *Winner gegen Beginner* auf der großen Bühne. Und weil Lisa Unruh unglaublich sympathisch und bodenständig ist, wickelt sie das Publikum im Handumdrehen um den Finger. Nebenbei schießt sie erfolgreich ihre Wettkämpfe und holte ein Jahr nach den Olympischen Spielen bei den World Games, den Spielen der nichtolympischen Sportarten, die Goldmedaille im Feldbogensport. Im gleichen Jahr wird sie mit ihrem Freund Florian Kahllund Vizeweltmeister im sogenannten Mixed-Team-Wettbewerb, bei dem eine Bogenschützin mit einem Bogenschützen gemeinsam gegen die Mixed-Teams der anderen Nationen antritt. 2016 zeichnete sie der Bogensportweltverband zur Athletin des Jahres aus. Lisa Unruh ist nicht nur eine Werbeikone für den Bogensport, sondern auch ein Vorbild für die Kinder und Jugendlichen. Unzählige Autogrammstunden durfte sie schon geben, und sie entfacht die Begeisterung der Nachwuchsschützen. Als Lisa Unruh beim Bundesligaschießen im Januar 2018 in Gelsenkirchen ihre Fans auf die Tribünen der Sporthalle lockte, wollte die elfjährige Nele nicht fehlen, um ihrem Vorbild beim Schießen der Pfeile über die Bogenschulter zu schauen. Nele hatte eine Absprache mit dem Wettkampfmoderator, und so sollte sie später die Chance bekommen, ihre Fragen an die Olympiazweite zu stellen. »*Wann hast du mit dem Bogenschießen begonnen?*«, lautete Neles erste Frage. Lisa nahm sich Zeit für eine ausführliche Antwort zu ihrem Einstieg und dem Verlauf ihrer Sportkarriere. Vielleicht tritt Nele, die selbst schon Bogenschützin ist, in die erfolgreichen Fußstapfen der olympischen Heldin. Als Erinnerung an diesen großen Tag gab es von Lisa Unruh ein Autogramm auf Neles Bogentasche, und auch Nele hielt eine Überraschung bereit, ein selbst gemaltes Bild von Lisa mit ihrem Bogen. Lisa freute sich besonders, weil sie sich selbst auf dem Bild erkennen konnte. Später sagte Nele herzergreifend, dass es der schönste Tag in ihrem Leben war, als sie Lisa Unruh kennenlernen durfte.

Lisa Unruh trug in den letzten Jahren zweifelsohne dazu bei, das Bogenschießen aus einer Nische heraus in die Öffentlichkeit zu tragen. Nicht wenige ließen sich so vom Bogensport faszinieren und buchten ihre Einsteigerkurse bei den Bogensportvereinen in Deutschland.

106. GRUND

Weil Oliver Haidn das Positionsphasenmodell entwickelte

Oliver Haidn veröffentlichte 2010 zusammen mit dem renommierten Sportwissenschaftler Jürgen Weineck und der Spitzensportlerin Veronika Haidn-Tschalova die zweite Auflage des Buches *Bogenschießen – Trainings- und bewegungswissenschaftliche Grundlagen* (Spitta Verlag). Bereits in diesem Buch beschrieb Oliver Haidn sein Positionsphasenmodell, mit dem das Erlernen der komplexen Bewegungstechnik im Bogenschießen übersichtlich wird. Ein Jahr später wurde Oliver Haidn in das Amt des Bundestrainers berufen. In den folgenden Jahren trumpften die Bogenschützen der deutschen Nationalmannschaft immer wieder mit grandiosen Ergebnissen auf und belegten bei den internationalen Wettbewerben des Bogenschießens zunehmend Top-Platzierungen. Immer dann, wenn im Winter die Bewegungstechnik der deutschen Spitzensportler im Bogenschießen optimiert wird, orientiert sich Oliver Haidn an den Bewegungstechniken und der Biomechanik des Positionsphasenmodells, das er in seinem Fachbuch vorstellte. Dieses Modell wurde seit 2011 auch den Vereinstrainern vermittelt, sodass jeder Sportler in Deutschland davon profitieren kann, und zwar schon mit dem Einstieg in den Bogensport. Das Positionsphasenmodell wurde in den Folgejahren weiterentwickelt und hier und da präzisiert. Während sich Oliver Haidn in seinem Buch von 2010 auf die Bewegungstechnik der Recurveschützen beschränkte, erweiterte er die Beschreibung zur Anwendung des Positionsphasenmodells auf Compound- und intuitive Bogenschützen in dem Fachbuch *Aktiv und fit bleiben mit Bogenschießen*, das 2017 auf den Markt kam (Spitta Verlag). An diesem Buch wirkten Autoren aus dem Bundestrainerteam sowie weitere Experten des Bogensports mit. Einsteiger des Bogensports erlernen die Bewegungstechnik zunächst ohne Bogen, dann mit einem Thera-Band und leichtem Zugwiderstand und zum Abschluss mit dem Einsteigerbogen. Orientieren sie sich von Beginn an an diesem Lehrmodell, steht ihnen der Weg bis an die Spitze des Bogensports offen. Nun soll hier keinesfalls der Eindruck erweckt werden, als gäbe es nicht auch andere Modelle zur Vermittlung der Bewegungstechnik, doch das Positionsphasenmodell erfreut sich bei den Trainern und den Bogenschützen großer Beliebtheit, weil es eine geordnete Struktur in den Lernprozess bringt.

Gerade Einsteiger wollen Fortschritte beim Bogenschießen sehen, und es sind gerade die Erfolgserlebnisse, die den Lernprozess weiter beschleunigen. Das Positionsphasenmodell ist ein Meilenstein für den strukturierten Lernprozess im Bogenschießen. Einsteiger des Sports danken es mit stetig wachsender Begeisterung und schieben so den Boom des Bogenschießens zusätzlich an.

107. GRUND

Weil man einem Bogensportverein beitreten kann, aber nicht muss

Nahe der Mecklenburgischen Seenplatte gibt es Freizeitaussteiger, die sich ein Waldstück mit Wiesen gekauft haben, um dort ihre Freizeit zu verbringen. Einige Tage vor dem World Cup in Berlin besuchte ich dieses private Wildlife-Camp und verbrachte zwei Nächte und drei Tage mitten im Wald. Einige dieser Aussteiger verbringen im Sommer Wochen auf dem Gelände und einige auch nur die Wochenenden. Diese Freaks haben sich ein Eldorado für naturnahe Freizeitaktivitäten geschaffen. Kanufahren, Volleyballspielen, Meditation und auch das Bogenschießen stehen auf dem Programm der Naturliebhaber. Es gibt dort keinen echten Bogensportplatz, sondern lediglich eine Strohscheibe, die auf den Boden gestellt wird. Geschossen wird mit Reiterbögen, Langbögen und Jagdrecurvebögen, einfach nur zum Freizeitvergnügen. Keiner dieser Freizeitaussteiger beabsichtigt, einem Bogensportverein beizutreten, und dennoch schießen sie mit großer Leidenschaft ihre Pfeile. Umso mehr freuten sie sich, als sie von mir einige Tipps zum Bogenschießen bekamen. Ich wiederum freute mich über eine grandiose Kanutour, die am Camp startete und uns bis zu einem der großen Seen führen sollte. Nach drei Tagen im Wald war ich geerdet und reiste weiter zum World Cup.

Auch wenn in diesem Buch die Vorzüge des Bogenschießens in einem Verein immer wieder angesprochen wurden, gibt es Menschen, die eine grundsätzliche Abneigung gegen »Vereinsmeierei« haben. Nun sei an dieser Stelle angemerkt, dass gerade das Bogenschießen als Individualsport nicht zwangsläufig mit einer zu engen Anbindung an die Vereinsaktivitäten verbunden sein muss. Du kannst mit den niedrigen Mitgliedsbeiträgen die Bogensportanlage ganzjährig nutzen, ohne in die üblichen Vereinsaktivitäten eingebunden zu sein. Lediglich beim jährlichen »Frühjahrsputz« solltest du schon aktiv helfen, wenn du selbst die Bogensportanlage regelmäßig nutzt. Ist dir selbst das schon zu viel der Vereinsmeierei, nimmst du einfach deine eigene Scheibe, stellst sie auf eine Wiese und schießt deine Pfeile ganz ohne Vereinszugehörigkeit. Vielleicht hast du Freunde, die mit dir gemeinsam an Wochenenden den Spaß am Bogenschießen genießen möchten. Fährst du im Sommer immer wieder zu deinem Wochenenddomizil, nimmst du die Scheibe sowie Pfeil und Bogen einfach mit. Auf einem einsamen Feldweg oder im Wald stellst du die Scheibe dann auf und erfreust dich an den fliegenden Pfeilen. Ich selbst habe einen kleinen, handlichen Schaumstoffblock, den ich gelegentlich in den »Baumbergen« hinter unserem Haus irgendwo hinwerfe, um dieses Ziel mit dem Jagdrecurve zu beschießen. Nach dem Ziehen der Pfeile nehme ich den Schaumstoffblock einige Meter mit, werfe ihn in eine Waldsenke und schieße die nächsten Pfeile. So verbinde ich das intuitive Bogenschießen mit einem Waldspaziergang. Über diese Aktivität freut sich besonders unser griechischer Straßenhund Joshi, der von einem ausgedehnten Spaziergang durch den Wald profitiert und nach unserer Rückkehr erschöpft im Körbchen einschläft.

Natürlich bekommst du außerhalb des Vereins kaum Tipps für die Verbesserung deiner Bewegungstechnik. Dann lohnt es sich für dich, Tages- oder Wochenendkurse für das Bogenschießen zu buchen. So kannst du deinen Einstieg in das Bogenschießen ganz unkompliziert realisieren und auch langfristig deine Bewegungstechnik verbessern. Und ist erst einmal die Sucht nach den fliegenden Pfeilen richtig geweckt und du möchtest doch tiefer in den Sport einsteigen, kannst du dir die Mitgliedschaft im Verein letztlich immer noch offenhalten.

Weil das Bogenschießen so unkompliziert und nahezu überall in der Natur möglich ist, lassen sich immer mehr Menschen von der Faszination anstecken.

108. GRUND

Weil man vom Bogenschießen leben kann

Es gibt Bogenschützen, die lieben es, ihre Freizeit auf dem Bogensportplatz zu verbringen. Und es gibt Bogenschützen, die so sehr von den fliegenden Pfeilen gefesselt wurden, dass sie einen großen Teil ihres Lebens auf das Bogenschießen ausgerichtet haben. Einige dieser Bogenschützen folgen dem Boom des Sports und bauen sich einen eigenen Fachhandel für das Equipment auf. Manche starten mit dem Verkauf aus der Garage heraus, und andere investieren sofort in ein Ladenlokal mit einem anschaulichen Lager. Während sich noch vor Jahren wenige Händler den Markt aufteilten, findet man in den Regionen inzwischen diverse Händler zur Auswahl. Der wachsende Markt macht das Shopping für Bogenschützen inzwischen einfacher, weil die Wegstrecken zum nächsten Händler kürzer geworden sind.

Dann gibt es in Deutschland zahlreiche Produkthersteller, die mit innovativen Ideen den Markt des Bogensports erobern konnten. Einige dieser Unternehmen beliefern heute die Bogenschützen rund um den Globus.

Es gibt aber auch Profi-Trainer wie Jutta Emmerich aus Hamm, die sich eine eigene Bogensportschule aufgebaut hat und seit vielen Jahren betreibt. Sie hat mit dem Verein in Hamm eine Kooperation geschlossen. Jutta Emmerich übernimmt mit ihren Kursen den Aufbau der Einsteiger und entlastet damit den Verein. Sobald die Neueinsteiger die Turnierreife erlangt haben, treten sie in den Verein ein. Bis dahin sparen sich die Bogenschützen die Vereinsbeiträge und zahlen für die Bogensportschule. Daneben gibt es spezielle Kurse für Kinder und erfahrene Bogensportler. Als ich auf meinem Internetjournal BOGENSPORT-EXTRA vor einigen Jahren eine Umfrage zur Trainingssituationen in den Vereinen startete, zeigte sich, dass viele Bogenschützen eine intensivere Unterstützung wünschten und auch bereit sind, Geld dafür zu bezahlen, so wie es in Musikschulen oder im Skikurs üblich ist. Für weitere Profi-Trainer ist also noch Raum, und Jutta Emmerich hat sogar eine Beratung zum Aufbau von Bogensportschulen in ihrem Programm.

Als Bogenschütze kann man in Deutschland nur dann Geld zum Leben verdienen, wenn man als Spitzensportler einer Sportfördergruppe der Bundespolizei oder der Bundeswehr angeschlossen ist. Anders sieht es beispielsweise in den USA aus. Dort werden die Stars des Bogensports von den großen US-Bogenbauern gut bezahlt. Preisgeldturniere kommen zwar mehr und mehr in Mode, doch siegreich geht man bei den attraktiven Preisgeldturnieren nur aus dem Rennen, wenn man zu den Top-Bogenschützen der Welt gehört.

Um sich als Händler, Hersteller oder Trainer etablieren zu können, bedarf es im Bogensport eines gehörigen Maßes an Fachkompetenz. Ein Händler, der die falschen Produkte rausgibt, wird sich langfristig ebenso wenig etablieren können wie eine Bogensportschule, die den Bogenschützen keine individuelle und lösungsorientierte Beratung im Trainingsprozess anbieten kann. Wer sich allerdings mit viel Leidenschaft über Jahre ein Expertenwissen angeeignet hat, kann sich seine Brötchen auch im Bogensport verdienen. Und hält der Boom unvermindert an, werden in Zukunft sicher immer mehr Bogensportexperten davon profitieren können.

109. GRUND

Weil Bogenschießen preiswert ist

Nehmen wir an, du gehst regelmäßig joggen und kaufst dir zum Wohle deiner Füße gute Markenlaufschuhe. Mit etwas über 100 Euro solltest du rechnen, wenn du echte Qualität an deinen Füßen tragen möchtest. Für den gleichen Preis bekommst du bei einem Bogensportfachhändler einen Leihbogen für ein halbes Jahr, sechs Pfeile, einen Köcher, einen Armschutz sowie den Tab. Selbst ein Bogenständer für das Abstellen des Bogens ist in dem Preis noch drin. Während die Pfeile und das Zubehör bereits dein Eigentum sind, kannst du nach sechs Monaten überlegen, ob du den Bogen für ein weiteres halbes Jahr mieten möchtest. Dafür legst du dann zwischen 40 und 50 Euro auf den Händlertresen. Und in der Regel werden die ersten Mietpreise beim späteren Kauf eines Bogens sogar noch angerechnet. Vereinsbeiträge schwanken je nach Region und liegen zwischen 50 und 250 Euro im Jahr. Das ist kein Vergleich zu den Jahresbeiträgen in einem Fitnessstudio oder beispielsweise einem Golfclub. Ist der Bogensport in deiner Region innerhalb einer Abteilung eines Sportvereins angeschlossen, kannst du für diesen Jahresbeitrag in der Regel auch alle Sportarten der anderen Sportabteilungen nutzen. Möchtest du langfristig in eine Bogensportausrüstung der Extraklasse investieren, bist du mit rund 3.000 Euro dabei und schießt dann einen Bogen, wie ihn die Olympiateilnehmer einsetzen. Einige der Bogenschützen, die sich für ein derart hochwertiges Equipment entschieden haben, kommen allerdings zu der ernüchternden Erkenntnis, auf die schon im 7. Grund dieses Buches hingewiesen wurde: »*Wenn ich nicht wäre, wäre mein Bogen schon längst Weltmeister!*«

Mein Verein hält sogar rund zehn Einsteigerbögen sowie fünf Wettkampfbögen einschließlich Stabilisatorensystemen, Pfeilen und weiterem Equipment bereit, die sozial Benachteiligten und Flüchtlingen zur Verfügung gestellt werden. Diese Mitglieder können dann das Bogenschießen mit dem Vereinsmaterial erlernen und später am Wettkampfprogramm teilnehmen. Ähnliche Programme gibt es selbstverständlich auch in anderen Vereinen.

Die Ausgaben im Bogensport sind so niedrig, dass die weitere Finanzierung deiner Segeljacht im Hafen von Dubai, deine private Cessna und dein Penthouse in Paris nicht gefährdet werden. Selbst Motorradfahren ist ein Hobby, das erheblich teurer ist als das Bogenschießen.

110. GRUND

Weil Bogenschießen Luxus ist

Es gibt Menschen, die im materiellen Luxus schwelgen und dennoch unglücklich sind. Dann gibt es Menschen, die mit ihrem verfügbaren Geld haushalten müssen und dennoch Zufriedenheit sowie eine innere Ruhe in sich tragen. Es gibt Menschen, die sind kerngesund und dennoch unzufrieden, und es gibt Menschen mit einem gesundheitlichen Handicap, die so viel Lebensfreude ausstrahlen, dass sie ihre Mitmenschen förmlich mitreißen. Zufriedenheit und das Gefühl des Glücklichseins finden ihren Ursprung in einer geistigen Haltung, weniger im materiellen Überfluss. Materielle Dinge können unser Leben bequemer machen, und schauen wir uns das Bogenschießen an, so können dir der Sportbogen und das Equipment einen Zugang zu einem wunderbaren Sport ermöglichen, dessen wahrer Luxus allerdings nicht käuflich ist.

Die Nähe zur Natur, die wir einfach nur aufsuchen müssen, weil sie immer präsent ist, entschleunigt dein Leben und schafft dir Inseln der Erholung. Die Momente in der Natur wirken wie ein Katalysator auf den Stress des Alltags. Schon beim ersten Ausziehen des Bogens kann es dir gelingen, den gedanklichen Fokus vom Alltag zu lösen und auf den Augenblick zu lenken, der deine Seele befreit. Gleichzeitig konfrontiert dich das Bogenschießen mit deiner Persönlichkeit, und so lernst du, für deine Schwächen Bewältigungsstrategien zu entwickeln und deine Stärken weiter auszubauen. Du lernst, Bewährungssituationen zu meistern, deine Gedanken positiv einzustimmen und deinen Herzschlag zu kontrollieren. All diese Fähigkeiten werden dir in den Prüfungen deines Lebens helfen, wenn du sie in den Fokus deiner Aufmerksamkeit rückst. Wenn du als Bastler und Tüftler im Bogenschießen deine Begabungen entdeckst, ist das eine Bereicherung deines Lebens. Solche Dinge können dir Türen öffnen, an denen du vielleicht bisher förmlich blind vorbeigegangen bist. Freundliche Menschen, die du beim Bogenschießen kennenlernen wirst, sind eine Bereicherung. Vielleicht entdeckst du eine Leidenschaft, dein gesammeltes Wissen an Kinder und Jugendliche weiterzugeben, um sie als Trainer in ihrem Lernprozess zu unterstützen. Häufig erlebst du eine Dankbarkeit, die nicht nur unbezahlbar ist, vor allen Dingen aber wie ein Geschenk auf dich zurückkommt. Genieße diese Momente, die du dir durch deinen Einsatz verdient hast.

Das Bogenschießen hält so viele Bereicherungen für dein Leben bereit, du musst nur darauf zugreifen. Langfristig wirst du von den gesundheitlichen Vorzügen dieses Sports profitieren. Zum Ende des Trainings spürst du die Endorphine, die dein Glücksgefühl auslösen. Das vor allem ist der Luxus, den das Bogenschießen bereithält. Und diese Vorzüge erkennen immer mehr Menschen und lassen sich so von dieser Leidenschaft ergreifen.

111. GRUND

Weil es mehr als 111 Gründe gibt, das Bogenschießen zu lieben

Jana begann vor über zehn Jahren gemeinsam mit ihrem Vater das Bogenschießen. Sie entwickelte eine gute Bewegungstechnik und erreichte einige Jahre später Top-Platzierungen bei den Landesmeisterschaften. Bereits fünf Jahre zuvor begann Janis in die Fußstapfen seines Vaters zu treten und trainierte mit seinem Bogen in einem der benachbarten Vereine. Auch er entwickelte sich so gut, dass er sogar in den Landeskader aufgenommen wurde. Als die beiden später ihr Studium an der gleichen Hochschule aufnahmen und dafür in die gleiche Stadt zogen, ergab es sich, dass sie fortan auch in einem Verein trainierten. Nach einer pulsierenden Freundschaft folgte eine mehrjährige Beziehung, die Anfang 2018 mit dem Bund der Ehe besiegelt wurde. Auch diese Geschichte des Lebens ist für Jana und Janis ganz sicher ein Grund, das Bogenschießen zu lieben.

Letztlich sind die Gründe, das Bogenschießen zu lieben, so individuell und vielfältig wie die Menschen, die diesen Sport betreiben. Vielleicht bist du selbst schon seit vielen Jahren begeistert vom Bogensport und hast deine ganz eigenen Gründe, die dich immer wieder raustreiben auf den Bogensportplatz. Vielleicht aber hat dich dieses Buch auch erst inspiriert, mit dem Bogenschießen zu beginnen und dich dabei auf die Suche nach deinen persönlichen Gründen zu machen. In jedem Fall kannst du dir ganz sicher sein, dass dieser Sport dein Leben bereichert, dir den Weg zur inneren Balance bahnt und du vom Luxus der fliegenden Pfeile profitieren wirst, wenn du dafür offen bist. Nun aber ist die Zeit gekommen, das Buch zur Seite zu legen und dem Gruß der Bogenschützen Taten folgen zu lassen: Alle ins Gold!

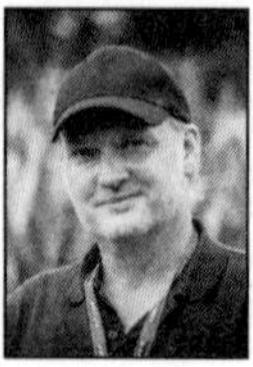

GÜNTER KUHR, geboren 1969, wurde in seiner Kindheit von der Faszination des Bogensports erfasst und bis heute nicht mehr losgelassen. Er ist Vereinstrainer und zählte 2017 zum Trainerteam der deutschen Jugendnationalmannschaft. Vielen Bogenschützen ist Günter Kuhr als Autor von Fachbeiträgen bekannt, die seit Jahren in Fachzeitschriften des Bogensports veröffentlicht werden.

Günter Kuhr
111 GRÜNDE, DAS BOGENSCHIESSEN ZU LIEBEN
Eine Liebeserklärung an die großartigste Sportart der Welt

ISBN 978-3-942665-57-5
 | Abbildungen im Innenteil: S. 11: © Benjamin Diepolder; S.25: © Feliks Hoff; S.45: © Jana Krasenbrink; S. 89: © Justus Driese; S. 119, 147, 161, 177, 203: © Günter Kuhr | Vektorgrafiken: © Dr.PAS/depositphotos.de; © orfeev/depositphotos.de; © yyanng/depositphotos.de; © Cundrawan703/depositphotos.de | Coverfoto: © Demian/fotolia.com

VERLAG
Schwarzkopf & Schwarzkopf Media GmbH
Kastanienallee 32, 10435 Berlin
Telefon: 030 – 44 33 63 00
Fax: 030 – 44 33 63 044

INTERNET | E-MAIL
www.schwarzkopf-schwarzkopf.de
www.facebook.com/schwarzkopfverlag
info@schwarzkopf-schwarzkopf.de